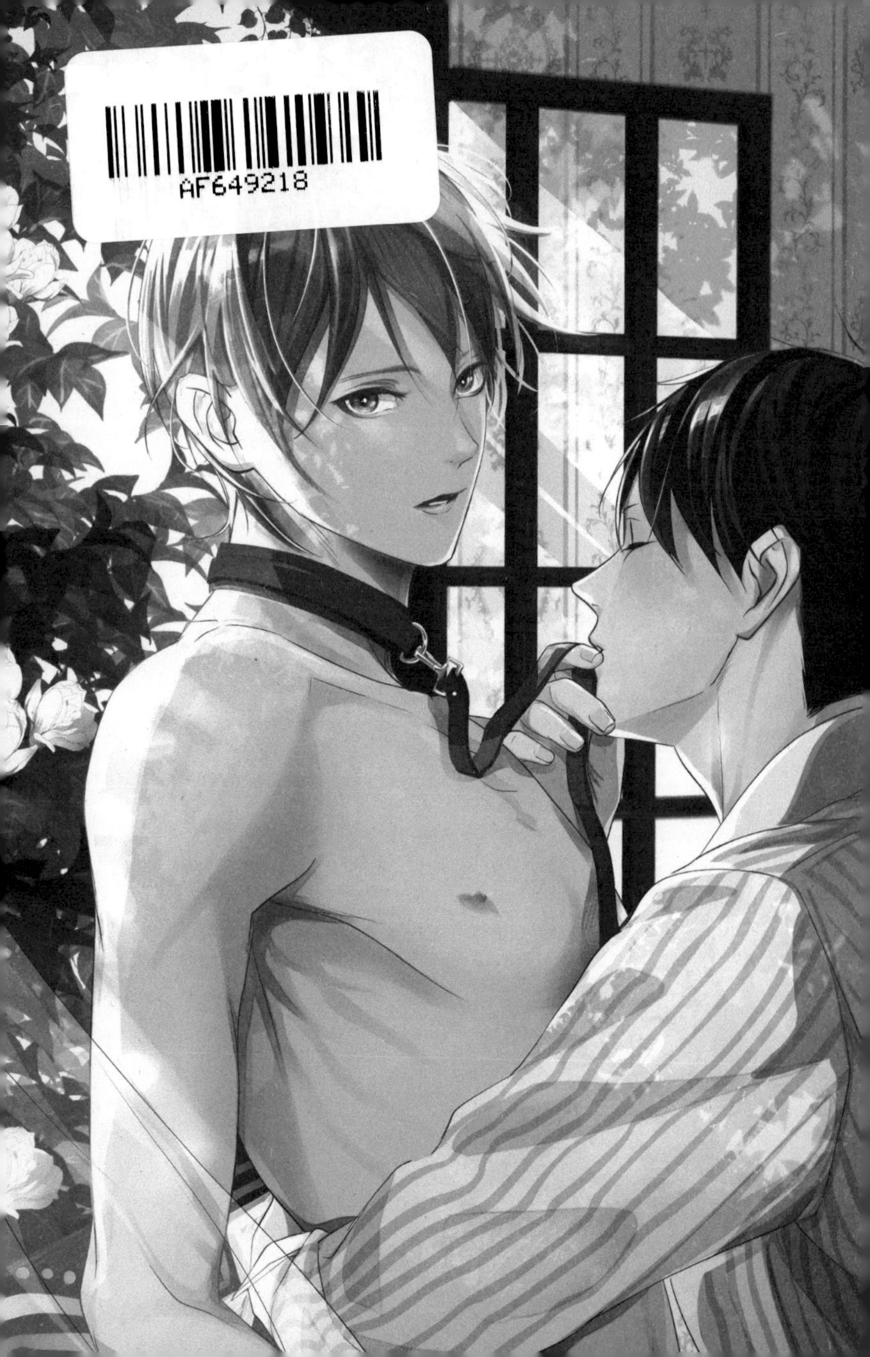

Es hat nicht ans Ende des Bandes gepasst:
Das Nachwort

Darf ich mich vorstellen?
Ich bin Nonono Yamada.
Vielen herzlichen Dank, dass du meinen ersten Sammelband in die Hand genommen hast.
Diese Story habe ich gleich nach meinem Debut als Oneshot gezeichnet, aber...
... dann durfte ich ein zweites und drittes Kapitel zeichnen und konnte schließlich einen vollständigen Band daraus machen.
Es war eins meiner Ziele, einen richtigen Band herauszubringen, deshalb freue ich mich unheimlich darüber.
Um meine Dankbarkeit auszudrücken, habe ich mir bei der Farbseite sehr viel Mühe gegeben, und es sieht sehr schön aus, nicht wahr? Es hat was Erfrischendes, Poetisches.
Euch allen, die dieses Buch gelesen haben, meinem Redakteur M, dem ich immer nur zur Last falle, allen, die mich unterstützt haben, meiner Familie und meinen Freunden...
... sage ich herzlichen Dank.

Sub.Dom.Love.

Nonono Yamada

Inhalt

Sub.Dom.Love. Auf den ersten Blick 3

Sub.Dom.Love. 35

Sub.Dom.Love. Side M Teil 1 69

Sub.Dom.Love. Side M Teil 2 101

Mein Liebster ist... 142

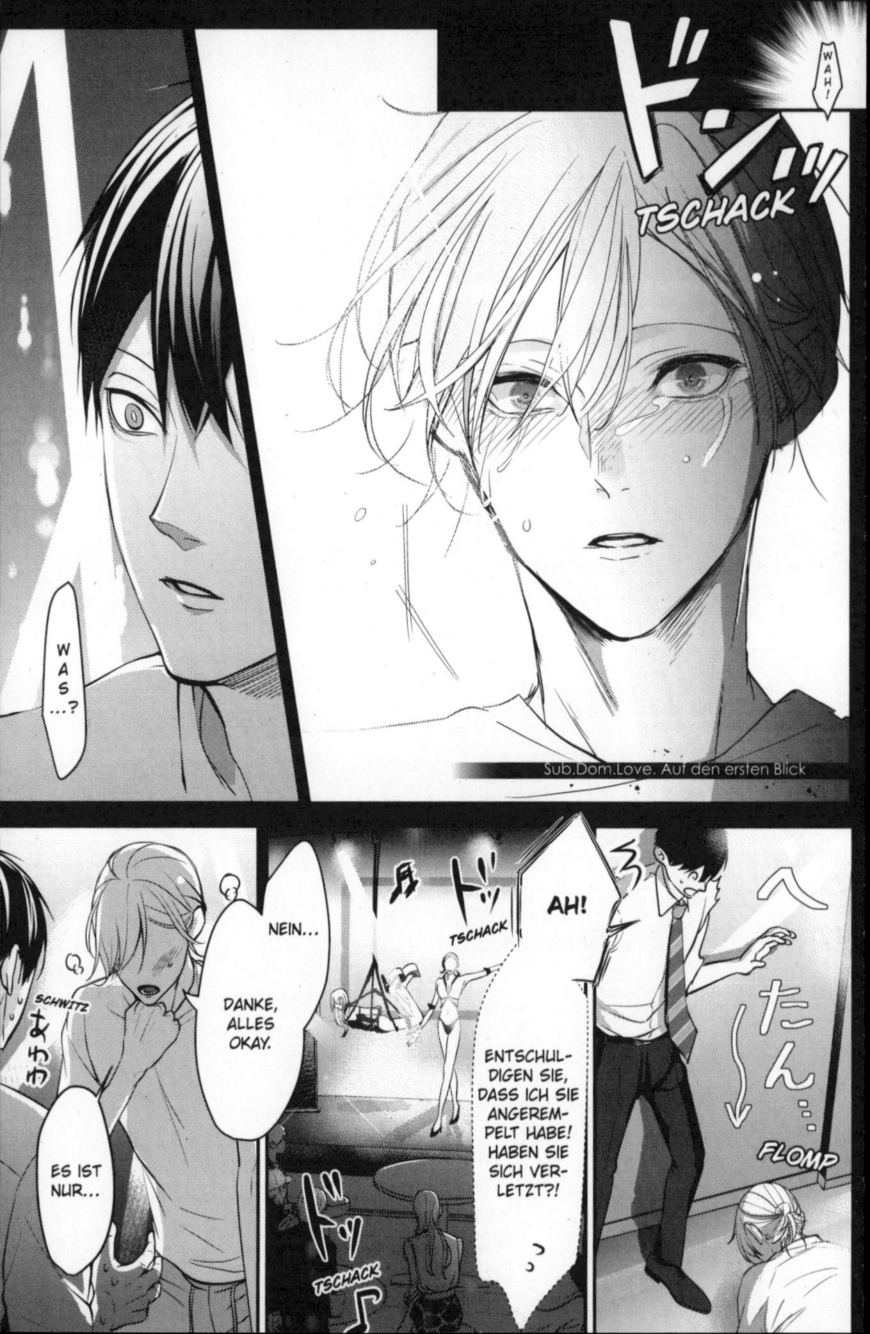
WAH!
ドンッ
TSCHACK
WAS ...?
Sub.Dom.Love. Auf den ersten Blick
へたん...
FLOMP
AH!
ENTSCHUL-DIGEN SIE, DASS ICH SIE ANGEREM-PELT HABE! HABEN SIE SICH VER-LETZT?!
ドッ
TSCHACK
NEIN...
DANKE, ALLES OKAY.
ES IST NUR...
SCHWITZ
ドッ
TSCHACK

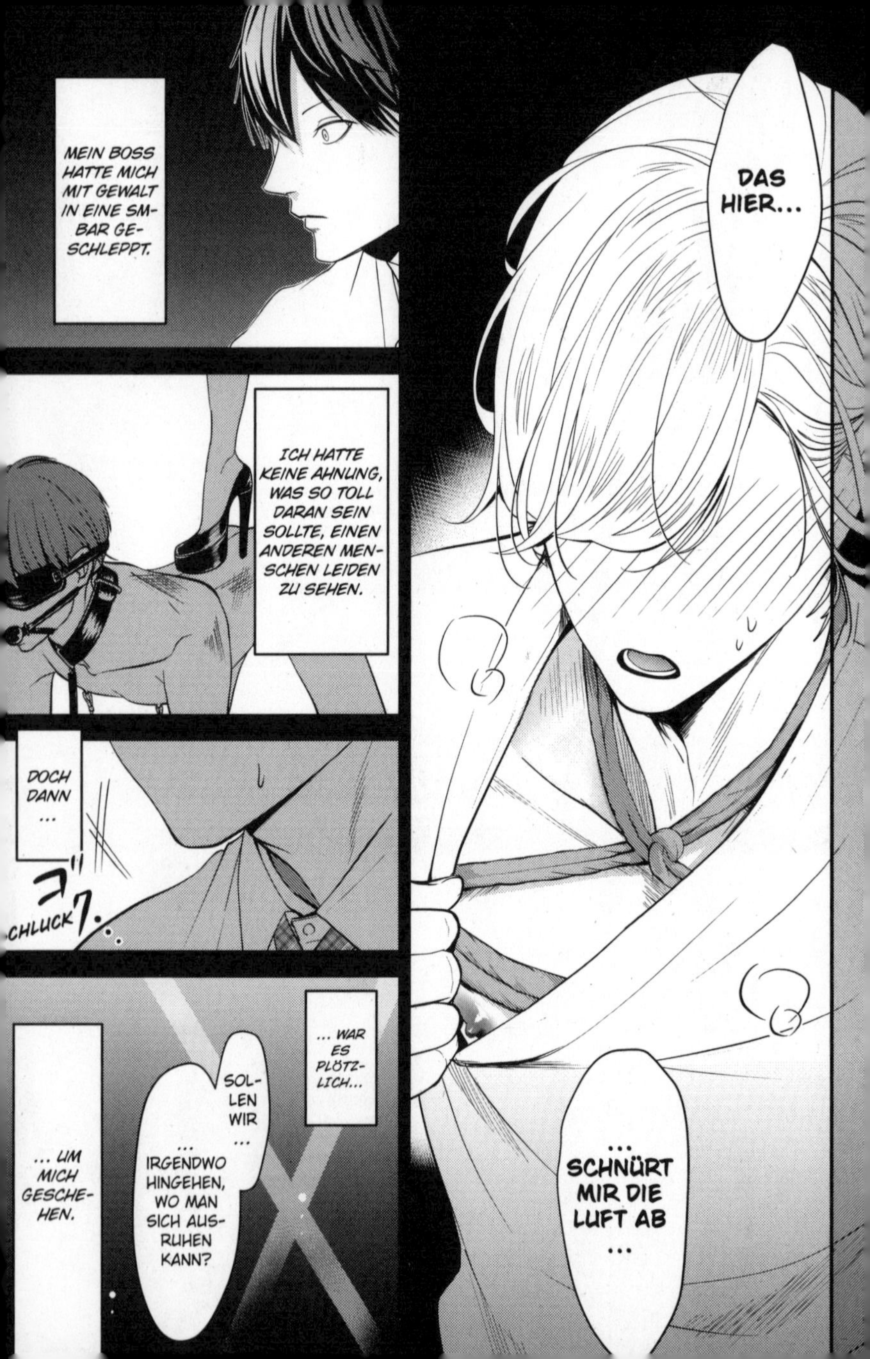
DAS HIER...
MEIN BOSS HATTE MICH MIT GEWALT IN EINE SM-BAR GESCHLEPPT.
ICH HATTE KEINE AHNUNG, WAS SO TOLL DARAN SEIN SOLLTE, EINEN ANDEREN MENSCHEN LEIDEN ZU SEHEN.
DOCH DANN ...
SCHLUCK
... SCHNÜRT MIR DIE LUFT AB ...
... WAR ES PLÖTZLICH...
SOLLEN WIR ... ... IRGENDWO HINGEHEN, WO MAN SICH AUSRUHEN KANN?
... UM MICH GESCHEHEN.

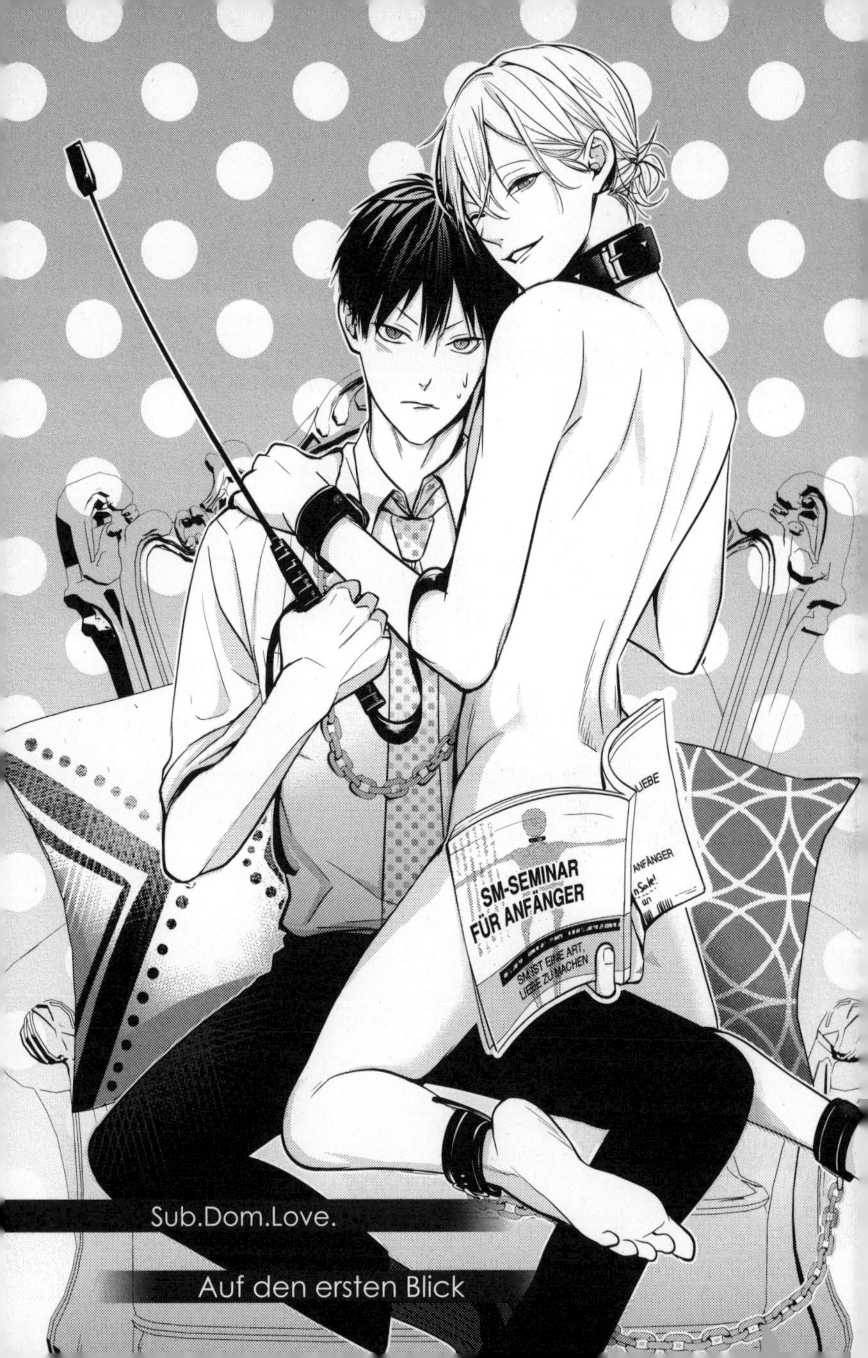
SM-SEMINAR
FÜR ANFÄNGER
SM IST EINE ART,
LIEBE ZU MACHEN
LIEBE
ANFÄNGER
Sub.Dom.Love.
Auf den ersten Blick

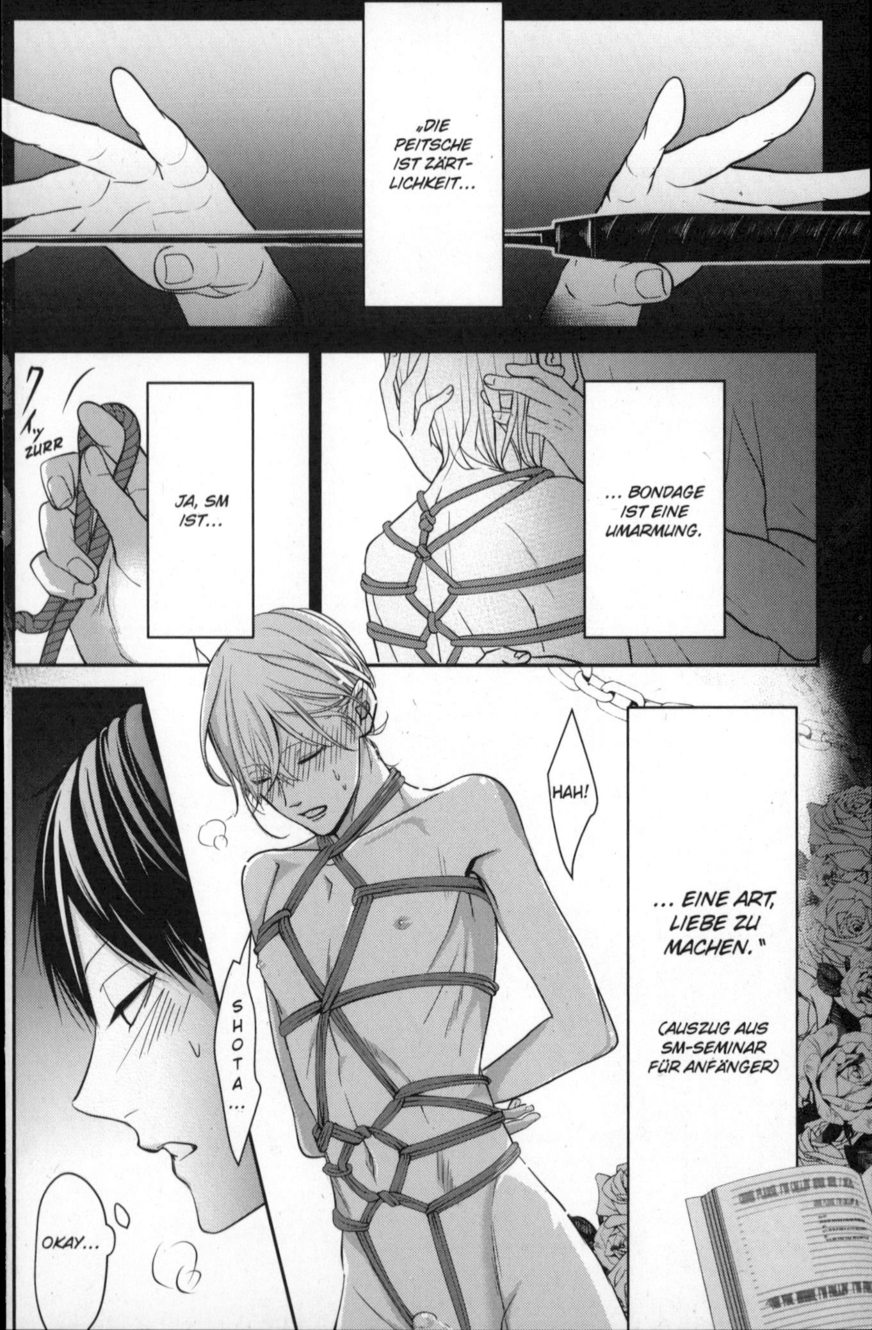
„DIE PEITSCHE IST ZÄRTLICHKEIT…
… BONDAGE IST EINE UMARMUNG.
JA, SM IST…
ZURR
… EINE ART, LIEBE ZU MACHEN."
(AUSZUG AUS SM-SEMINAR FÜR ANFÄNGER)
HAH!
SHOTA…
OKAY…

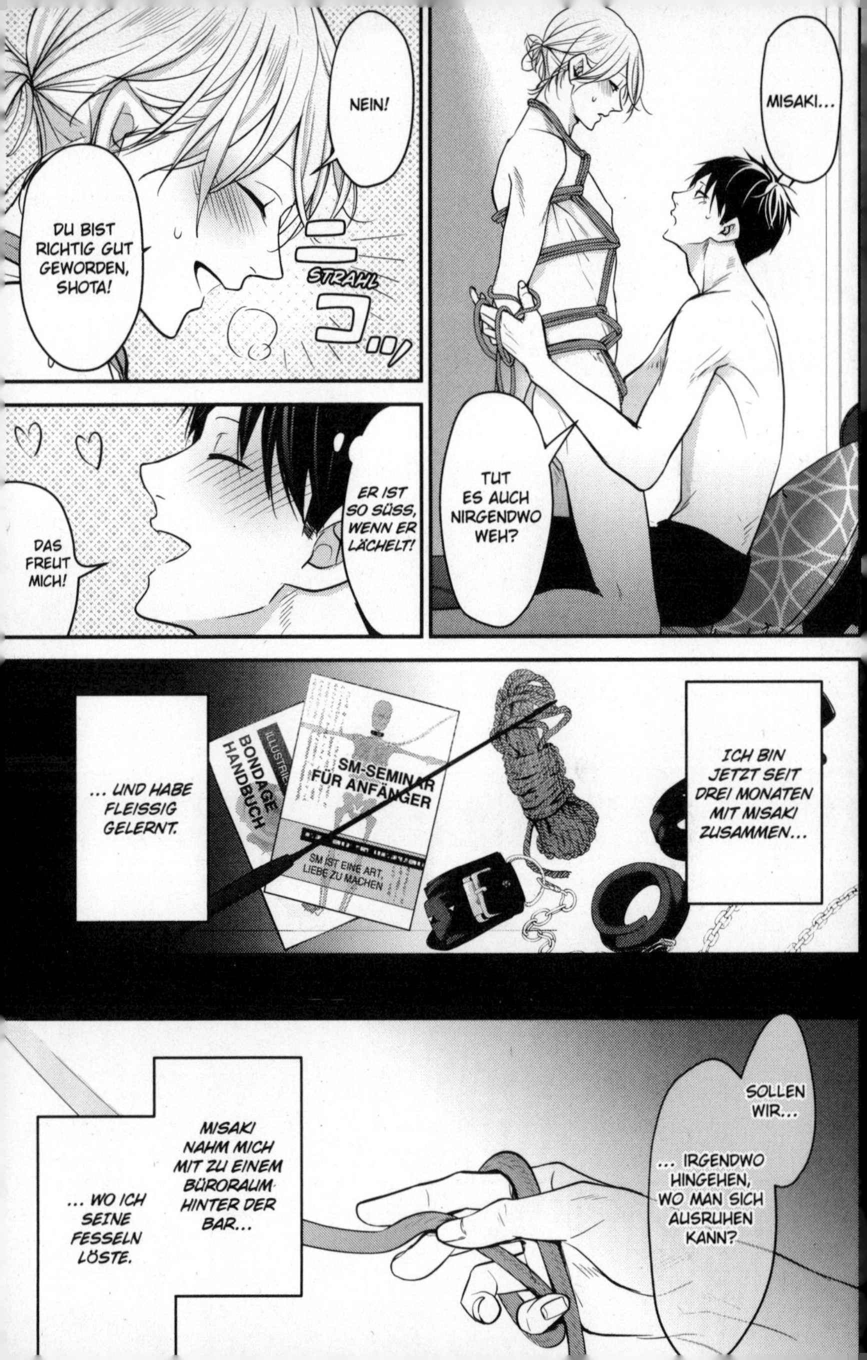
MISAKI…
TUT ES AUCH NIRGENDWO WEH?
NEIN!
DU BIST RICHTIG GUT GEWORDEN, SHOTA!
STRAHL
ER IST SO SÜSS, WENN ER LÄCHELT!
DAS FREUT MICH!
ICH BIN JETZT SEIT DREI MONATEN MIT MISAKI ZUSAMMEN…
… UND HABE FLEISSIG GELERNT.
SM-SEMINAR FÜR ANFÄNGER
SM IST EINE ART, LIEBE ZU MACHEN
BONDAGE HANDBUCH
SOLLEN WIR…
… IRGENDWO HINGEHEN, WO MAN SICH AUSRUHEN KANN?
MISAKI NAHM MICH MIT ZU EINEM BÜRORAUM HINTER DER BAR…
… WO ICH SEINE FESSELN LÖSTE.

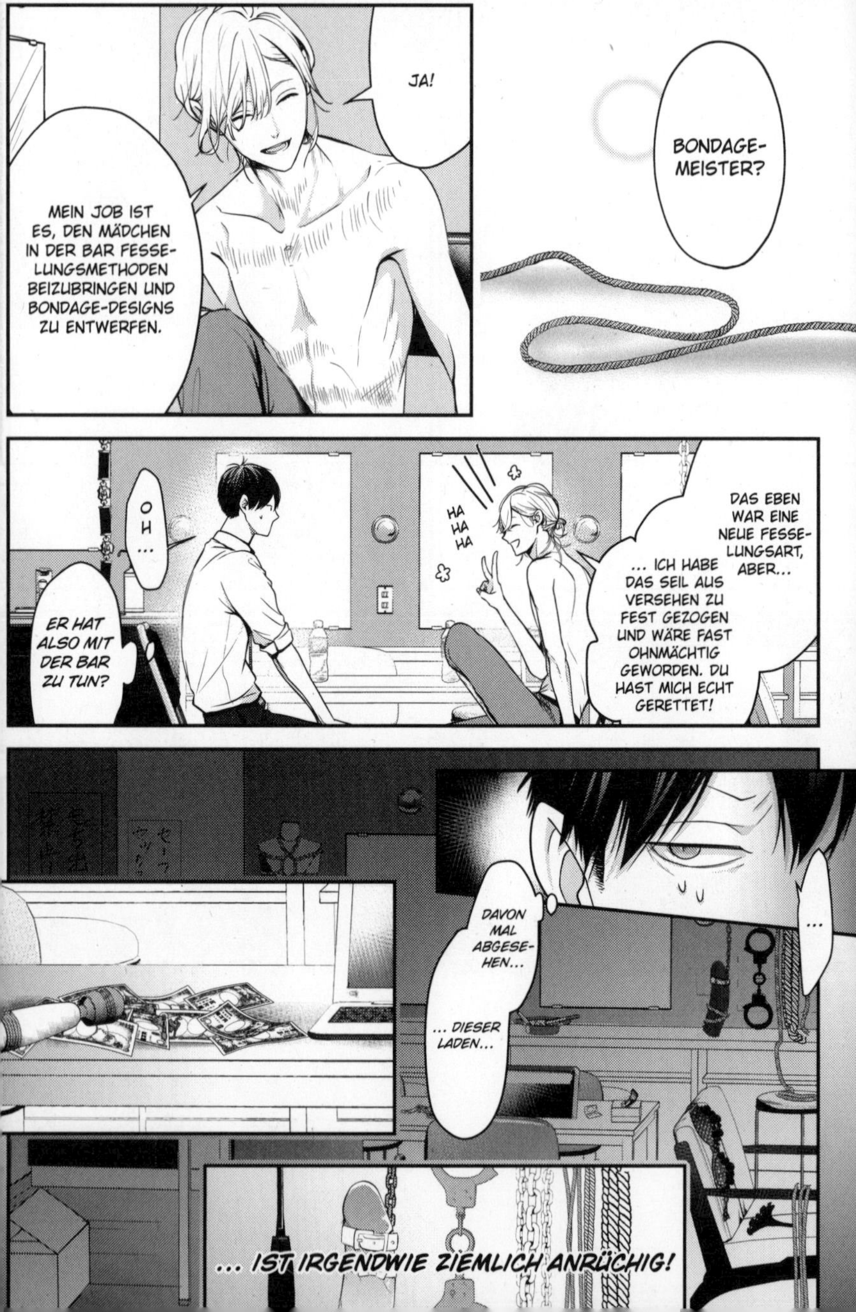

BONDAGE-MEISTER?
JA!
MEIN JOB IST ES, DEN MÄDCHEN IN DER BAR FESSELUNGSMETHODEN BEIZUBRINGEN UND BONDAGE-DESIGNS ZU ENTWERFEN.
DAS EBEN WAR EINE NEUE FESSELUNGSART, ABER...
... ICH HABE DAS SEIL AUS VERSEHEN ZU FEST GEZOGEN UND WÄRE FAST OHNMÄCHTIG GEWORDEN. DU HAST MICH ECHT GERETTET!
HA HA HA
OH ...
ER HAT ALSO MIT DER BAR ZU TUN?
...
DAVON MAL ABGESEHEN...
... DIESER LADEN...
... IST IRGENDWIE ZIEMLICH ANRÜCHIG!

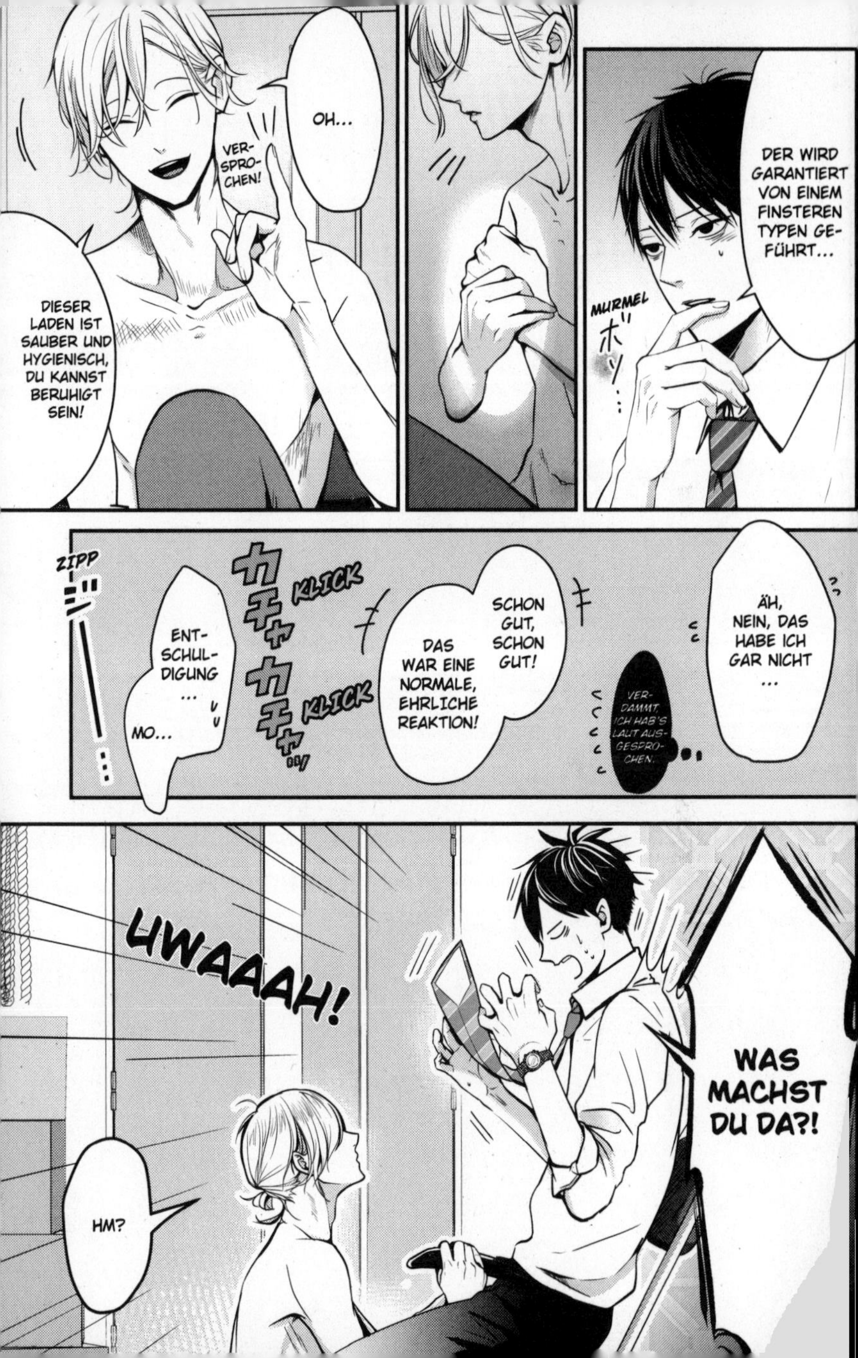

DER WIRD GARANTIERT VON EINEM FINSTEREN TYPEN GEFÜHRT…
MURMEL
DIESER LADEN IST SAUBER UND HYGIENISCH, DU KANNST BERUHIGT SEIN!
VERSPROCHEN!
OH…
ÄH, NEIN, DAS HABE ICH GAR NICHT …
VERDAMMT, ICH HAB'S LAUT AUSGESPROCHEN.
SCHON GUT, SCHON GUT!
DAS WAR EINE NORMALE, EHRLICHE REAKTION!
KLICK
KLICK
ENTSCHULDIGUNG …
MO…
ZIPP
WAS MACHST DU DA?!
UWAAAAH!
HM?

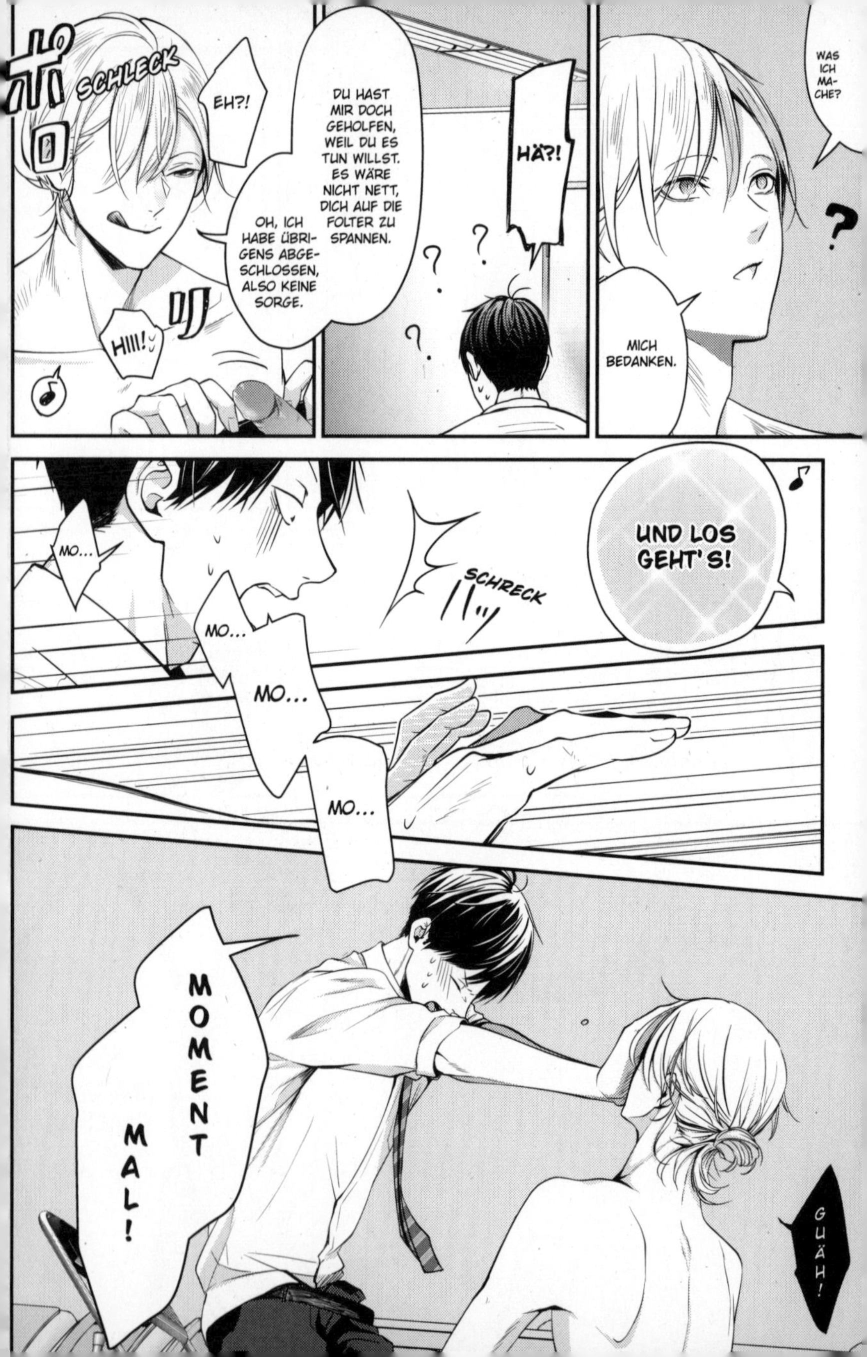
WAS ICH MA-CHE?
MICH BEDANKEN.
HÄ?!
DU HAST MIR DOCH GEHOLFEN, WEIL DU ES TUN WILLST. ES WÄRE NICHT NETT, DICH AUF DIE FOLTER ZU SPANNEN.
OH, ICH HABE ÜBRIGENS ABGE-SCHLOSSEN, ALSO KEINE SORGE.
EH?!
SCHLECK
HIII!
UND LOS GEHT'S!
SCHRECK
MO...
MO...
MO...
MO...
MOMENT MAL!
GUÄH!

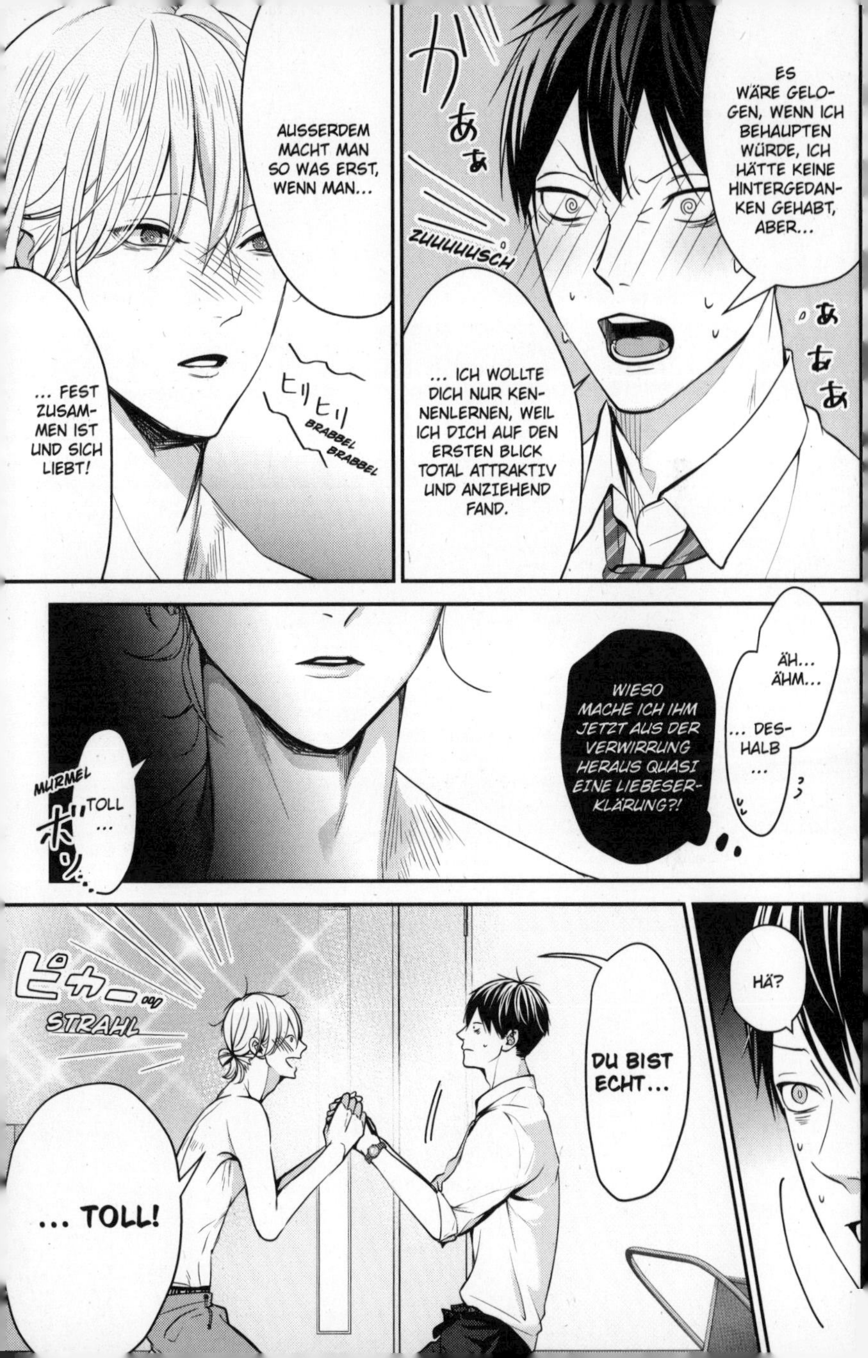
かぁぁ
ZUUUUUSCH
ES WÄRE GELOGEN, WENN ICH BEHAUPTEN WÜRDE, ICH HÄTTE KEINE HINTERGEDANKEN GEHABT, ABER...
ああぁ
... ICH WOLLTE DICH NUR KENNENLERNEN, WEIL ICH DICH AUF DEN ERSTEN BLICK TOTAL ATTRAKTIV UND ANZIEHEND FAND.
AUSSERDEM MACHT MAN SO WAS ERST, WENN MAN...
ヒリヒリ
BRABBEL BRABBEL
... FEST ZUSAMMEN IST UND SICH LIEBT!
ÄH... ÄHM...
... DESHALB ...
WIESO MACHE ICH IHM JETZT AUS DER VERWIRRUNG HERAUS QUASI EINE LIEBESERKLÄRUNG?!
MURMEL
TOLL ...
HÄ?
DU BIST ECHT...
ピカー
STRAHL
... TOLL!

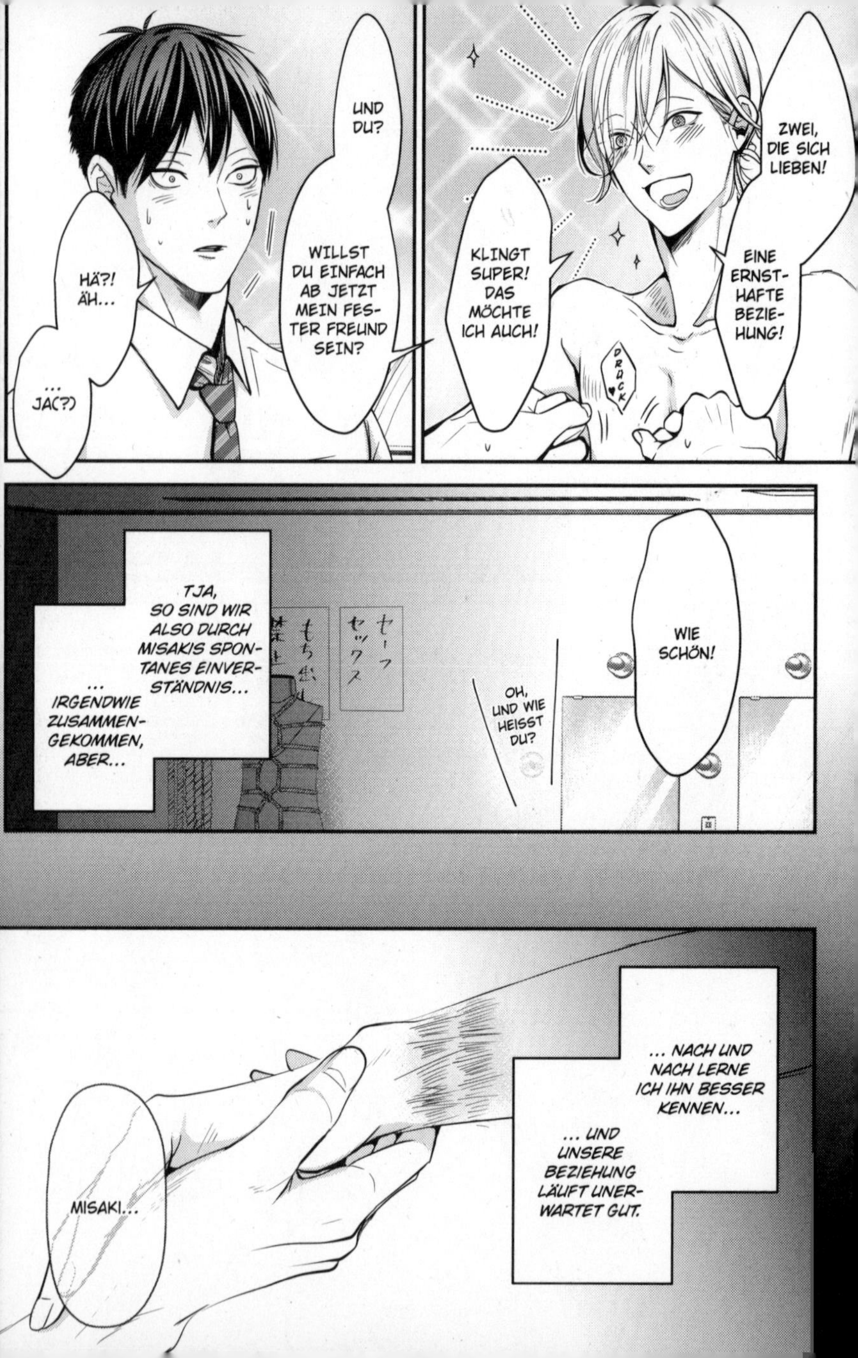
ZWEI, DIE SICH LIEBEN!
EINE ERNSTHAFTE BEZIEHUNG!
KLINGT SUPER! DAS MÖCHTE ICH AUCH!
DRÜCK
UND DU?
WILLST DU EINFACH AB JETZT MEIN FESTER FREUND SEIN?
HÄ?! ÄH…
… JA(?)
WIE SCHÖN!
OH, UND WIE HEISST DU?
TJA, SO SIND WIR ALSO DURCH MISAKIS SPONTANES EINVERSTÄNDNIS…
… IRGENDWIE ZUSAMMENGEKOMMEN, ABER…
… NACH UND NACH LERNE ICH IHN BESSER KENNEN…
… UND UNSERE BEZIEHUNG LÄUFT UNERWARTET GUT.
MISAKI…

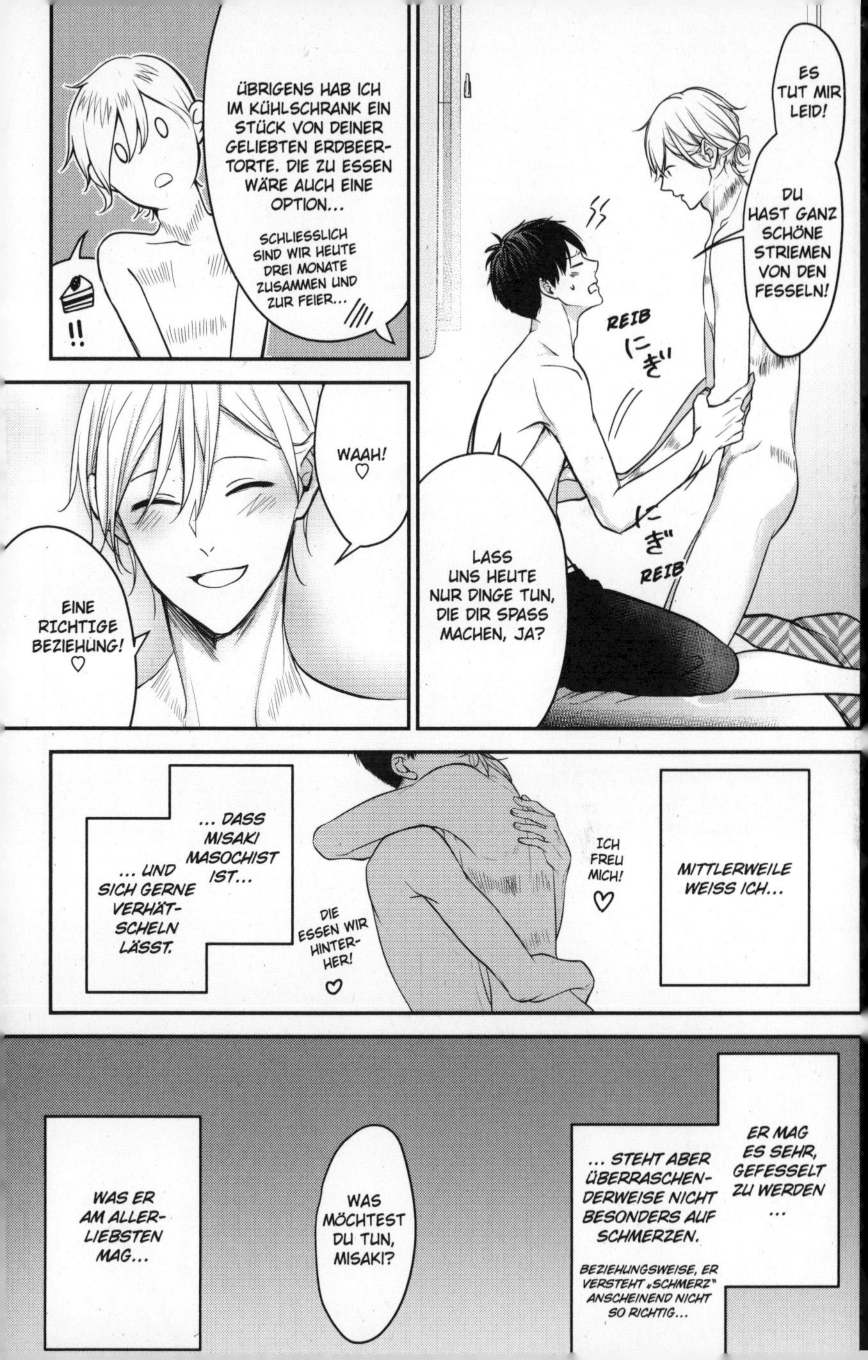
ES TUT MIR LEID!
DU HAST GANZ SCHÖNE STRIEMEN VON DEN FESSELN!
REIB にぎ
にぎ REIB
LASS UNS HEUTE NUR DINGE TUN, DIE DIR SPASS MACHEN, JA?
ÜBRIGENS HAB ICH IM KÜHLSCHRANK EIN STÜCK VON DEINER GELIEBTEN ERDBEER-TORTE. DIE ZU ESSEN WÄRE AUCH EINE OPTION…
SCHLIESSLICH SIND WIR HEUTE DREI MONATE ZUSAMMEN UND ZUR FEIER…
!!
WAAH! ♡
EINE RICHTIGE BEZIEHUNG! ♡
MITTLERWEILE WEISS ICH…
ICH FREU MICH! ♡
DIE ESSEN WIR HINTER-HER! ♡
… DASS MISAKI MASOCHIST IST…
… UND SICH GERNE VERHÄT-SCHELN LÄSST.
ER MAG ES SEHR, GEFESSELT ZU WERDEN …
… STEHT ABER ÜBERRASCHEN-DERWEISE NICHT BESONDERS AUF SCHMERZEN.
BEZIEHUNGSWEISE, ER VERSTEHT „SCHMERZ" ANSCHEINEND NICHT SO RICHTIG…
WAS MÖCHTEST DU TUN, MISAKI?
WAS ER AM ALLER-LIEBSTEN MAG…

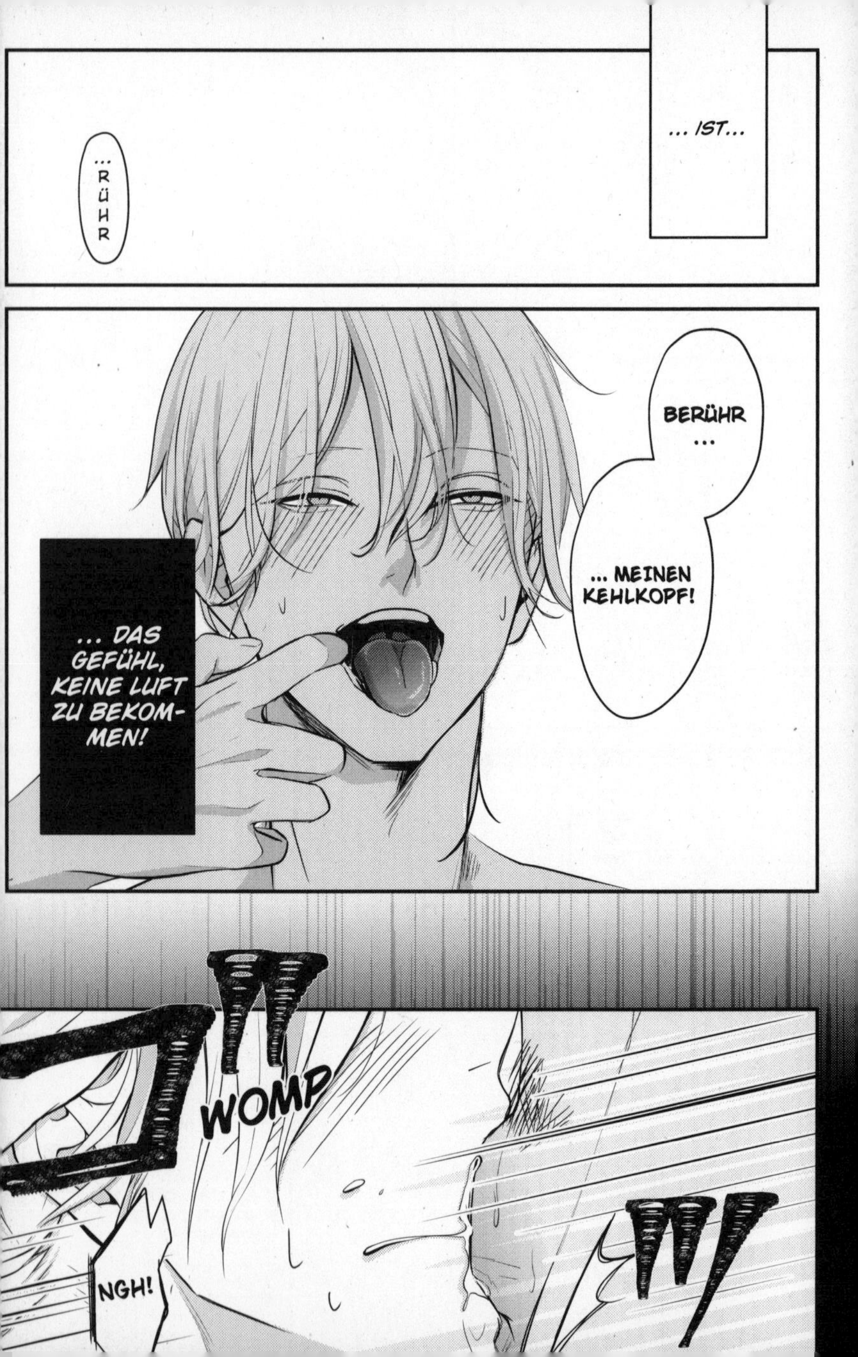
... IST...
... RÜHR
BERÜHR ...
... MEINEN KEHLKOPF!
... DAS GEFÜHL, KEINE LUFT ZU BEKOM-MEN!
WOMP
NGH!

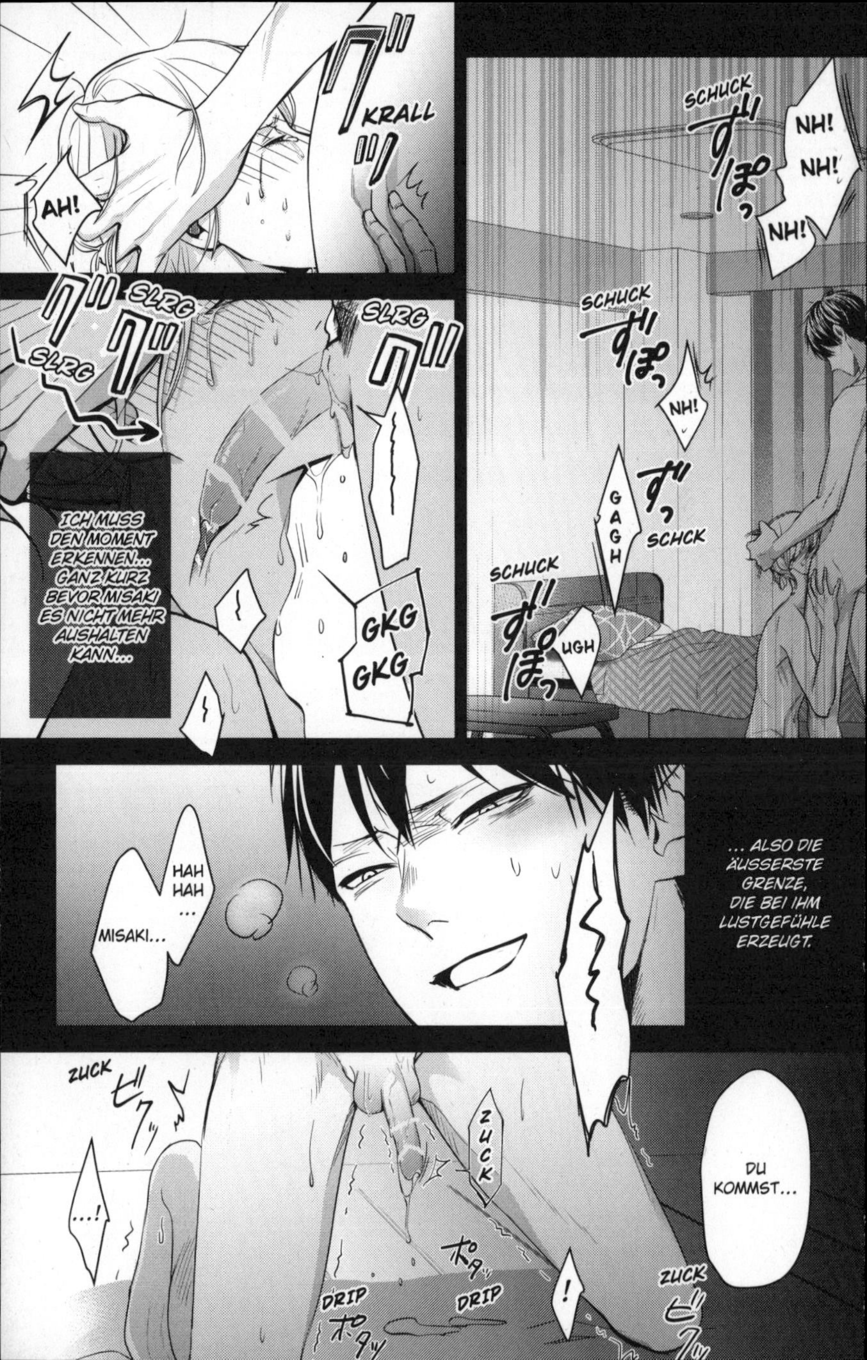
SCHUCK
NH! NH! NH!
SCHUCK
NH!
GAGH
SCHCK
SCHUCK
UGH
KRALL
AH!
SLRG
SLRG
SLRG
GKG GKG
ICH MUSS DEN MOMENT ERKENNEN... GANZ KURZ BEVOR MISAKI ES NICHT MEHR AUSHALTEN KANN...
... ALSO DIE ÄUSSERSTE GRENZE, DIE BEI IHM LUSTGEFÜHLE ERZEUGT.
HAH HAH ... MISAKI...
ZUCK
ZUCK
DU KOMMST...
...!
!
DRIP
DRIP
ZUCK

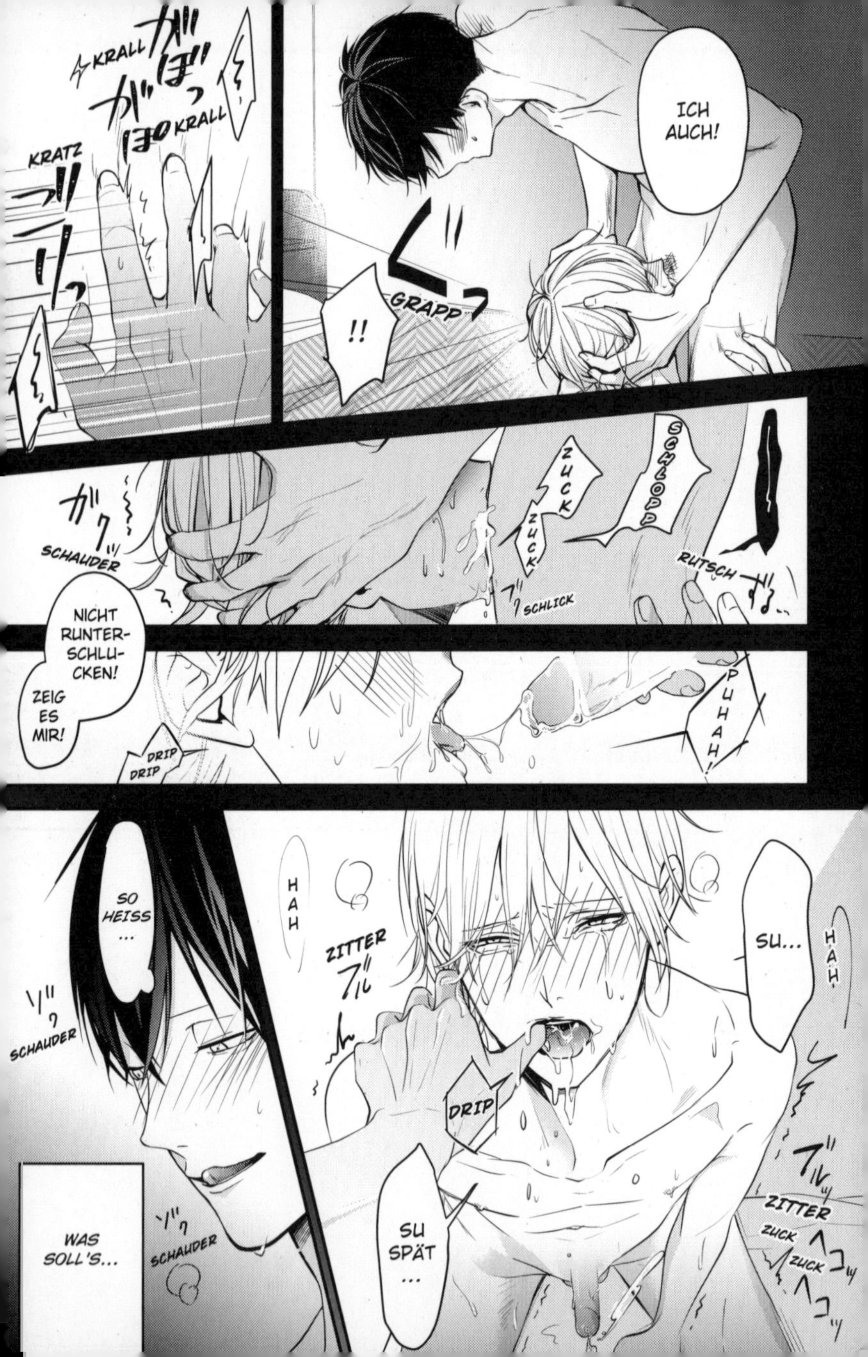

ICH AUCH!
GRAPP
!!
KRALL
KRALL
KRATZ
SCHLOPP
ZUCK
ZUCK
RUTSCH
SCHLICK
SCHAUDER
NICHT RUNTER-SCHLUCKEN!
PUHAH!
ZEIG ES MIR!
DRIP DRIP
SU...
HAH
ZITTER
ZUCK ZUCK
SU SPÄT ...
DRIP
HAH
ZITTER
SO HEISS ...
SCHAUDER
SCHAUDER
WAS SOLL'S...

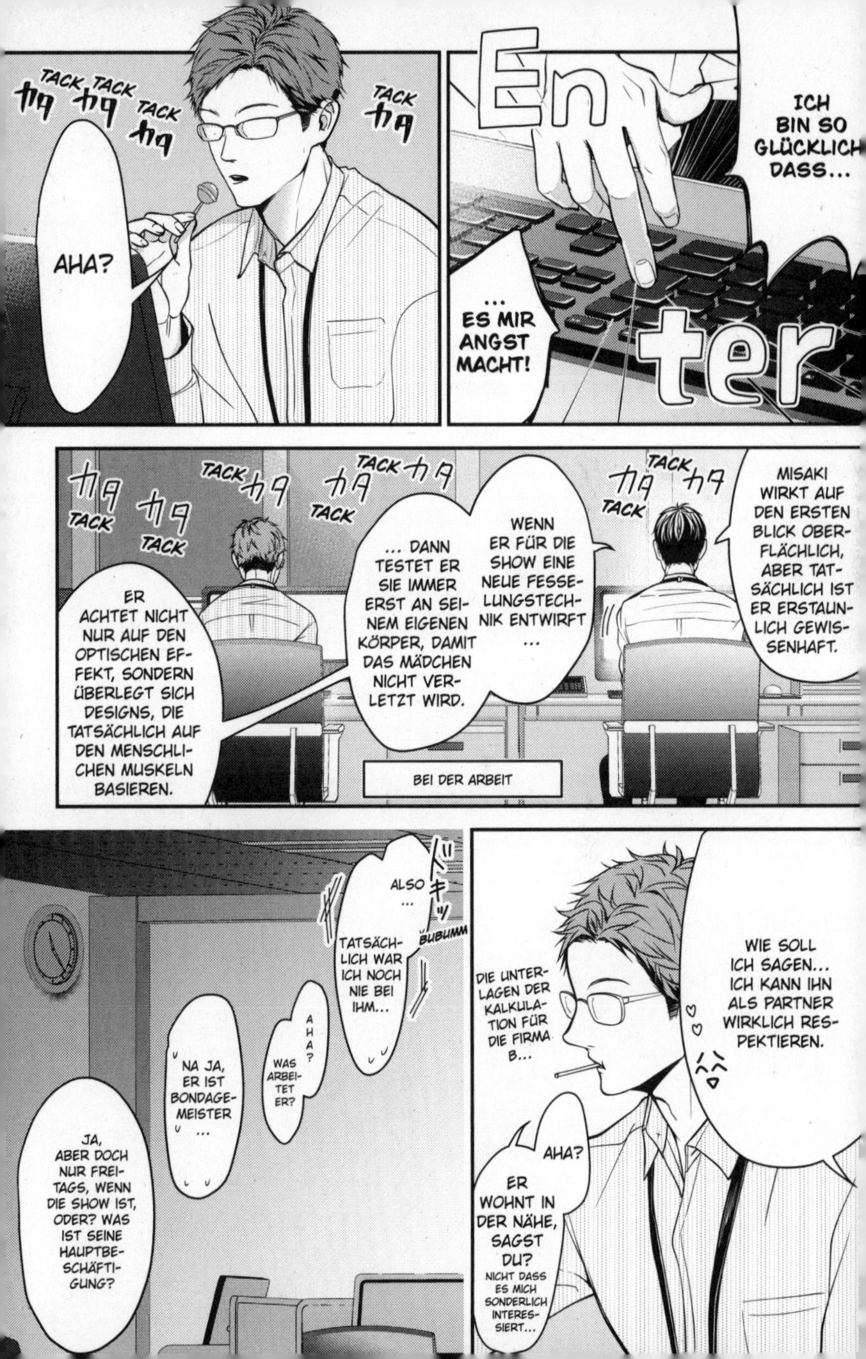

Enter
ICH BIN SO GLÜCKLICH DASS…
… ES MIR ANGST MACHT!
TACK カタ TACK カタ TACK カタ TACK カタ
AHA?
TACK カタ TACK カタ TACK カタ TACK カタ TACK カタ TACK カタ TACK カタ
MISAKI WIRKT AUF DEN ERSTEN BLICK OBERFLÄCHLICH, ABER TATSÄCHLICH IST ER ERSTAUNLICH GEWISSENHAFT.
WENN ER FÜR DIE SHOW EINE NEUE FESSELUNGSTECHNIK ENTWIRFT …
… DANN TESTET ER SIE IMMER ERST AN SEINEM EIGENEN KÖRPER, DAMIT DAS MÄDCHEN NICHT VERLETZT WIRD.
ER ACHTET NICHT NUR AUF DEN OPTISCHEN EFFEKT, SONDERN ÜBERLEGT SICH DESIGNS, DIE TATSÄCHLICH AUF DEN MENSCHLICHEN MUSKELN BASIEREN.
BEI DER ARBEIT
WIE SOLL ICH SAGEN… ICH KANN IHN ALS PARTNER WIRKLICH RESPEKTIEREN.
DIE UNTERLAGEN DER KALKULATION FÜR DIE FIRMA B…
AHA?
ER WOHNT IN DER NÄHE, SAGST DU?
NICHT DASS ES MICH SONDERLICH INTERESSIERT…
ドキッ BUBUMM
ALSO …
TATSÄCHLICH WAR ICH NOCH NIE BEI IHM…
AHA?
WAS ARBEITET ER?
NA JA, ER IST BONDAGEMEISTER …
JA, ABER DOCH NUR FREITAGS, WENN DIE SHOW IST, ODER? WAS IST SEINE HAUPTBESCHÄFTIGUNG?

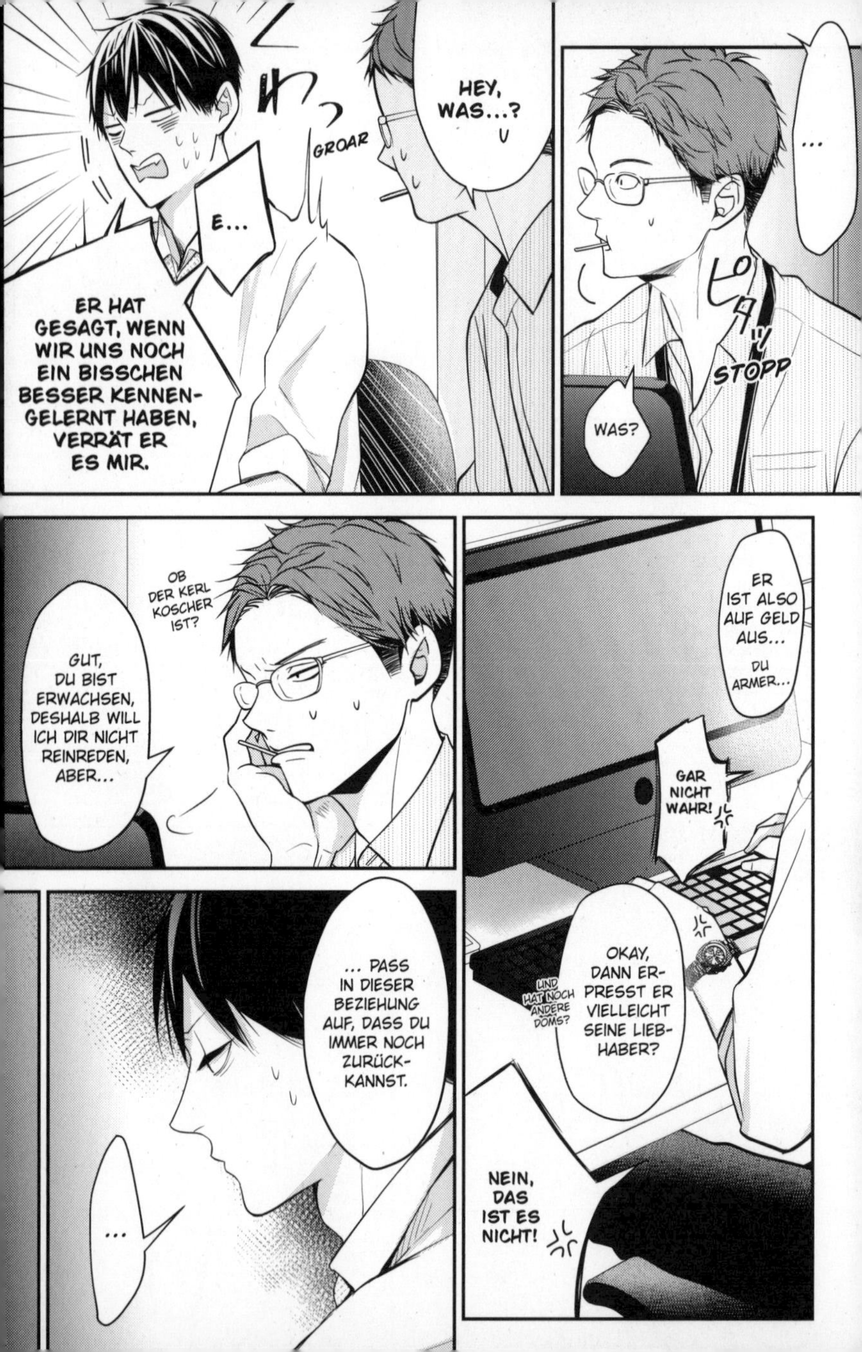

E...
ER HAT GESAGT, WENN WIR UNS NOCH EIN BISSCHEN BESSER KENNEN-GELERNT HABEN, VERRÄT ER ES MIR.
GROAR
HEY, WAS...?
...
STOPP
WAS?
ER IST ALSO AUF GELD AUS...
DU ARMER...
GAR NICHT WAHR!
OKAY, DANN ER-PRESST ER VIELLEICHT SEINE LIEB-HABER?
UND HAT NOCH ANDERE DOMS?
NEIN, DAS IST ES NICHT!
OB DER KERL KOSCHER IST?
GUT, DU BIST ERWACHSEN, DESHALB WILL ICH DIR NICHT REINREDEN, ABER...
... PASS IN DIESER BEZIEHUNG AUF, DASS DU IMMER NOCH ZURÜCK-KANNST.
...

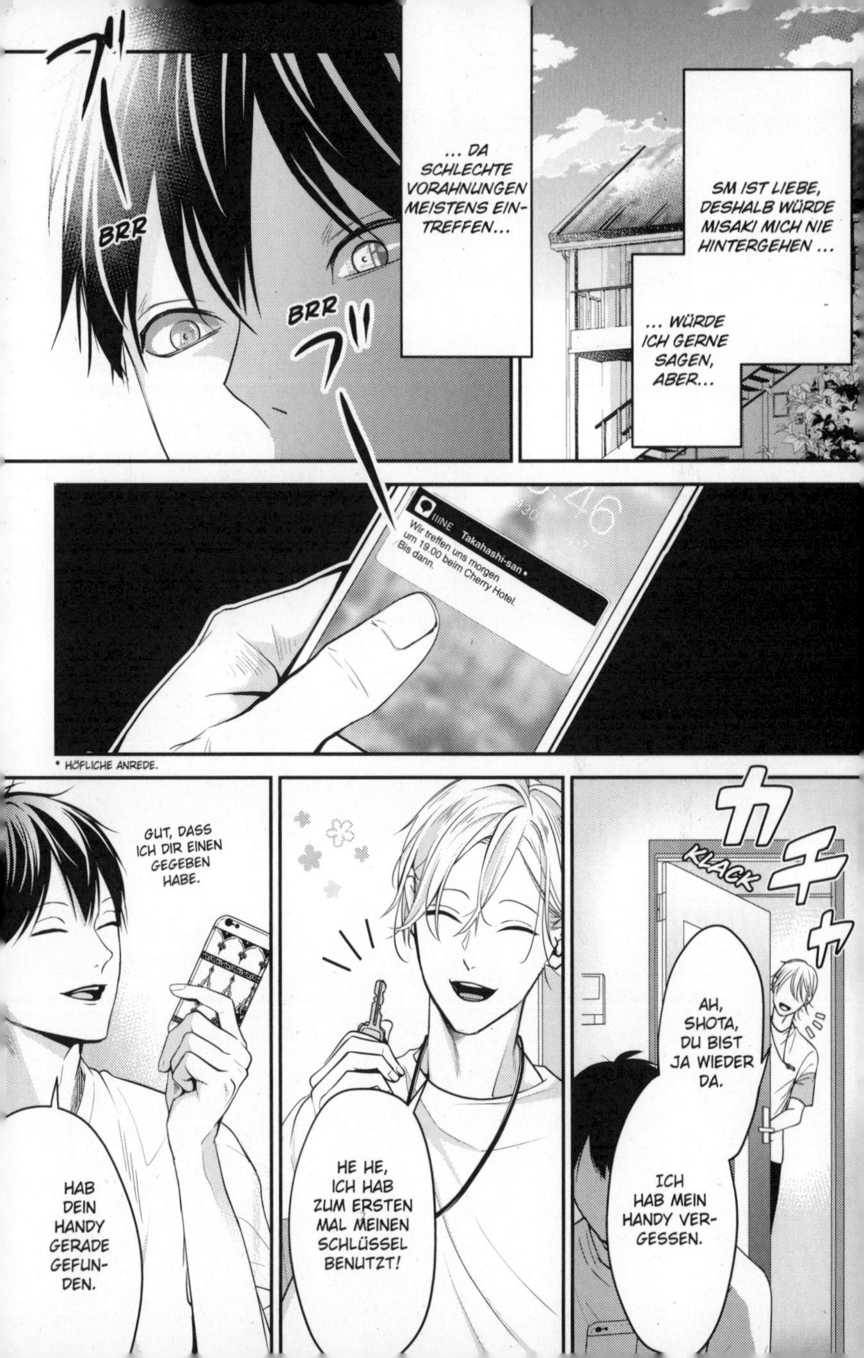

* HÖFLICHE ANREDE.

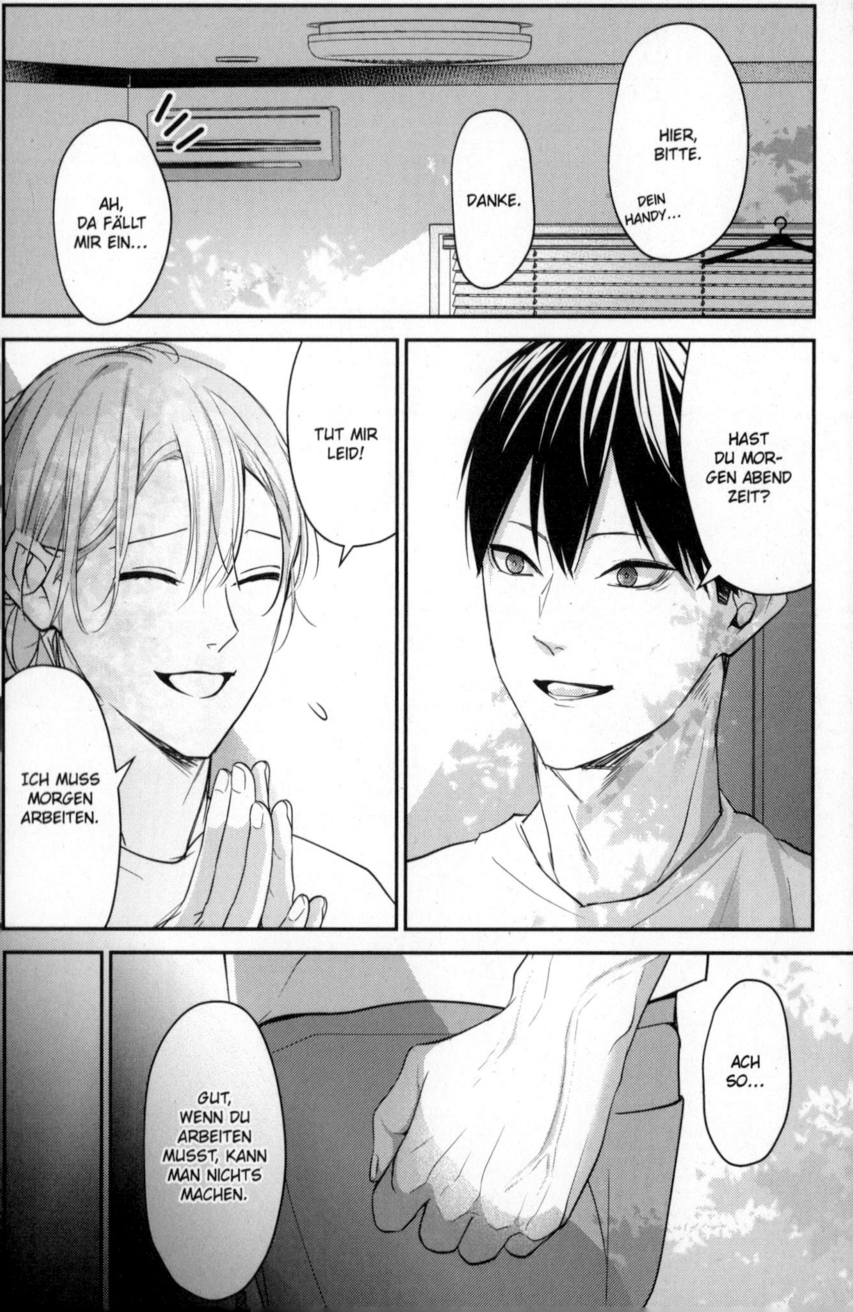
HIER, BITTE.
DEIN HANDY...
DANKE.
AH, DA FÄLLT MIR EIN...
HAST DU MOR-GEN ABEND ZEIT?
TUT MIR LEID!
ICH MUSS MORGEN ARBEITEN.
ACH SO...
GUT, WENN DU ARBEITEN MUSST, KANN MAN NICHTS MACHEN.

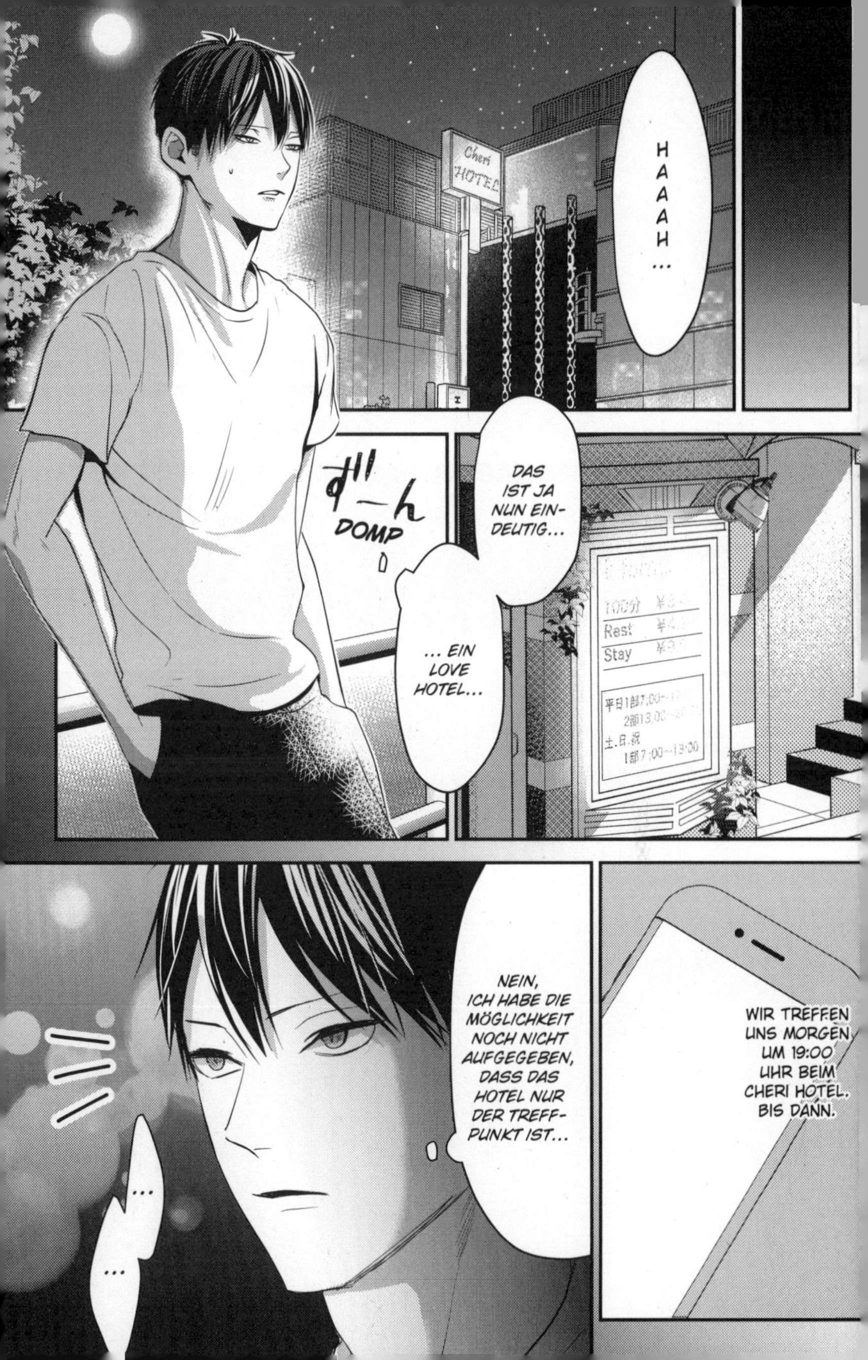

HAAAH ...
Cheri HOTEL
DAS IST JA NUN EIN-DEUTIG...
すぃーん
DOMP
... EIN LOVE HOTEL...
100分 ¥
Rest ¥
Stay ¥
NEIN, ICH HABE DIE MÖGLICHKEIT NOCH NICHT AUFGEGEBEN, DASS DAS HOTEL NUR DER TREFF-PUNKT IST...
WIR TREFFEN UNS MORGEN UM 19:00 UHR BEIM CHERI HOTEL. BIS DANN.
...
...

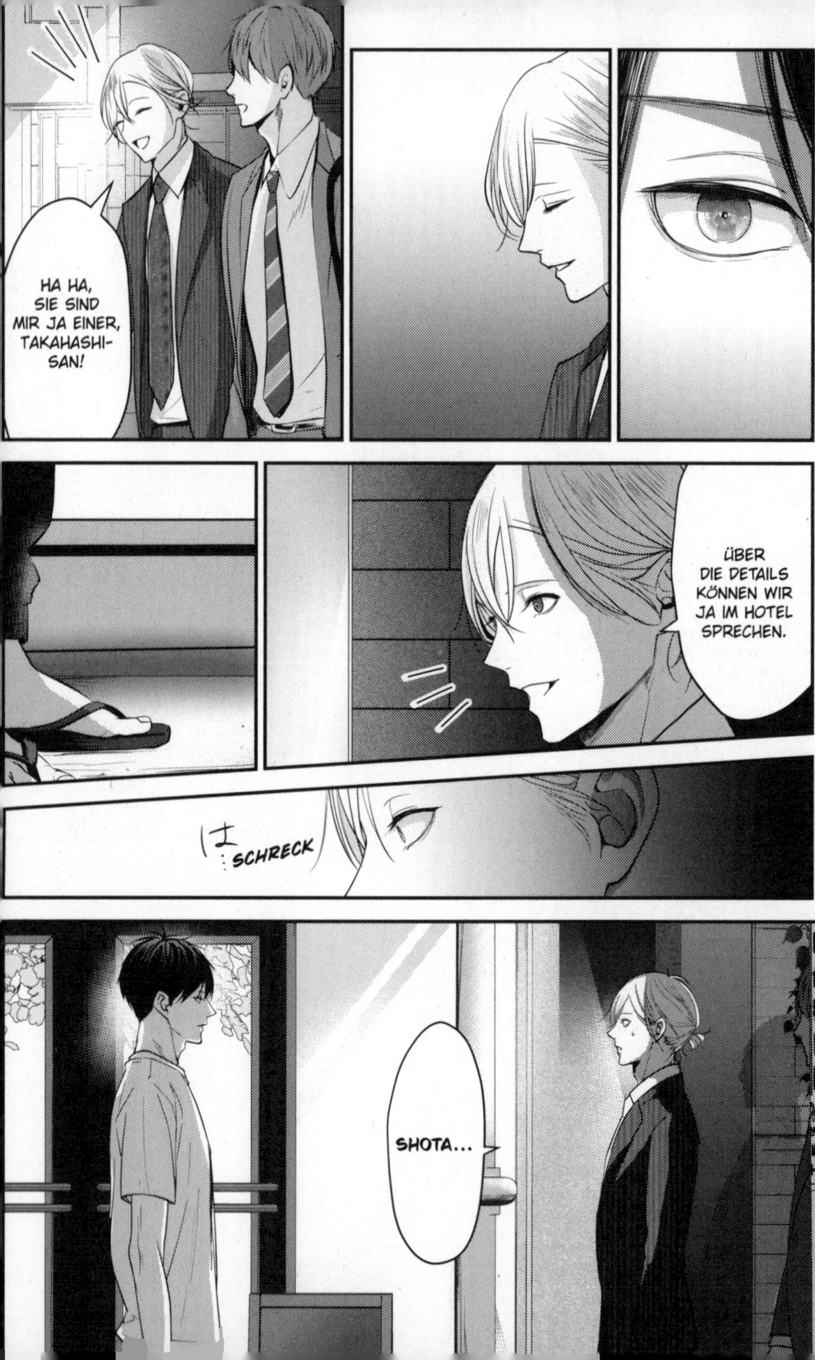
HA HA, SIE SIND MIR JA EINER, TAKAHASHI-SAN!
ÜBER DIE DETAILS KÖNNEN WIR JA IM HOTEL SPRECHEN.
は SCHRECK
SHOTA...

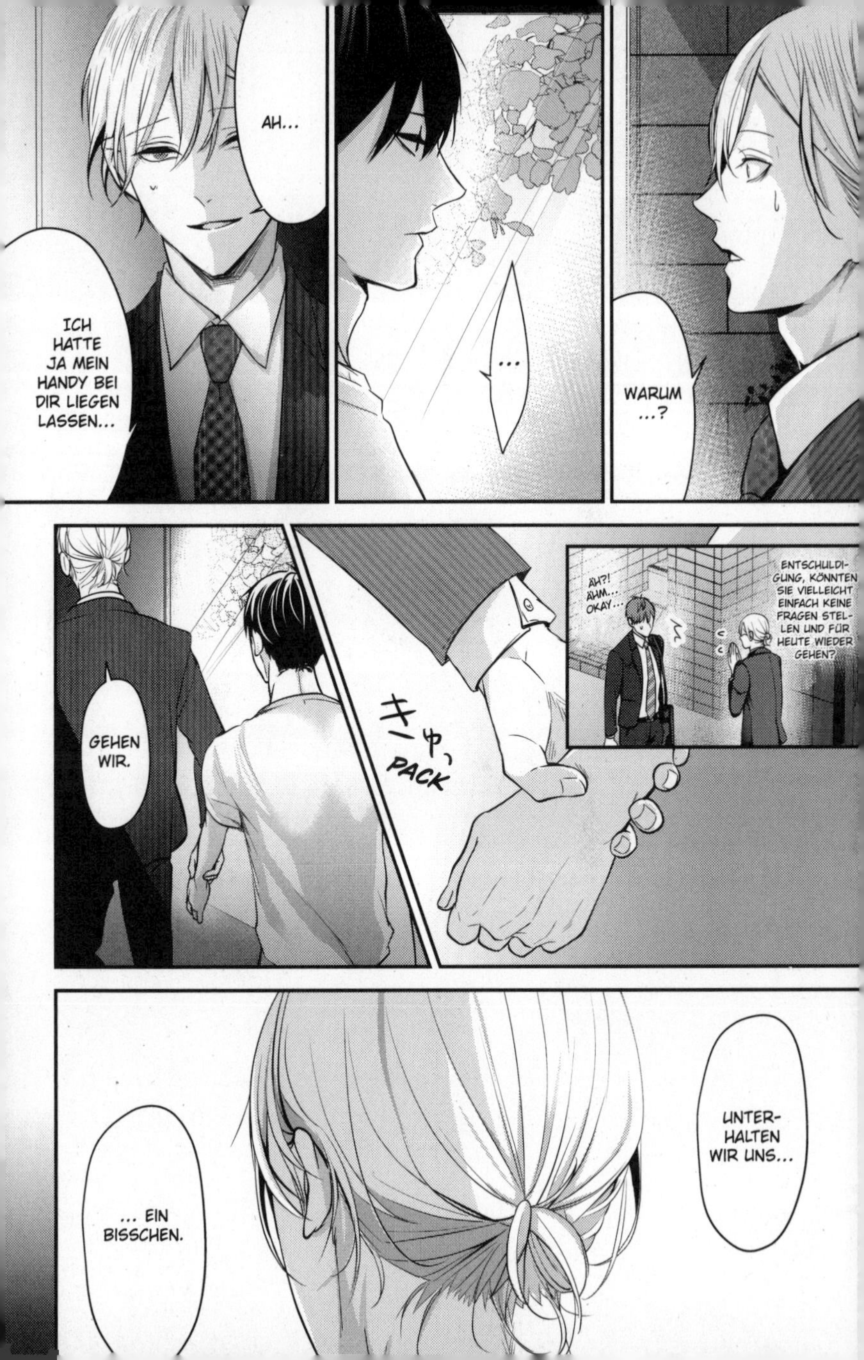
WARUM ...?
...
AH...
ICH HATTE JA MEIN HANDY BEI DIR LIEGEN LASSEN...
ENTSCHULDIGUNG, KÖNNTEN SIE VIELLEICHT EINFACH KEINE FRAGEN STELLEN UND FÜR HEUTE WIEDER GEHEN?
ÄH?! ÄHM... OKAY...
きゅ、
PACK
GEHEN WIR.
UNTERHALTEN WIR UNS...
... EIN BISSCHEN.

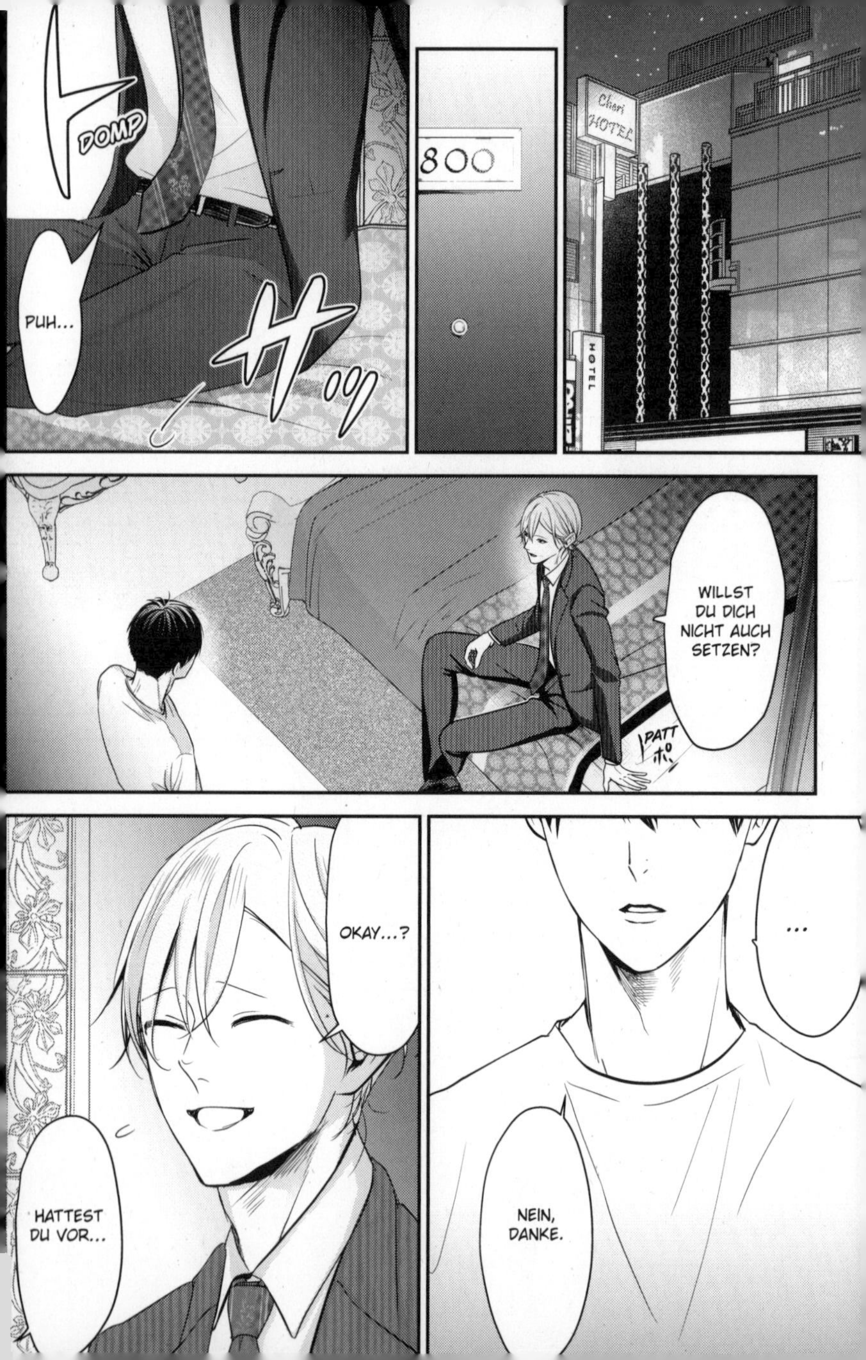
Cheri HOTEL
HOTEL
800
DOMP
PUH…
WILLST DU DICH NICHT AUCH SETZEN?
PATT
…
NEIN, DANKE.
OKAY…?
HATTEST DU VOR…

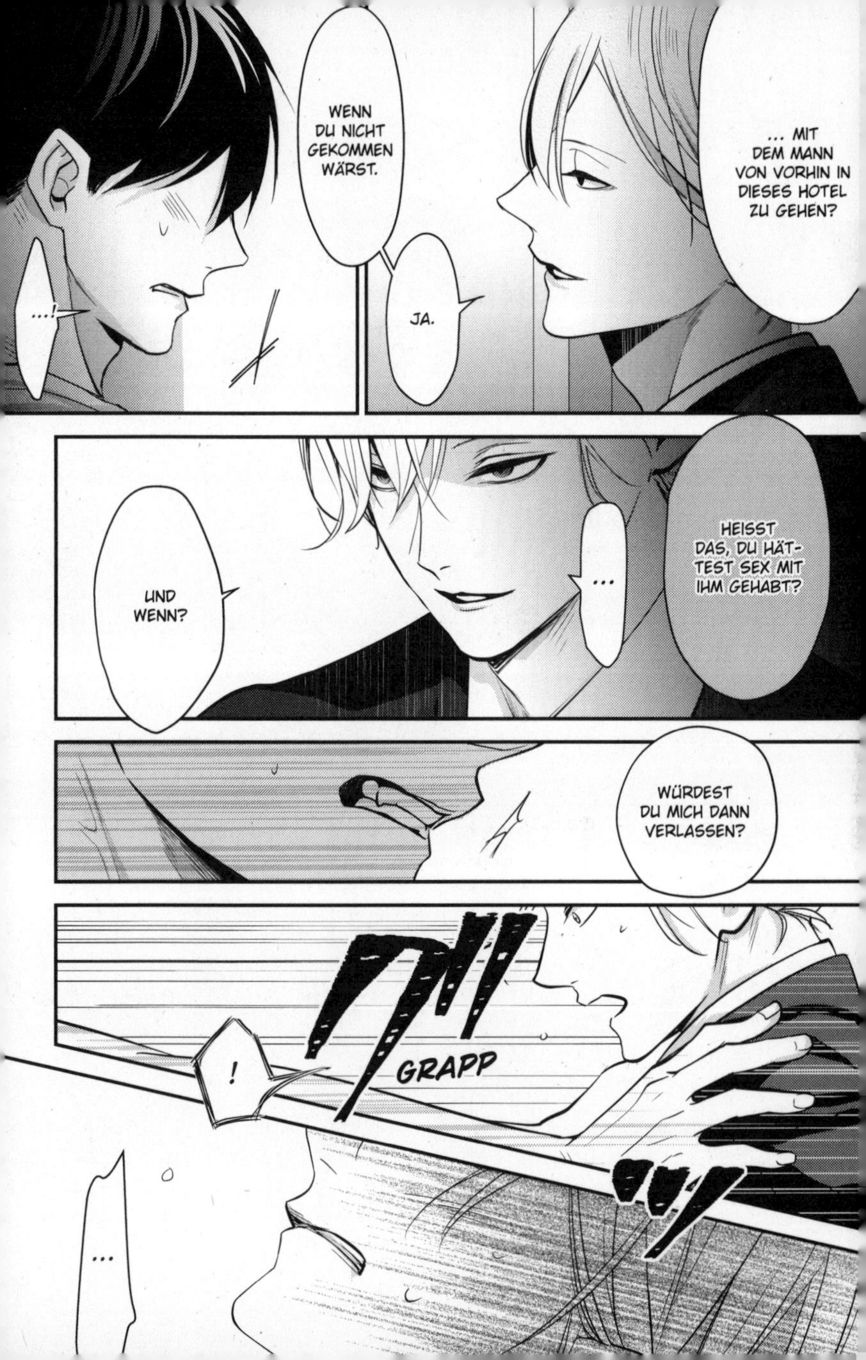
... MIT
DEM MANN
VON VORHIN IN
DIESES HOTEL
ZU GEHEN?
JA.
WENN
DU NICHT
GEKOMMEN
WÄRST.
...!
HEISST
DAS, DU HÄT-
TEST SEX MIT
IHM GEHABT?
...
UND
WENN?
WÜRDEST
DU MICH DANN
VERLASSEN?
GRAPP
!
...

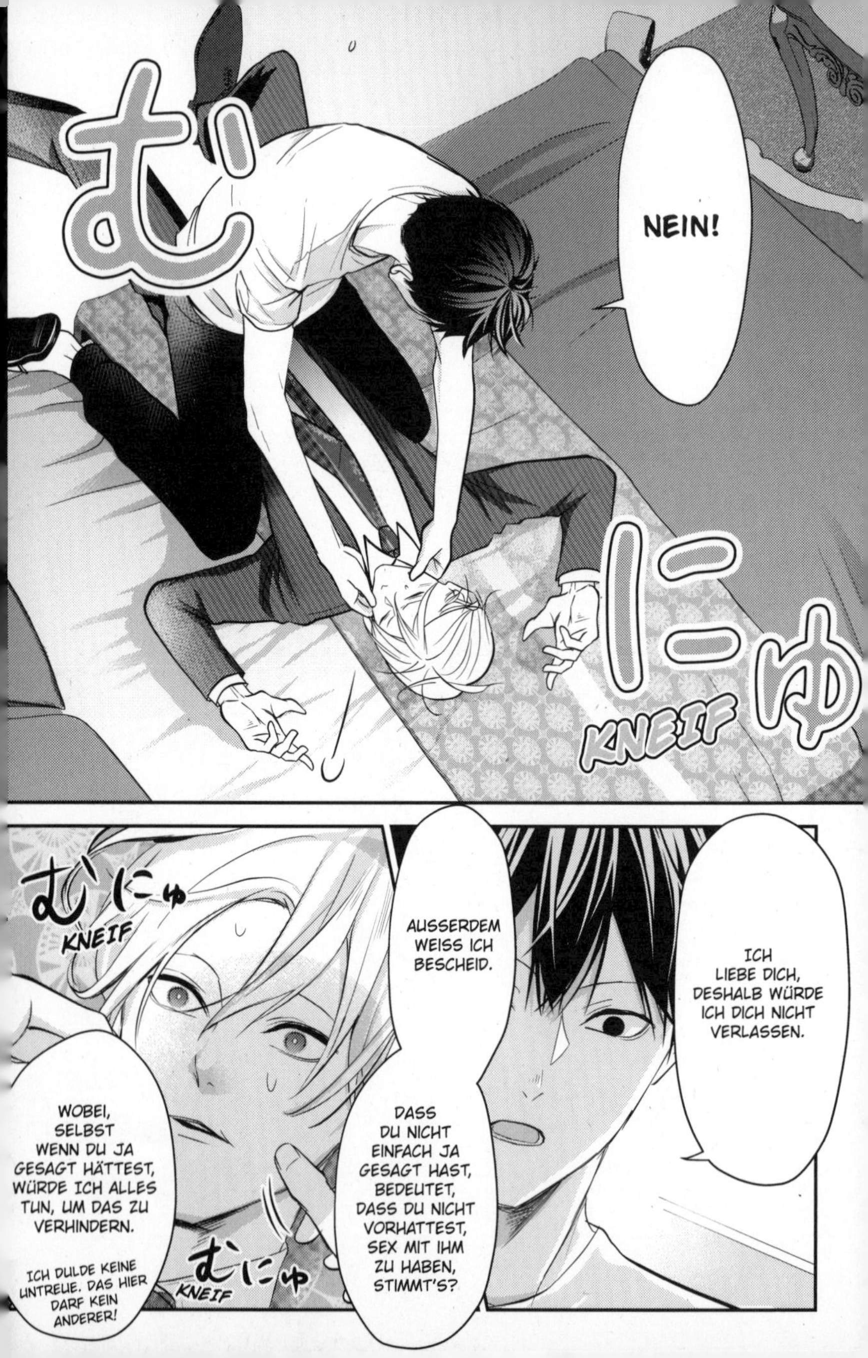
NEIN!
むにゅ
KNEIF
ICH LIEBE DICH, DESHALB WÜRDE ICH DICH NICHT VERLASSEN.
AUSSERDEM WEISS ICH BESCHEID.
DASS DU NICHT EINFACH JA GESAGT HAST, BEDEUTET, DASS DU NICHT VORHATTEST, SEX MIT IHM ZU HABEN, STIMMT'S?
むにゅ
KNEIF
WOBEI, SELBST WENN DU JA GESAGT HÄTTEST, WÜRDE ICH ALLES TUN, UM DAS ZU VERHINDERN.
ICH DULDE KEINE UNTREUE. DAS HIER DARF KEIN ANDERER!
むにゅ
KNEIF

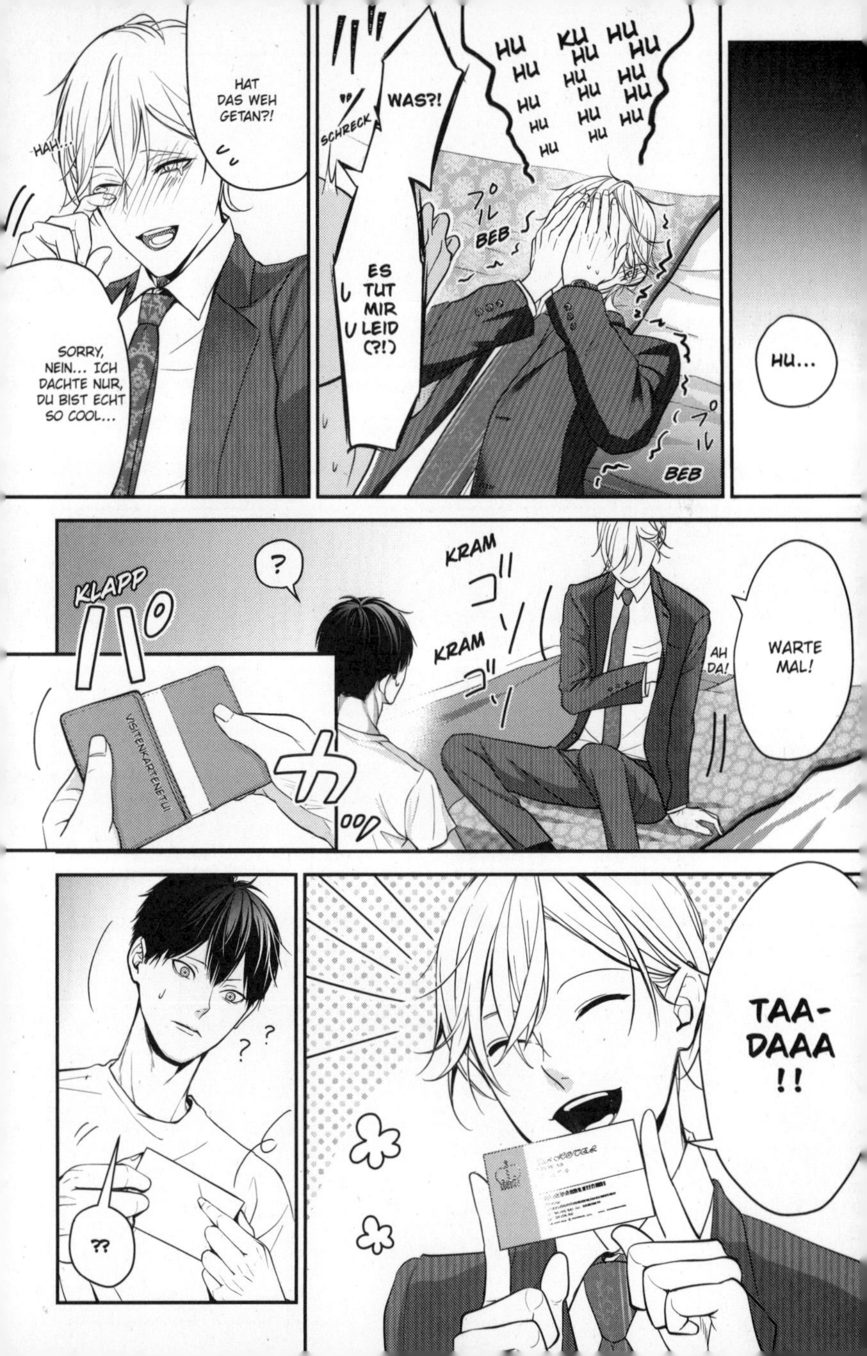
HU...
HU KU HU HU HU HU HU HU HU HU HU HU HU HU HU
BEB
BEB
WAS?!
SCHRECK
ES TUT MIR LEID (?!)
HAT DAS WEH GETAN?!
HAH...
SORRY, NEIN... ICH DACHTE NUR, DU BIST ECHT SO COOL...
WARTE MAL!
AH DA!
KRAM
KRAM
?
KLAPP
VISITENKARTENETUI
TAA-DAAA!!
??

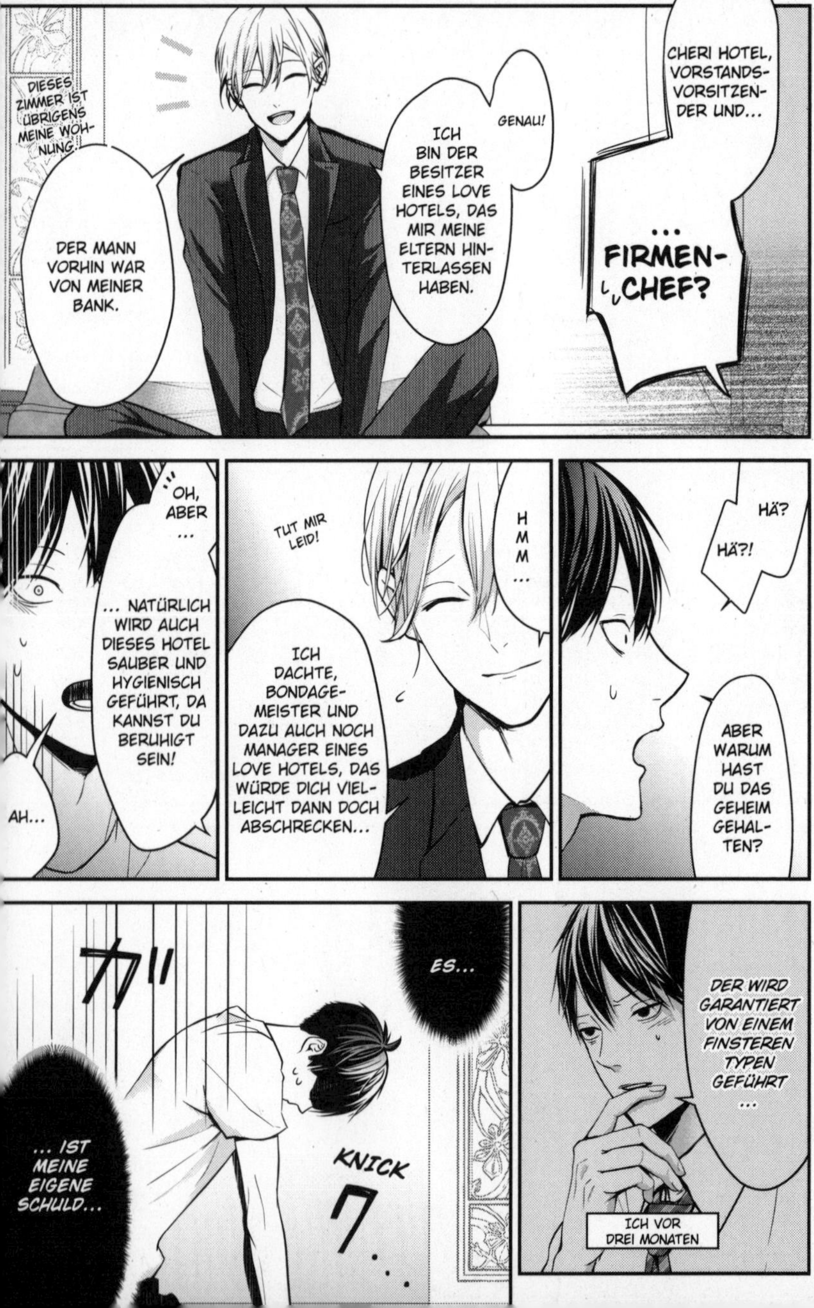

CHERI HOTEL, VORSTANDS-VORSITZEN-DER UND…
… FIRMEN-CHEF?
GENAU!
ICH BIN DER BESITZER EINES LOVE HOTELS, DAS MIR MEINE ELTERN HIN-TERLASSEN HABEN.
DIESES ZIMMER IST ÜBRIGENS MEINE WOH-NUNG.
DER MANN VORHIN WAR VON MEINER BANK.
HÄ?
HÄ?!
ABER WARUM HAST DU DAS GEHEIM GEHAL-TEN?
HMM…
TUT MIR LEID!
ICH DACHTE, BONDAGE-MEISTER UND DAZU AUCH NOCH MANAGER EINES LOVE HOTELS, DAS WÜRDE DICH VIEL-LEICHT DANN DOCH ABSCHRECKEN…
OH, ABER …
… NATÜRLICH WIRD AUCH DIESES HOTEL SAUBER UND HYGIENISCH GEFÜHRT, DA KANNST DU BERUHIGT SEIN!
AH…
DER WIRD GARANTIERT VON EINEM FINSTEREN TYPEN GEFÜHRT …
ICH VOR DREI MONATEN
ES…
KNICK
… IST MEINE EIGENE SCHULD…

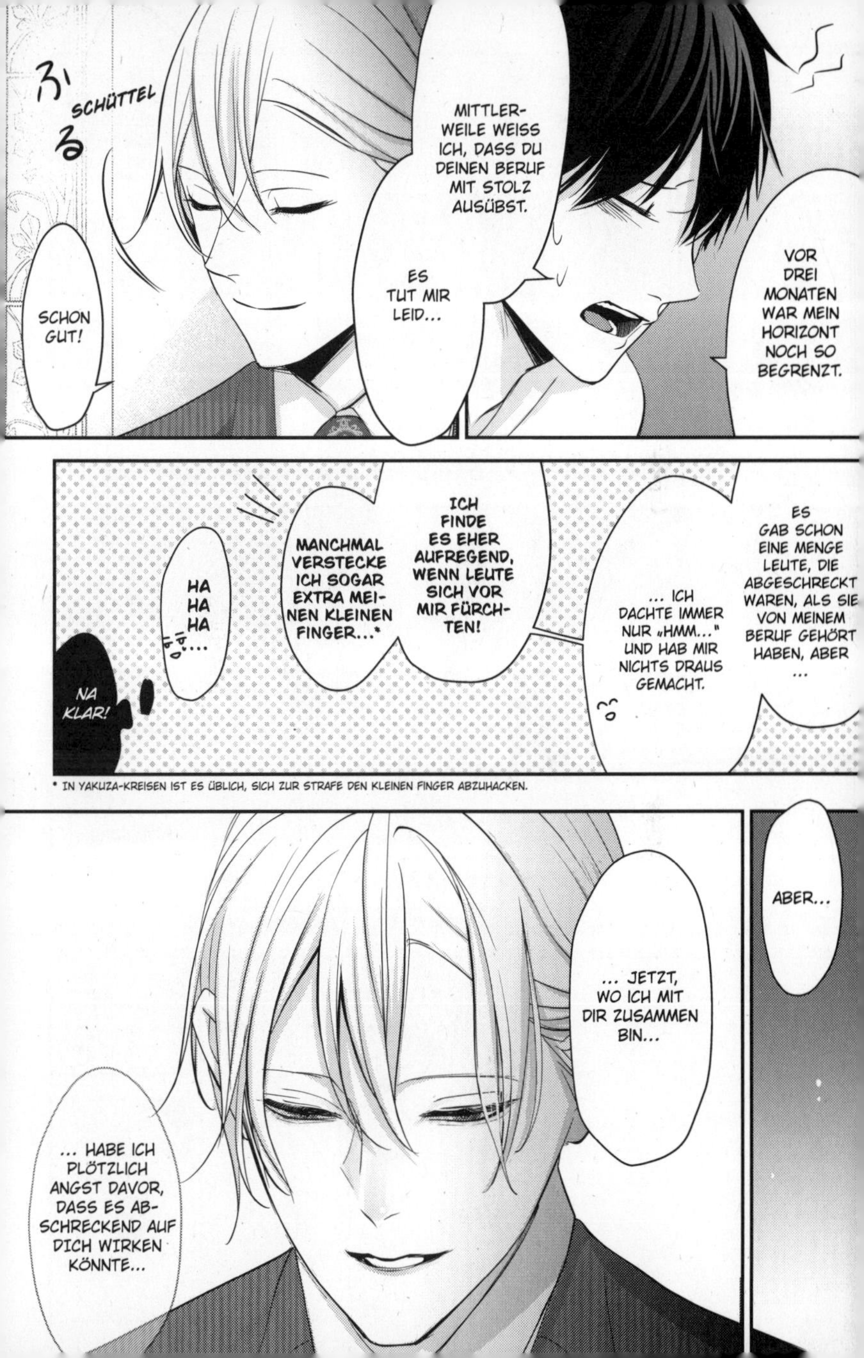

* IN YAKUZA-KREISEN IST ES ÜBLICH, SICH ZUR STRAFE DEN KLEINEN FINGER ABZUHACKEN.

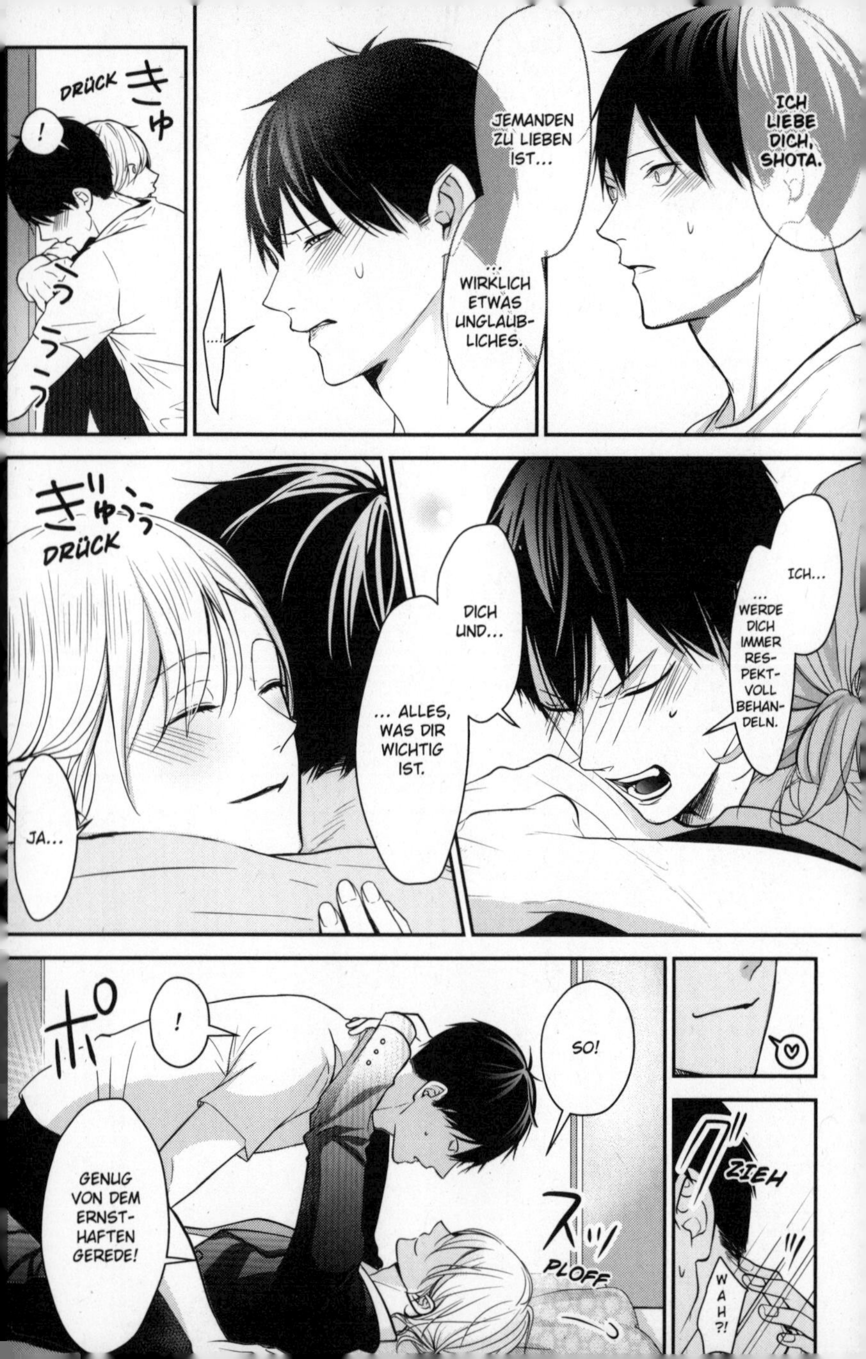
ICH LIEBE DICH, SHOTA.
JEMANDEN ZU LIEBEN IST…
… WIRKLICH ETWAS UNGLAUB-LICHES.
…!
きゅ
DRÜCK
!
ICH…
… WERDE DICH IMMER RES-PEKT-VOLL BEHAN-DELN.
DICH UND…
… ALLES, WAS DIR WICHTIG IST.
ぎゅううう
DRÜCK
JA…
ZIEH
WAH?!
SO!
スッ
PLOFF
!
GENUG VON DEM ERNST-HAFTEN GEREDE!

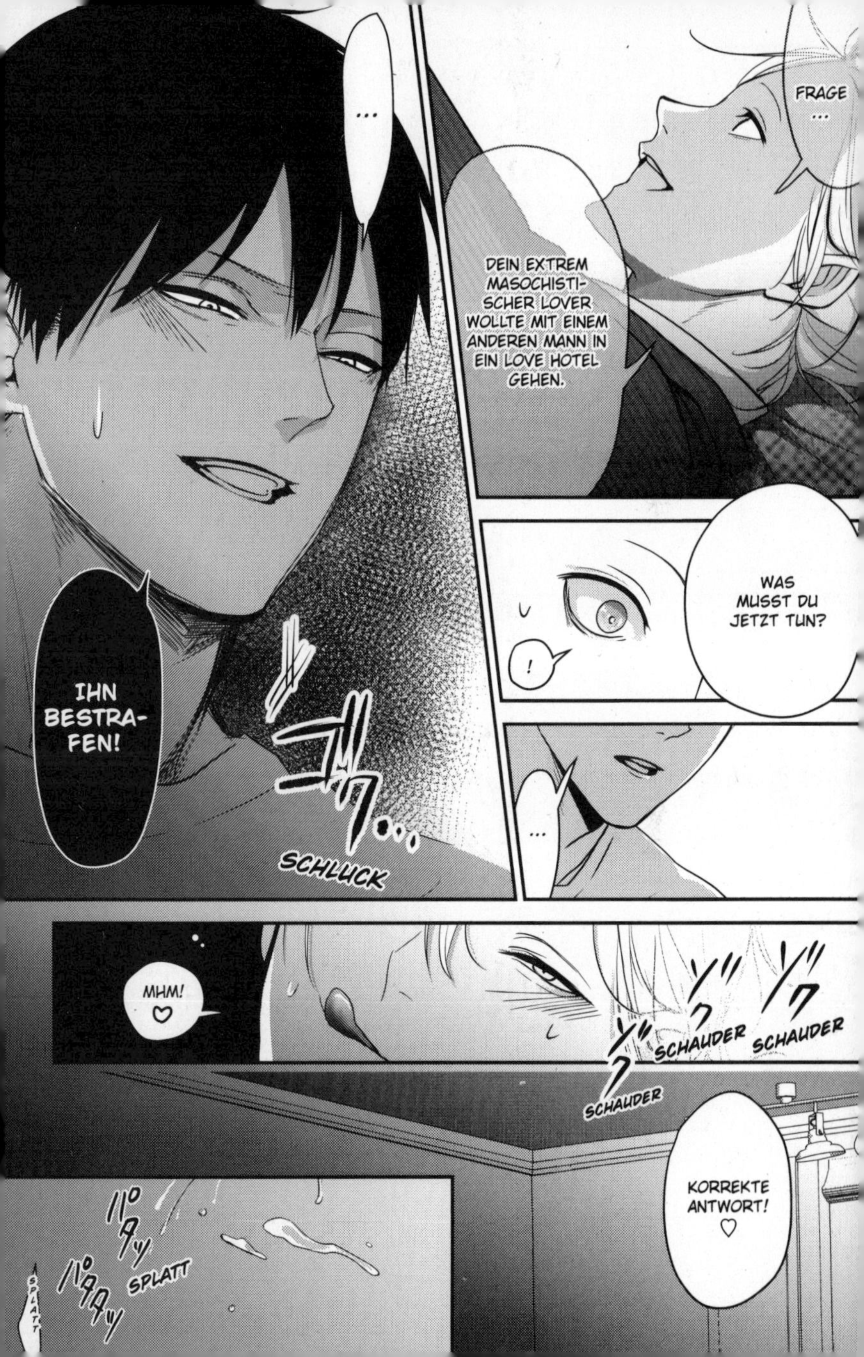
FRAGE …
DEIN EXTREM MASOCHISTISCHER LOVER WOLLTE MIT EINEM ANDEREN MANN IN EIN LOVE HOTEL GEHEN.
…
WAS MUSST DU JETZT TUN?
!
…
IHN BESTRAFEN!
SCHLUCK
SCHAUDER
SCHAUDER
SCHAUDER
MHM! ♡
KORREKTE ANTWORT! ♡
SPLATT
SPLATT

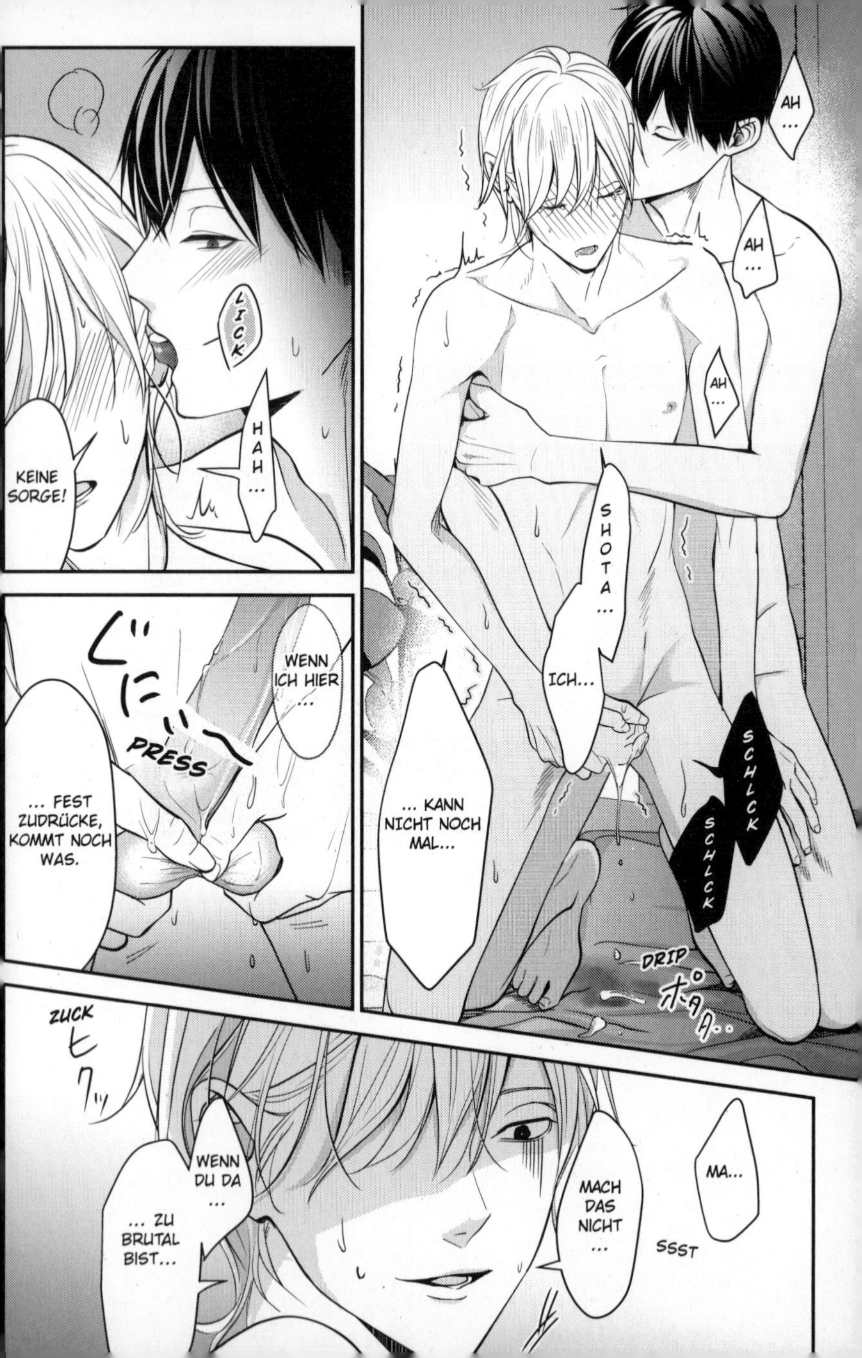
AH …
AH …
AH …
SHOTA …
ICH…
… KANN NICHT NOCH MAL…
SCHLCK
SCHLCK
DRIP
ポタ…
LICK
HAH …
KEINE SORGE!
ぐにーっ
PRESS
WENN ICH HIER …
… FEST ZUDRÜCKE, KOMMT NOCH WAS.
MA…
SSST
MACH DAS NICHT …
WENN DU DA …
… ZU BRUTAL BIST…
ZUCK
ヒクッ

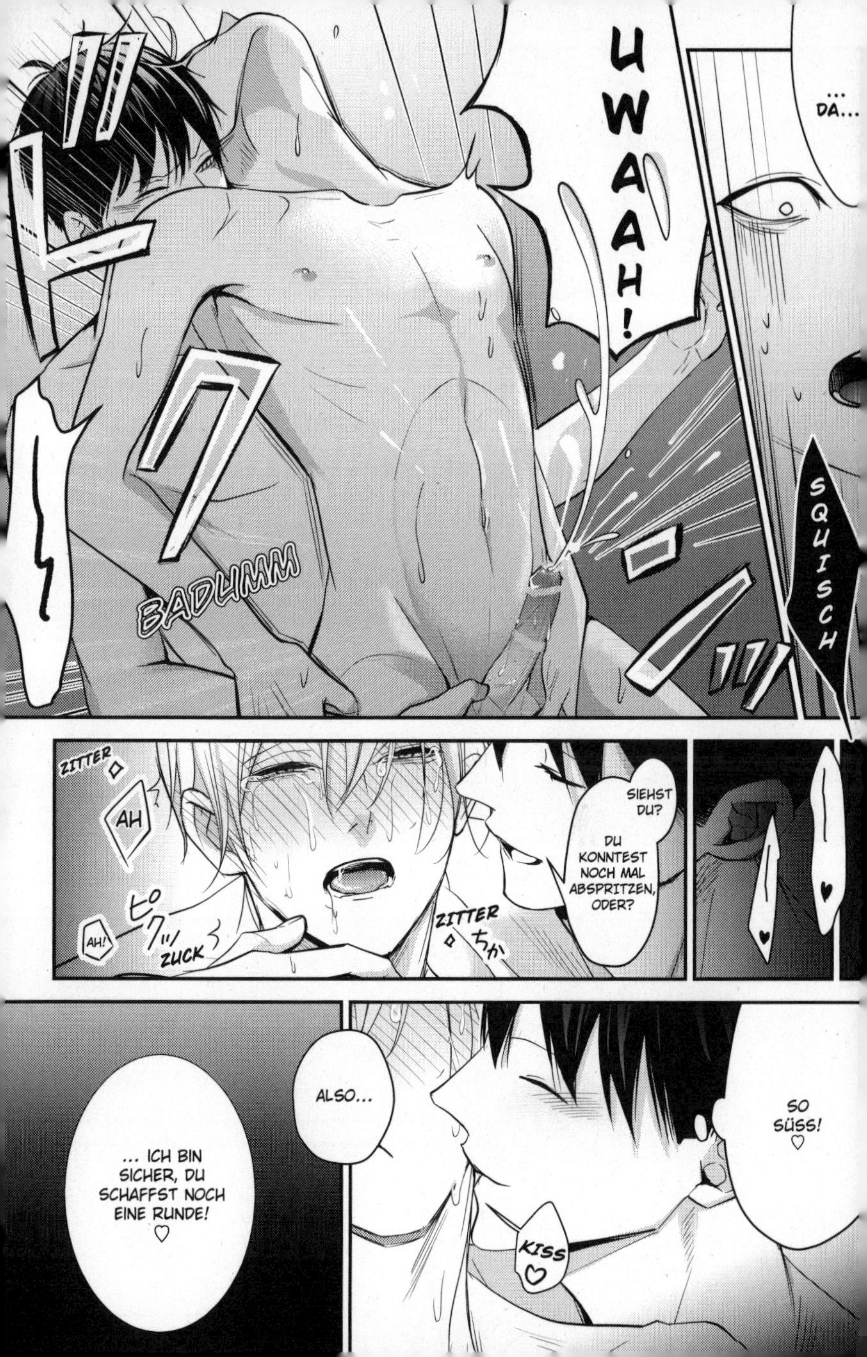
... DA...
UWAAH!
SQUISCH
BADUMMM
SIEHST DU?
DU KONNTEST NOCH MAL ABSPRITZEN, ODER?
ZITTER
AH
AH!
ZUCK
ZITTER
SO SÜSS! ♡
KISS ♡
ALSO...
... ICH BIN SICHER, DU SCHAFFST NOCH EINE RUNDE! ♡

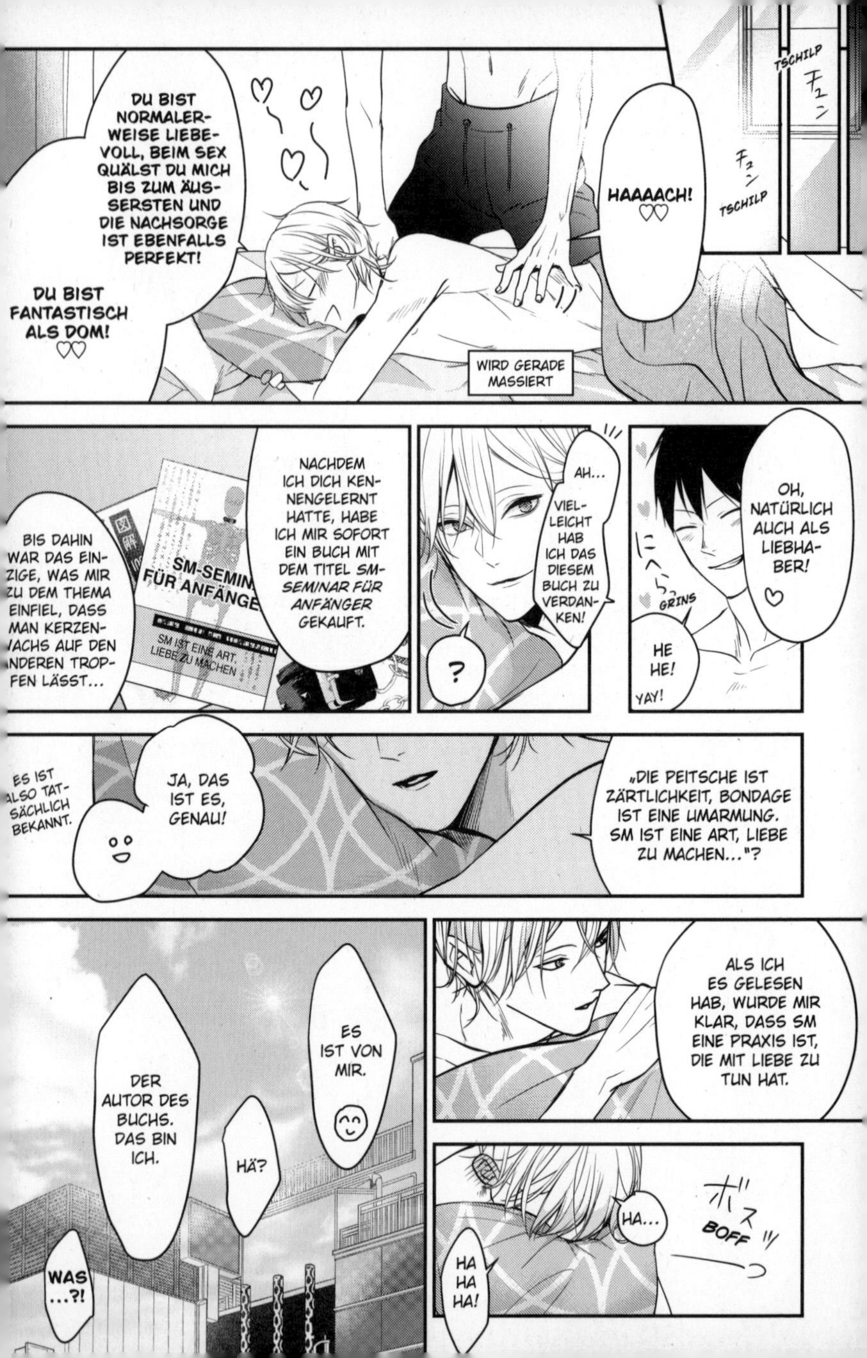
TSCHILP
TSCHILP
HAAAACH! ♡♡
WIRD GERADE MASSIERT
DU BIST NORMALERWEISE LIEBEVOLL, BEIM SEX QUÄLST DU MICH BIS ZUM ÄUSSERSTEN UND DIE NACHSORGE IST EBENFALLS PERFEKT!
DU BIST FANTASTISCH ALS DOM! ♡♡
OH, NATÜRLICH AUCH ALS LIEBHABER! ♡
GRINS
HE HE!
YAY!
AH…
VIELLEICHT HAB ICH DAS DIESEM BUCH ZU VERDANKEN!
?
NACHDEM ICH DICH KENNENGELERNT HATTE, HABE ICH MIR SOFORT EIN BUCH MIT DEM TITEL *SM-SEMINAR FÜR ANFÄNGER* GEKAUFT.
SM-SEMIN
FÜR ANFÄNGE
SM IST EINE ART, LIEBE ZU MACHEN
BIS DAHIN WAR DAS EINZIGE, WAS MIR ZU DEM THEMA EINFIEL, DASS MAN KERZENWACHS AUF DEN ANDEREN TROPFEN LÄSST…
„DIE PEITSCHE IST ZÄRTLICHKEIT, BONDAGE IST EINE UMARMUNG. SM IST EINE ART, LIEBE ZU MACHEN…"?
JA, DAS IST ES, GENAU!
ES IST ALSO TATSÄCHLICH BEKANNT.
ALS ICH ES GELESEN HAB, WURDE MIR KLAR, DASS SM EINE PRAXIS IST, DIE MIT LIEBE ZU TUN HAT.
BOFF
HA…
HA HA HA!
ES IST VON MIR.
DER AUTOR DES BUCHS. DAS BIN ICH.
HÄ?
WAS …?!

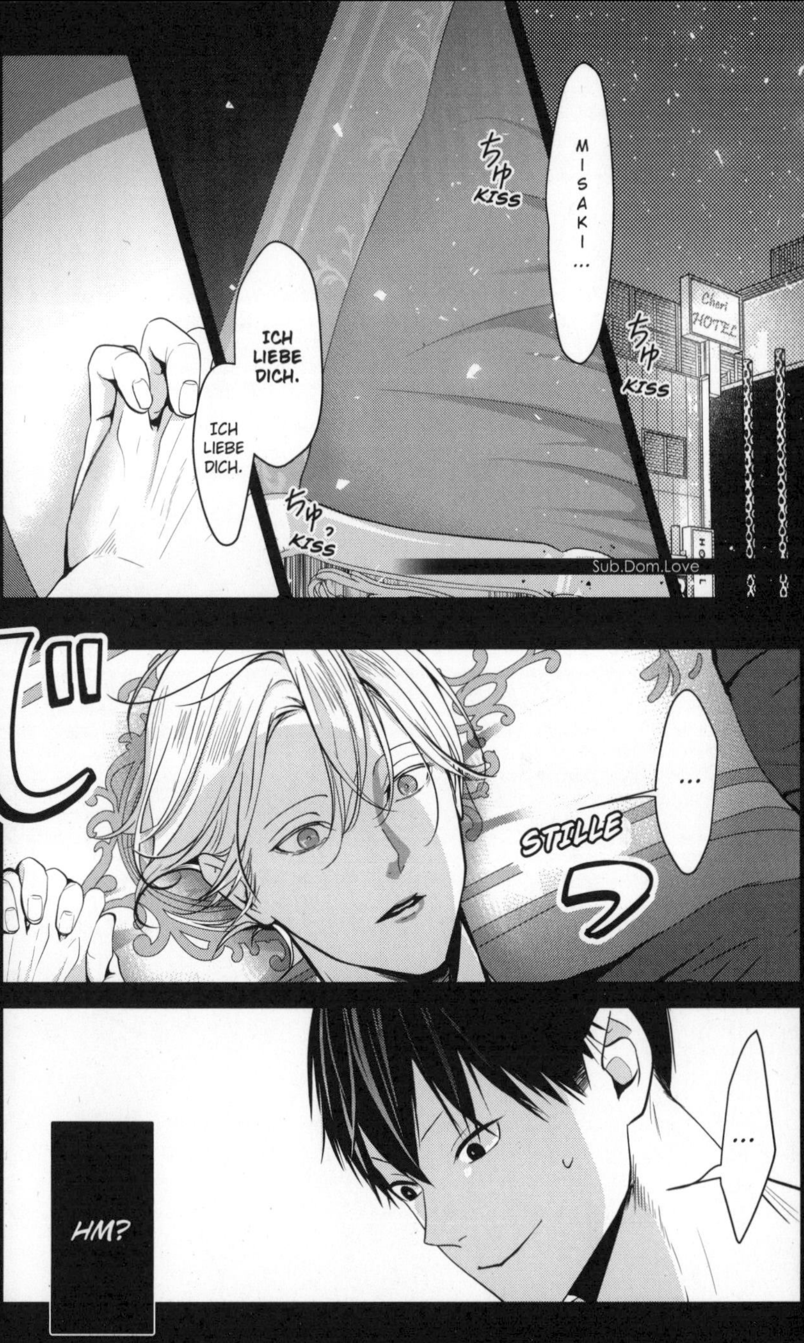

MISAKI ...
ちゅ KISS
Cheri HOTEL
ちゅ KISS
ICH LIEBE DICH.
ICH LIEBE DICH.
ちゅ KISS
Sub.Dom.Love
...
STILLE
じっ
...
HM?

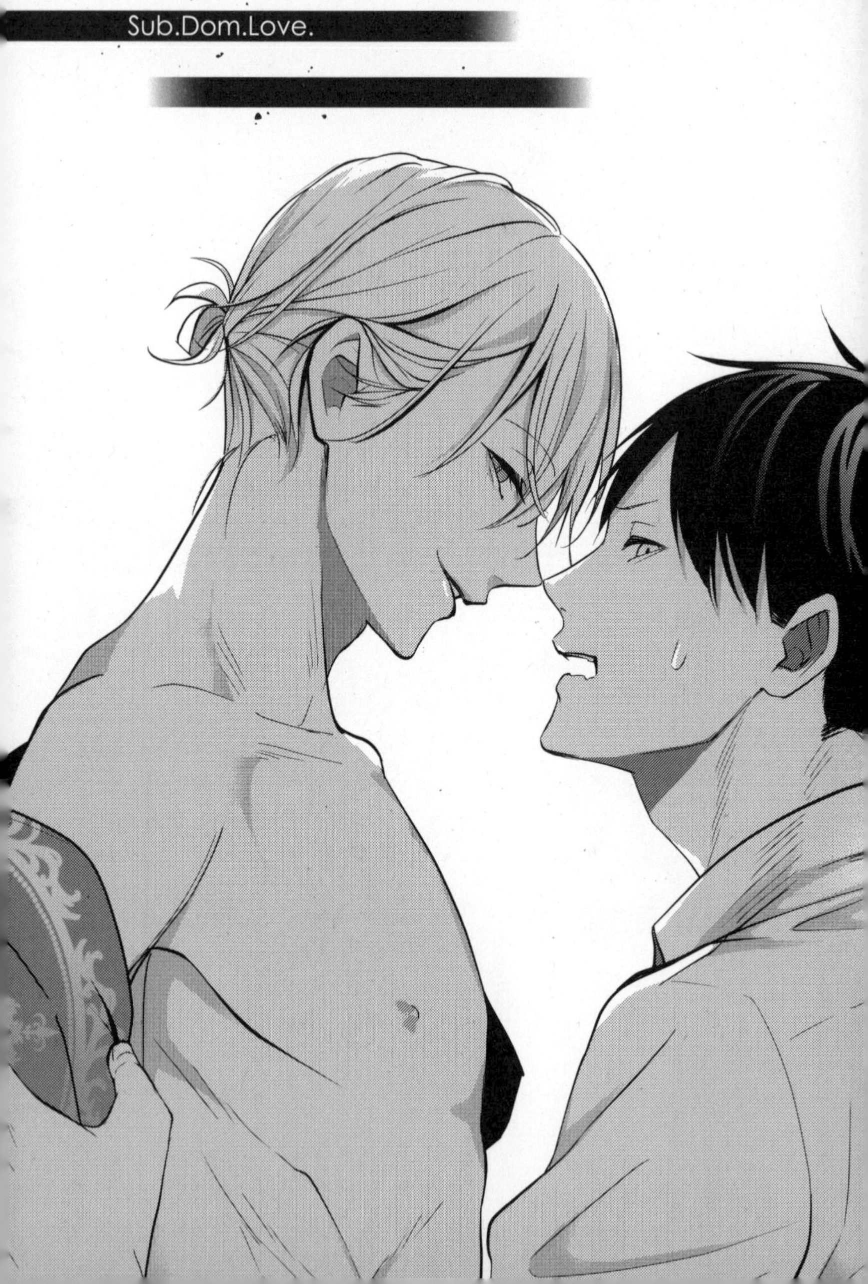
Sub.Dom.Love.

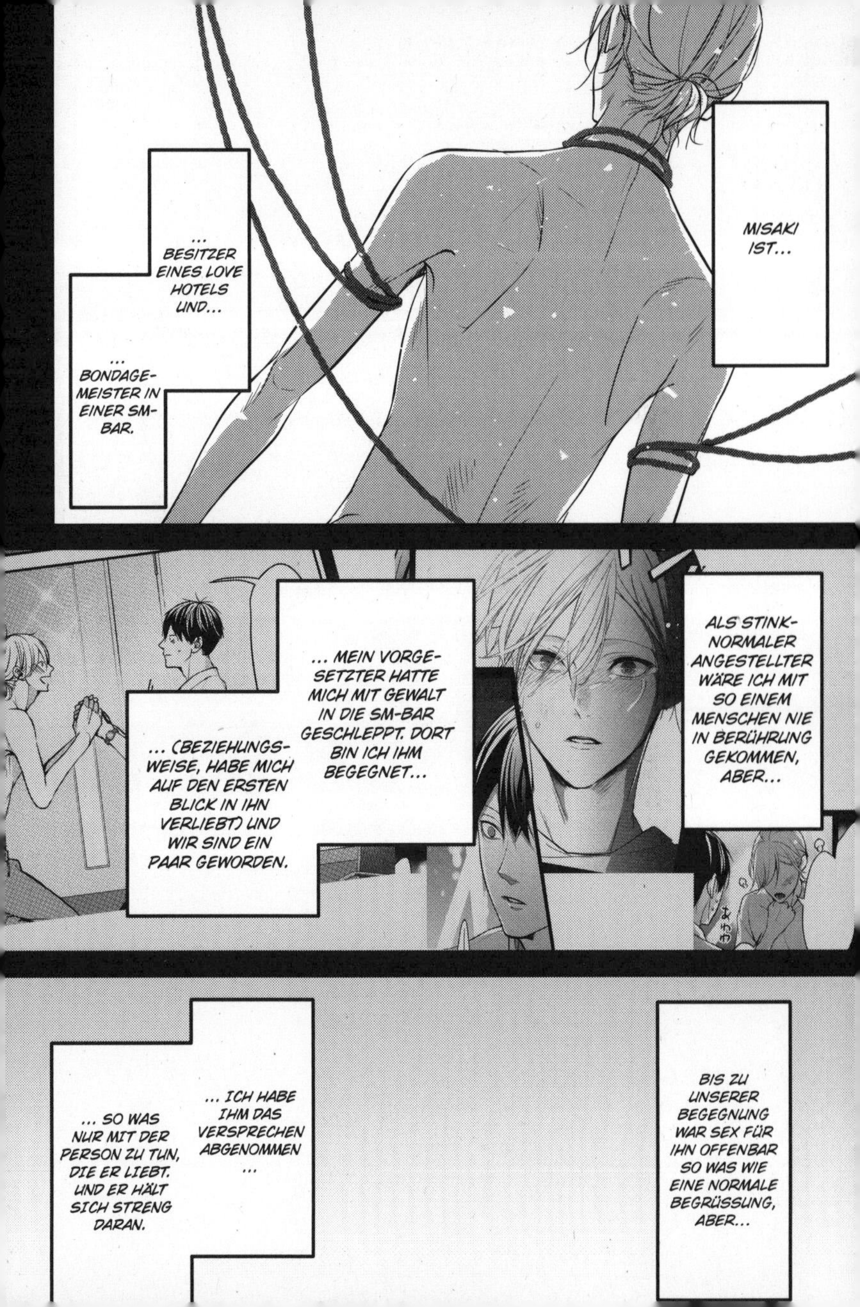
MISAKI IST...
... BESITZER EINES LOVE HOTELS UND...
... BONDAGE-MEISTER IN EINER SM-BAR.
ALS STINK-NORMALER ANGESTELLTER WÄRE ICH MIT SO EINEM MENSCHEN NIE IN BERÜHRUNG GEKOMMEN, ABER...
... MEIN VORGESETZTER HATTE MICH MIT GEWALT IN DIE SM-BAR GESCHLEPPT. DORT BIN ICH IHM BEGEGNET...
... (BEZIEHUNGSWEISE, HABE MICH AUF DEN ERSTEN BLICK IN IHN VERLIEBT) UND WIR SIND EIN PAAR GEWORDEN.
BIS ZU UNSERER BEGEGNUNG WAR SEX FÜR IHN OFFENBAR SO WAS WIE EINE NORMALE BEGRÜSSUNG, ABER...
... ICH HABE IHM DAS VERSPRECHEN ABGENOMMEN ...
... SO WAS NUR MIT DER PERSON ZU TUN, DIE ER LIEBT. UND ER HÄLT SICH STRENG DARAN.

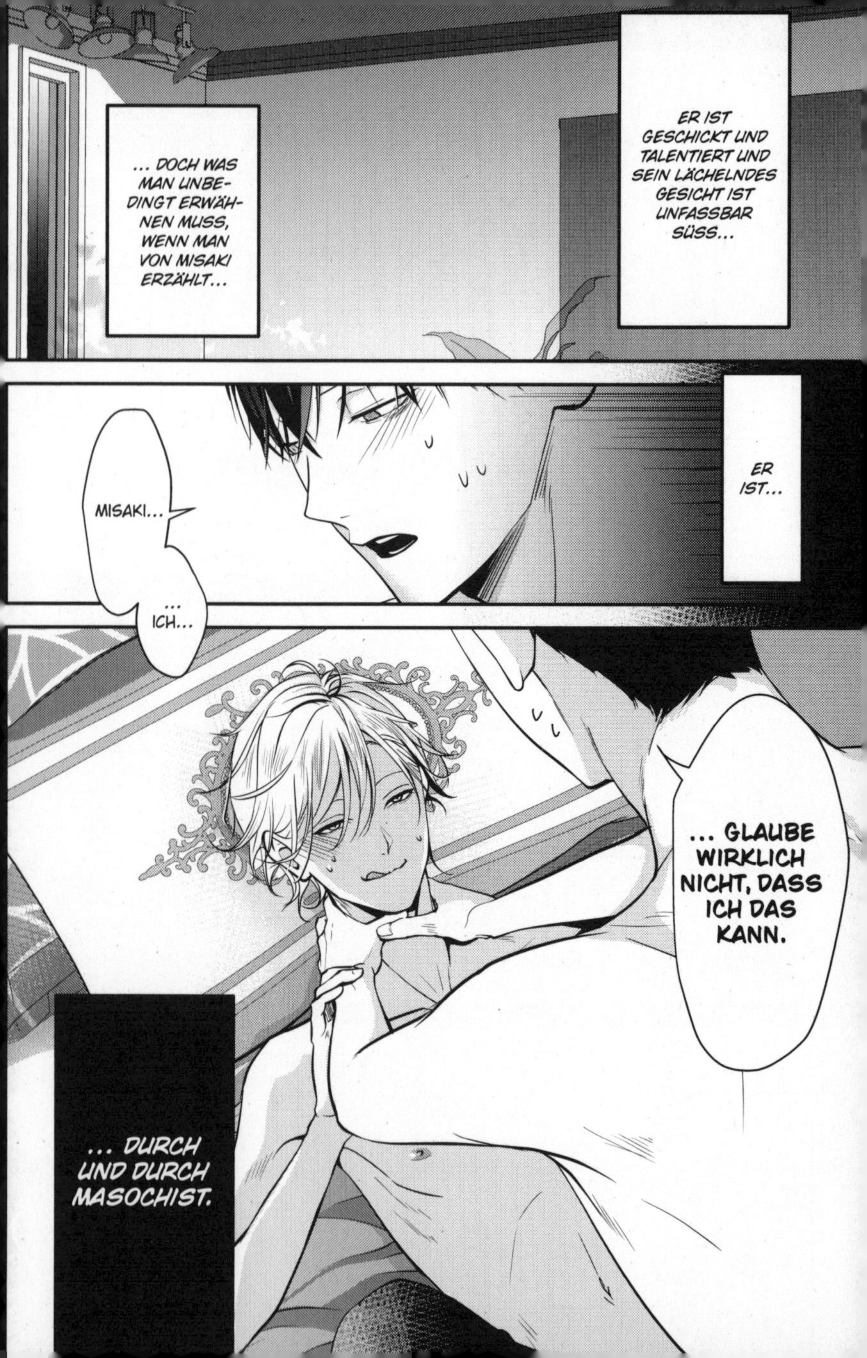

ER IST GESCHICKT UND TALENTIERT UND SEIN LÄCHELNDES GESICHT IST UNFASSBAR SÜSS...
... DOCH WAS MAN UNBE-DINGT ERWÄH-NEN MUSS, WENN MAN VON MISAKI ERZÄHLT...
ER IST...
MISAKI...
... ICH...
... GLAUBE WIRKLICH NICHT, DASS ICH DAS KANN.
... DURCH UND DURCH MASOCHIST.

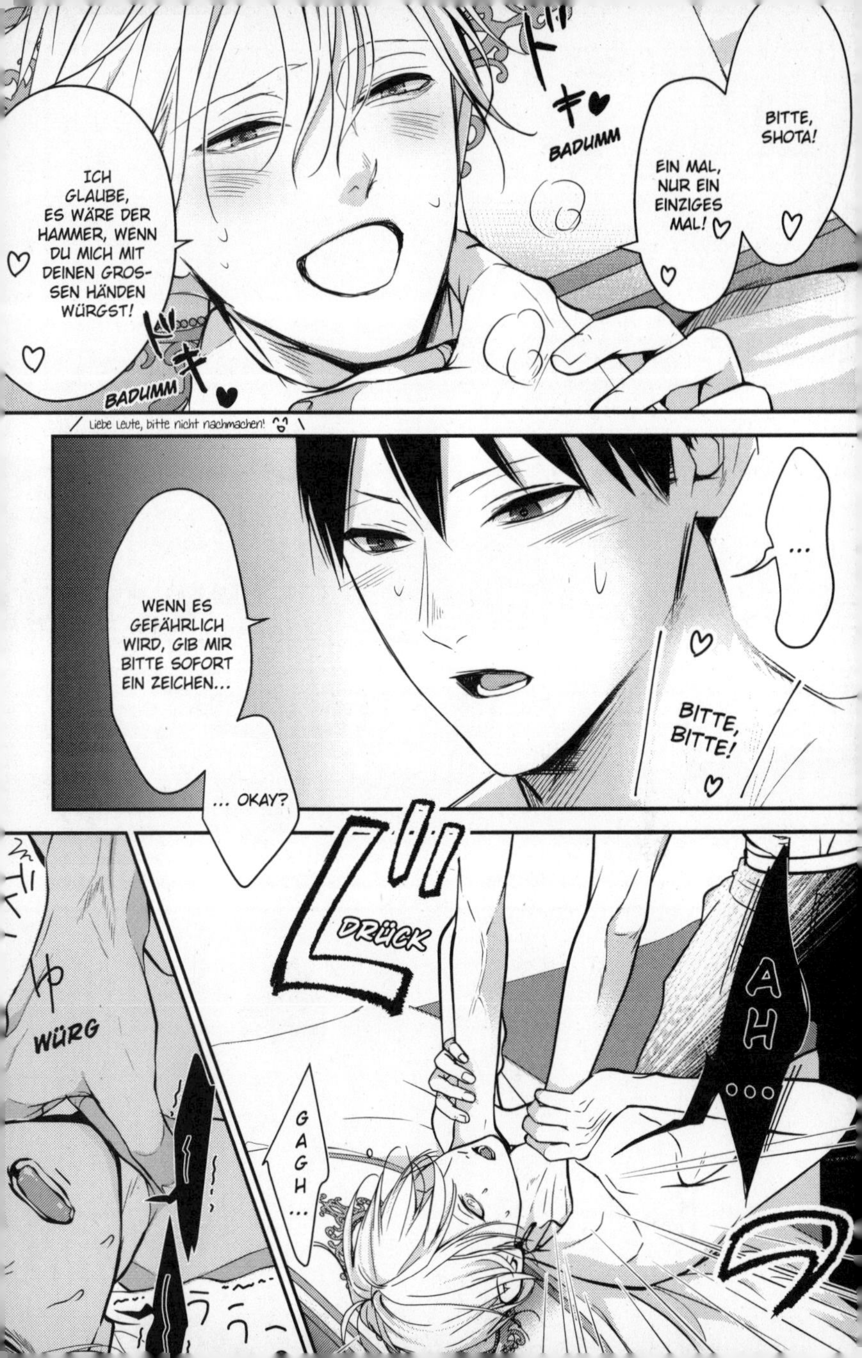
BITTE, SHOTA!
EIN MAL, NUR EIN EINZIGES MAL!
BADUMM
ICH GLAUBE, ES WÄRE DER HAMMER, WENN DU MICH MIT DEINEN GROSSEN HÄNDEN WÜRGST!
BADUMM
Liebe Leute, bitte nicht nachmachen!
...
BITTE, BITTE!
WENN ES GEFÄHRLICH WIRD, GIB MIR BITTE SOFORT EIN ZEICHEN...
... OKAY?
DRÜCK
AH...
GAGH...
WÜRG

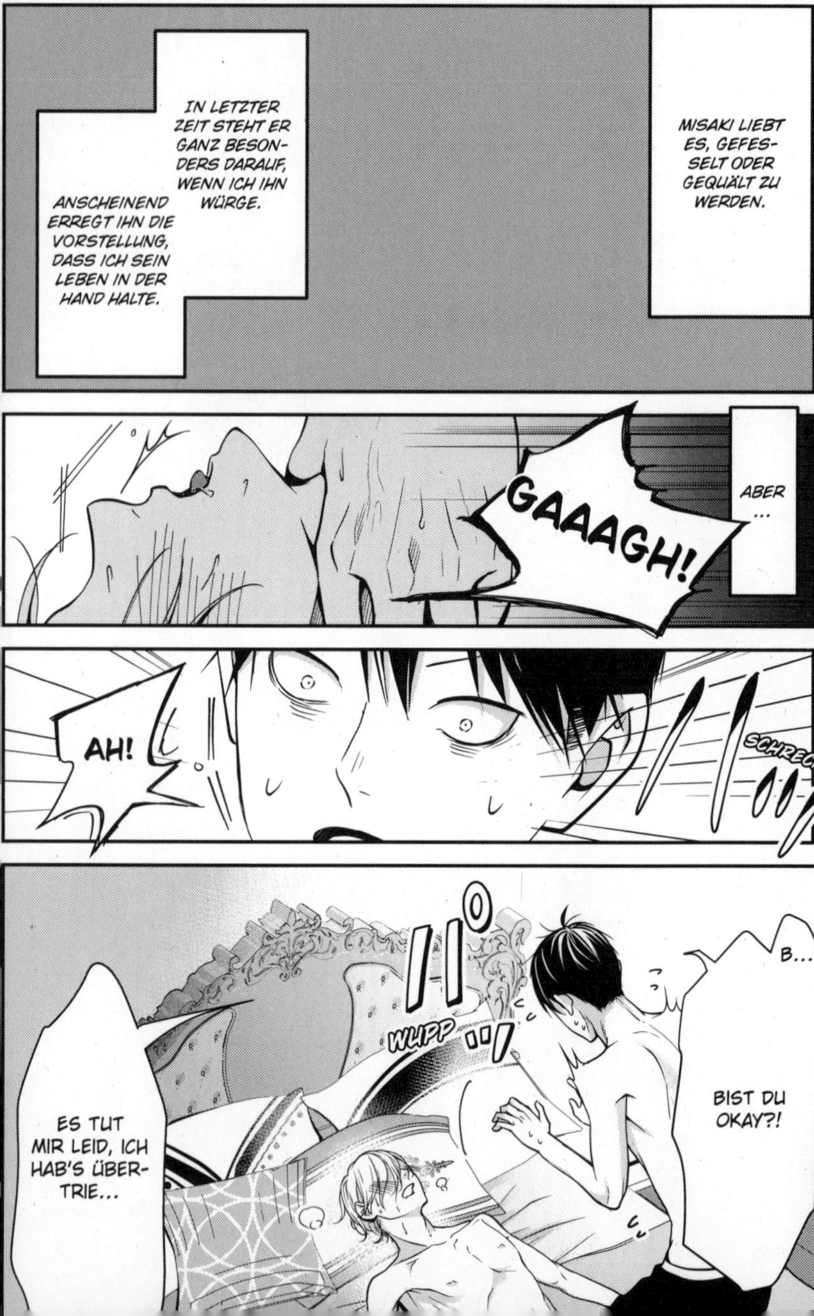
MISAKI LIEBT ES, GEFESSELT ODER GEQUÄLT ZU WERDEN.
IN LETZTER ZEIT STEHT ER GANZ BESONDERS DARAUF, WENN ICH IHN WÜRGE.
ANSCHEINEND ERREGT IHN DIE VORSTELLUNG, DASS ICH SEIN LEBEN IN DER HAND HALTE.
ABER ...
GAAAGH!
SCHRECK
AH!
B...
BIST DU OKAY?!
WUPP
ES TUT MIR LEID, ICH HAB'S ÜBERTRIE...

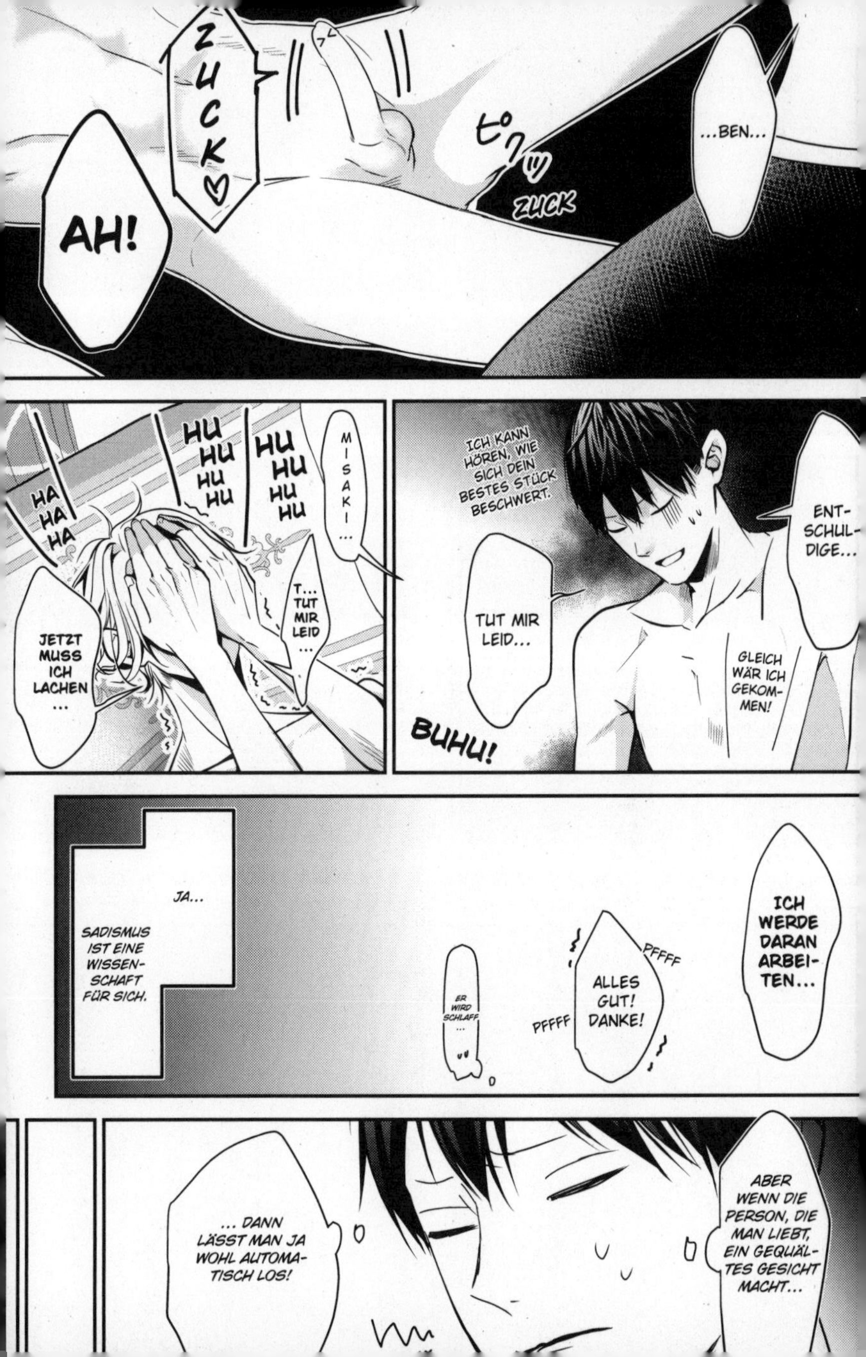
...BEN...
ピクッ
ZUCK
ZUCK♥
AH!
ENT-SCHUL-DIGE...
GLEICH WÄR ICH GEKOMMEN!
ICH KANN HÖREN, WIE SICH DEIN BESTES STÜCK BESCHWERT.
TUT MIR LEID...
BUHU!
MISAKI...
HU HU HU HU
HU HU HU HU
T... TUT MIR LEID...
HA HA HA
JETZT MUSS ICH LACHEN...
ICH WERDE DARAN ARBEITEN...
PFFFF
ALLES GUT! DANKE!
PFFFF
ER WIRD SCHLAFF...
JA...
SADISMUS IST EINE WISSEN-SCHAFT FÜR SICH.
ABER WENN DIE PERSON, DIE MAN LIEBT, EIN GEQUÄLTES GESICHT MACHT...
... DANN LÄSST MAN JA WOHL AUTOMA-TISCH LOS!

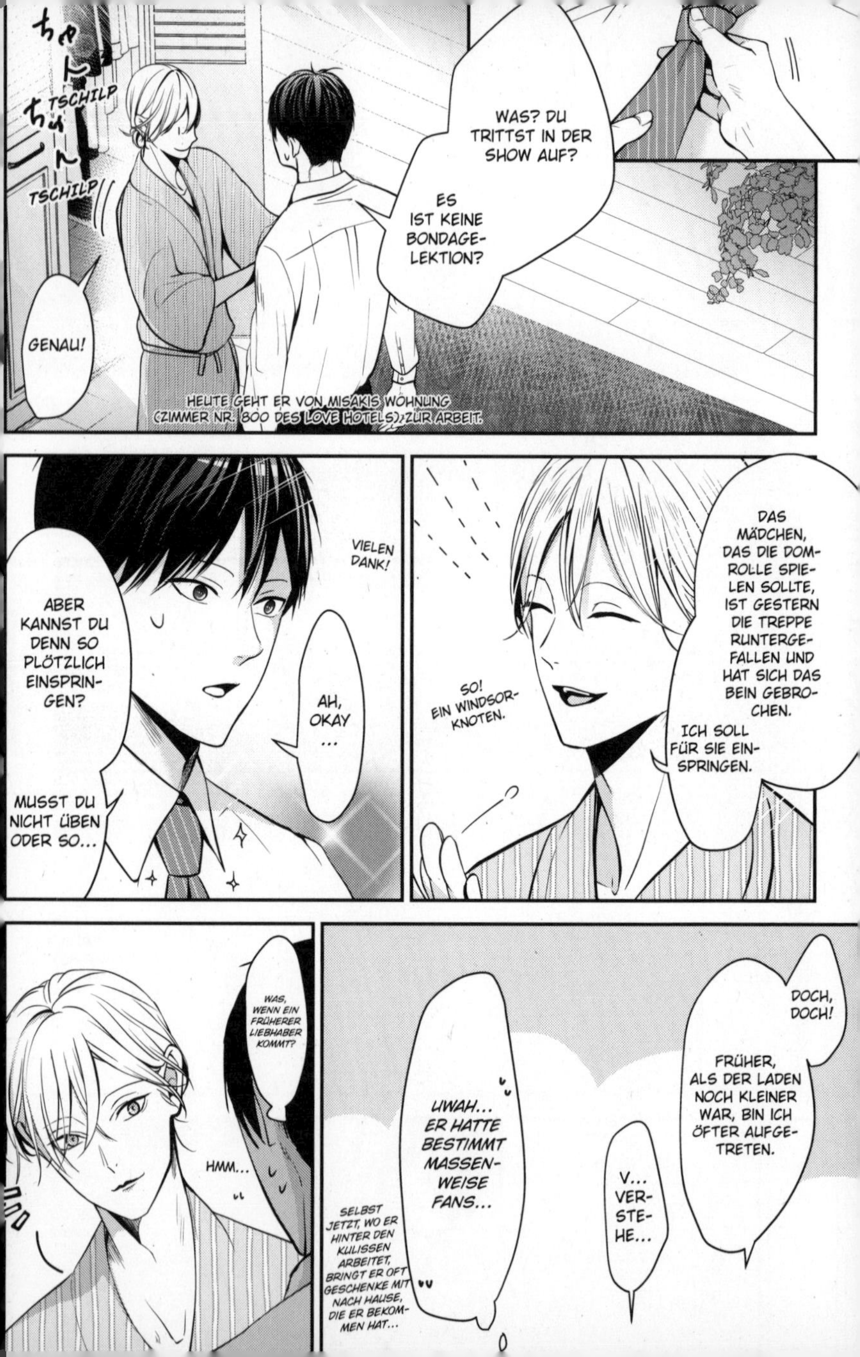

WAS? DU TRITTST IN DER SHOW AUF?
ES IST KEINE BONDAGELEKTION?
ちゃんちゃん
TSCHILP
TSCHILP
GENAU!
HEUTE GEHT ER VON MISAKIS WOHNUNG (ZIMMER NR. 800 DES LOVE HOTELS) ZUR ARBEIT.
DAS MÄDCHEN, DAS DIE DOMROLLE SPIELEN SOLLTE, IST GESTERN DIE TREPPE RUNTERGEFALLEN UND HAT SICH DAS BEIN GEBROCHEN.
ICH SOLL FÜR SIE EINSPRINGEN.
SO! EIN WINDSORKNOTEN.
VIELEN DANK!
AH, OKAY ...
ABER KANNST DU DENN SO PLÖTZLICH EINSPRINGEN?
MUSST DU NICHT ÜBEN ODER SO...
DOCH, DOCH!
FRÜHER, ALS DER LADEN NOCH KLEINER WAR, BIN ICH ÖFTER AUFGETRETEN.
V... VERSTEHE...
UWAH... ER HATTE BESTIMMT MASSENWEISE FANS...
SELBST JETZT, WO ER HINTER DEN KULISSEN ARBEITET, BRINGT ER OFT GESCHENKE MIT NACH HAUSE, DIE ER BEKOMMEN HAT...
WAS, WENN EIN FRÜHERER LIEBHABER KOMMT?
HMM...

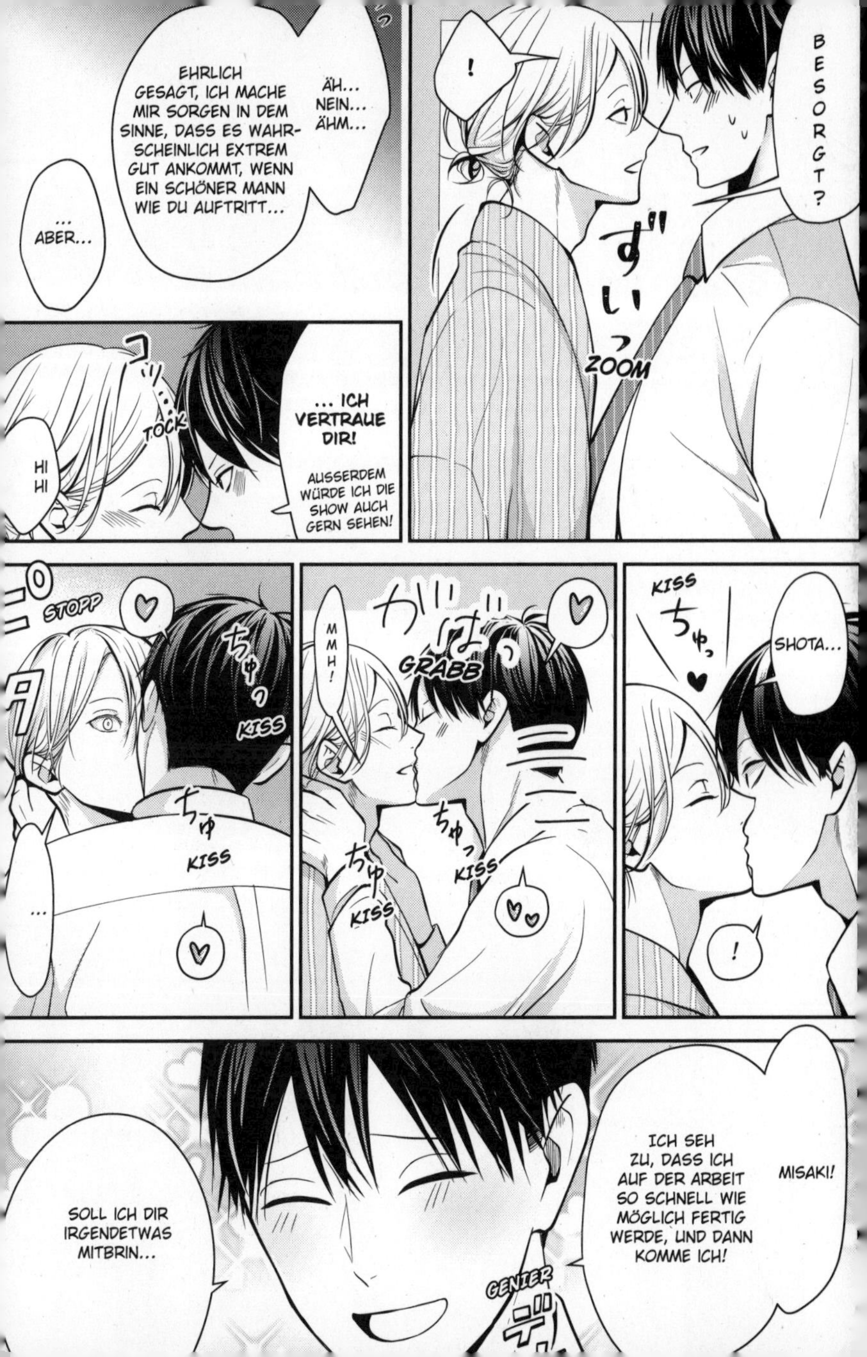

BESORGT?
!
ÄH… NEIN… ÄHM…
EHRLICH GESAGT, ICH MACHE MIR SORGEN IN DEM SINNE, DASS ES WAHRSCHEINLICH EXTREM GUT ANKOMMT, WENN EIN SCHÖNER MANN WIE DU AUFTRITT…
… ABER…
ZOOM
… ICH VERTRAUE DIR!
AUSSERDEM WÜRDE ICH DIE SHOW AUCH GERN SEHEN!
TOCK
HI HI
SHOTA…
KISS
!
MMH!
GRABB
KISS
KISS
STOPP
KISS
KISS
…
MISAKI!
ICH SEH ZU, DASS ICH AUF DER ARBEIT SO SCHNELL WIE MÖGLICH FERTIG WERDE, UND DANN KOMME ICH!
GENIER
SOLL ICH DIR IRGENDETWAS MITBRIN…

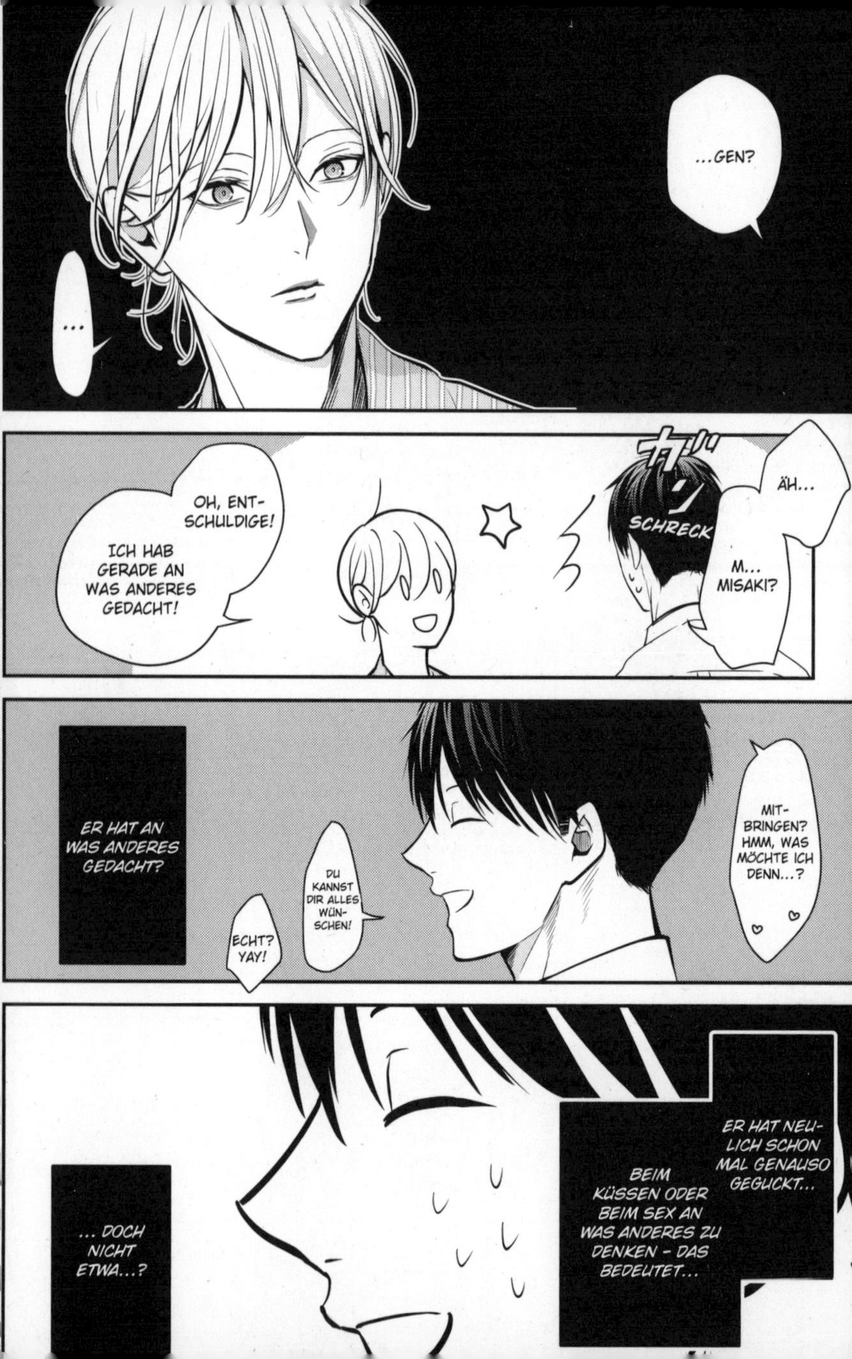
...GEN?
...
ÄH...
M... MISAKI?
SCHRECK
OH, ENT-SCHULDIGE!
ICH HAB GERADE AN WAS ANDERES GEDACHT!
MIT-BRINGEN? HMM, WAS MÖCHTE ICH DENN...?
DU KANNST DIR ALLES WÜN-SCHEN!
ECHT? YAY!
ER HAT AN WAS ANDERES GEDACHT?
ER HAT NEU-LICH SCHON MAL GENAUSO GEGUCKT...
BEIM KÜSSEN ODER BEIM SEX AN WAS ANDERES ZU DENKEN - DAS BEDEUTET...
... DOCH NICHT ETWA...?

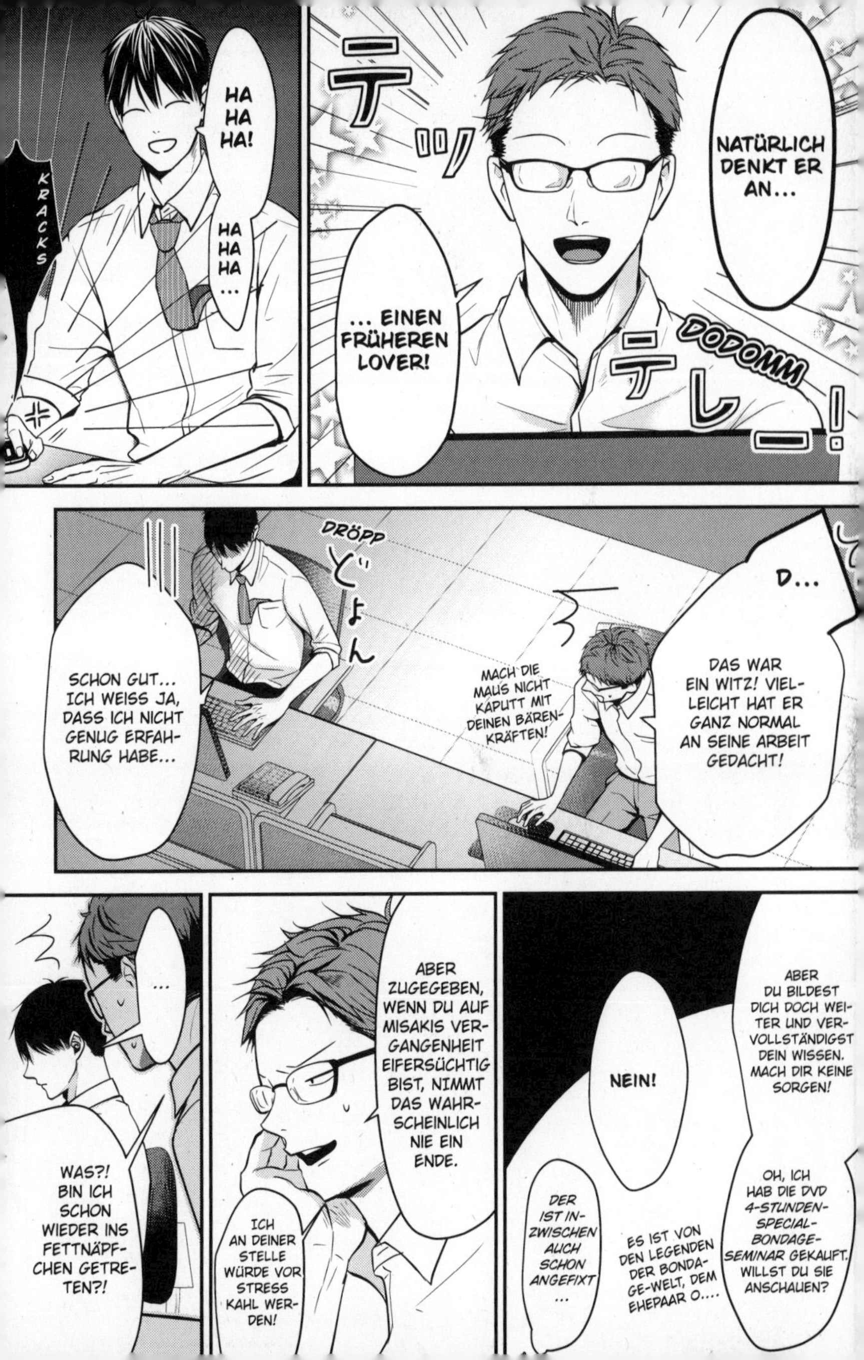
NATÜRLICH DENKT ER AN…
… EINEN FRÜHEREN LOVER!
DODOMM
HA HA HA!
HA HA HA …
KRACKS
D…
DAS WAR EIN WITZ! VIEL-LEICHT HAT ER GANZ NORMAL AN SEINE ARBEIT GEDACHT!
MACH DIE MAUS NICHT KAPUTT MIT DEINEN BÄREN-KRÄFTEN!
DRÖPP
SCHON GUT… ICH WEISS JA, DASS ICH NICHT GENUG ERFAH-RUNG HABE…
ABER DU BILDEST DICH DOCH WEI-TER UND VER-VOLLSTÄNDIGST DEIN WISSEN. MACH DIR KEINE SORGEN!
NEIN!
OH, ICH HAB DIE DVD 4-STUNDEN-SPECIAL-BONDAGE-SEMINAR GEKAUFT. WILLST DU SIE ANSCHAUEN?
ES IST VON DEN LEGENDEN DER BONDA-GE-WELT, DEM EHEPAAR O….
DER IST IN-ZWISCHEN AUCH SCHON ANGEFIXT …
ABER ZUGEGEBEN, WENN DU AUF MISAKIS VER-GANGENHEIT EIFERSÜCHTIG BIST, NIMMT DAS WAHR-SCHEINLICH NIE EIN ENDE.
ICH AN DEINER STELLE WÜRDE VOR STRESS KAHL WER-DEN!
…
WAS?! BIN ICH SCHON WIEDER INS FETTNÄPF-CHEN GETRE-TEN?!

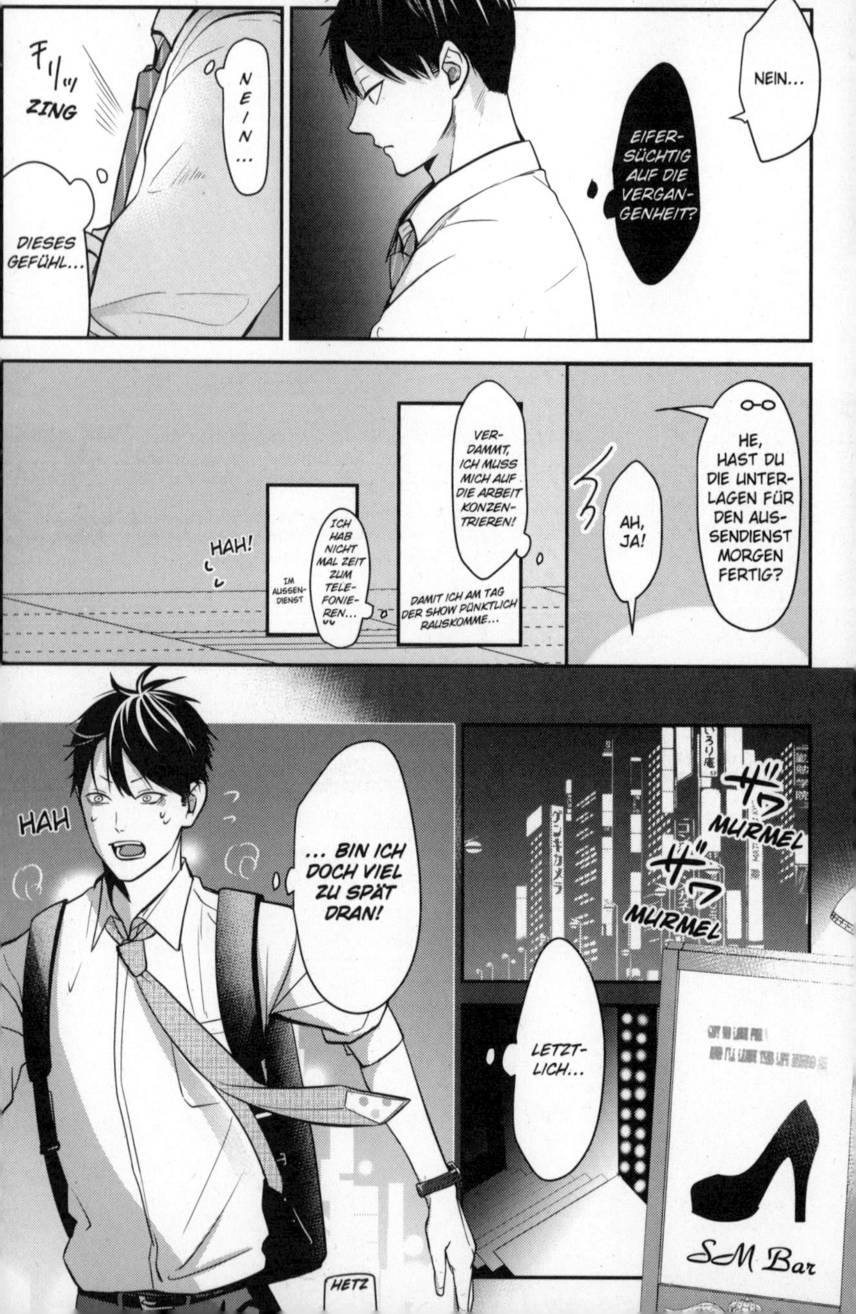
NEIN…
EIFER-SÜCHTIG AUF DIE VERGAN-GENHEIT?
ZING
NEIN…
DIESES GEFÜHL…
HE, HAST DU DIE UNTER-LAGEN FÜR DEN AUS-SENDIENST MORGEN FERTIG?
AH, JA!
VER-DAMMT, ICH MUSS MICH AUF DIE ARBEIT KONZEN-TRIEREN!
DAMIT ICH AM TAG DER SHOW PÜNKTLICH RAUSKOMME…
ICH HAB NICHT MAL ZEIT ZUM TELE-FONIE-REN…
IM AUSSEN-DIENST
HAH!
MURMEL
MURMEL
LETZT-LICH…
SM Bar
HAH
… BIN ICH DOCH VIEL ZU SPÄT DRAN!
HETZ

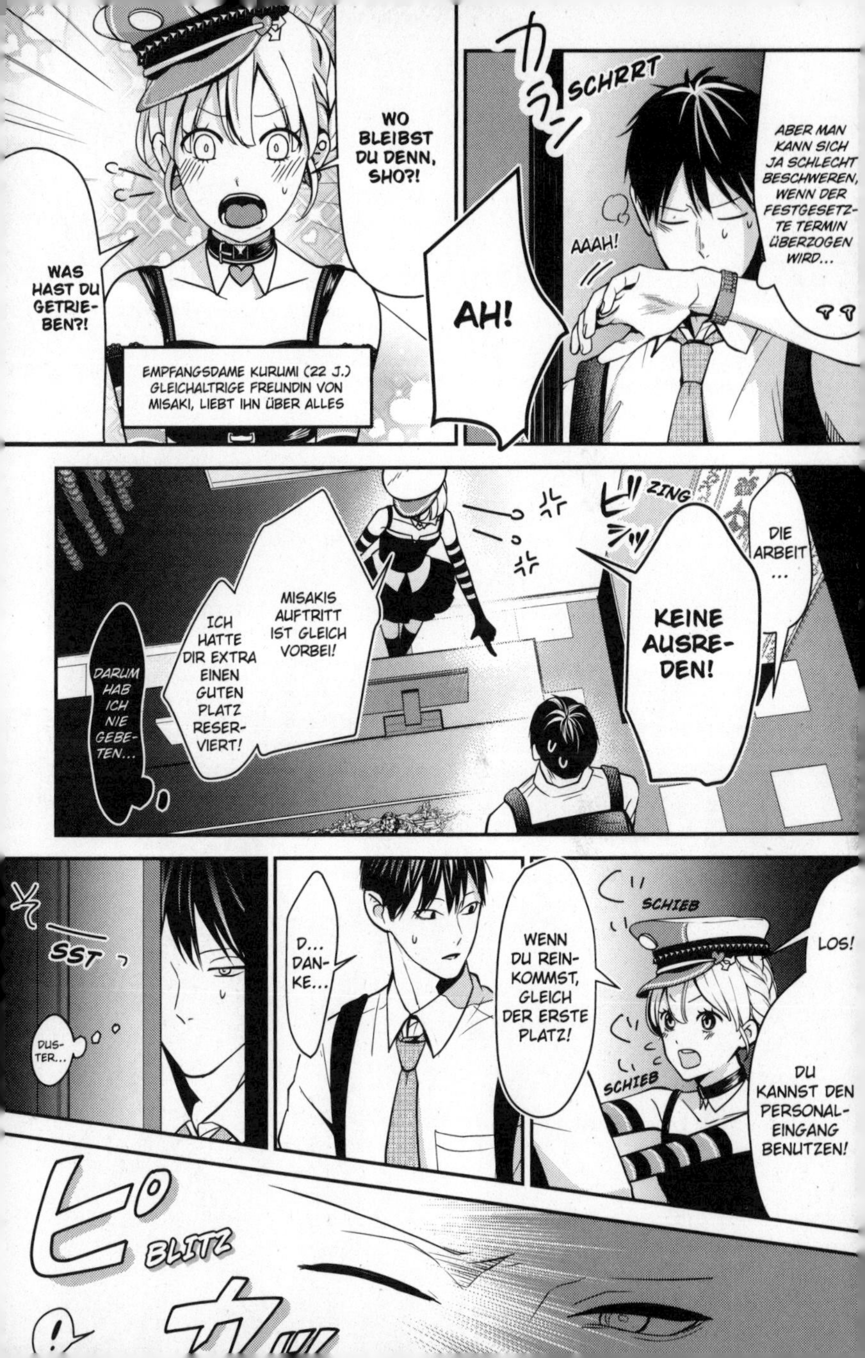
SCHRRT
AAAH!
ABER MAN KANN SICH JA SCHLECHT BESCHWEREN, WENN DER FESTGESETZTE TERMIN ÜBERZOGEN WIRD…
AH!
WO BLEIBST DU DENN, SHO?!
WAS HAST DU GETRIEBEN?!
EMPFANGSDAME KURUMI (22 J.) GLEICHALTRIGE FREUNDIN VON MISAKI, LIEBT IHN ÜBER ALLES
ZING
DIE ARBEIT …
KEINE AUSREDEN!
MISAKIS AUFTRITT IST GLEICH VORBEI!
ICH HATTE DIR EXTRA EINEN GUTEN PLATZ RESERVIERT!
DARUM HAB ICH NIE GEBETEN…
SCHIEB
LOS!
DU KANNST DEN PERSONALEINGANG BENUTZEN!
SCHIEB
WENN DU REINKOMMST, GLEICH DER ERSTE PLATZ!
D… DANKE…
SST
DUSTER…
BLITZ
!

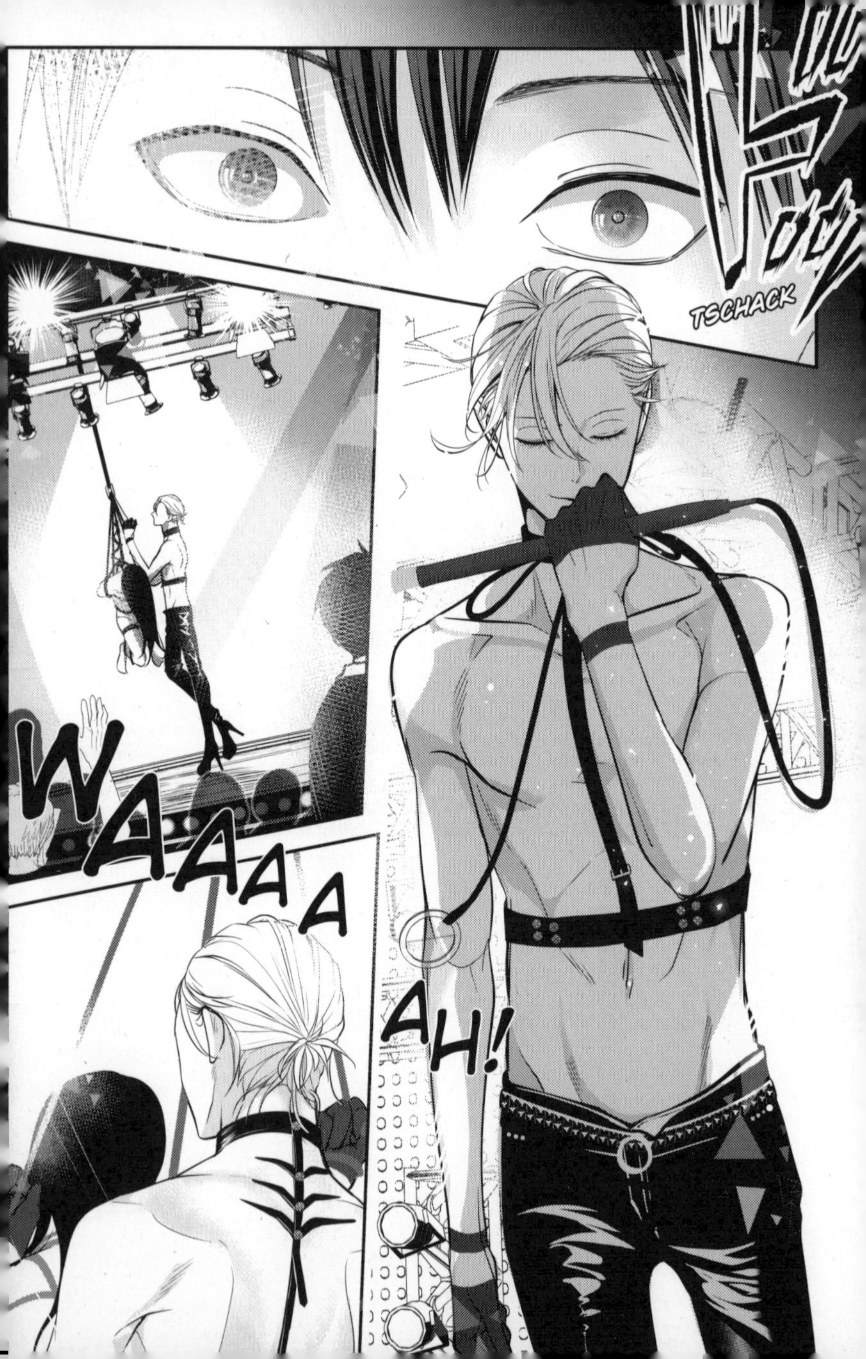
TSCHACK
WAAAAAAH!!

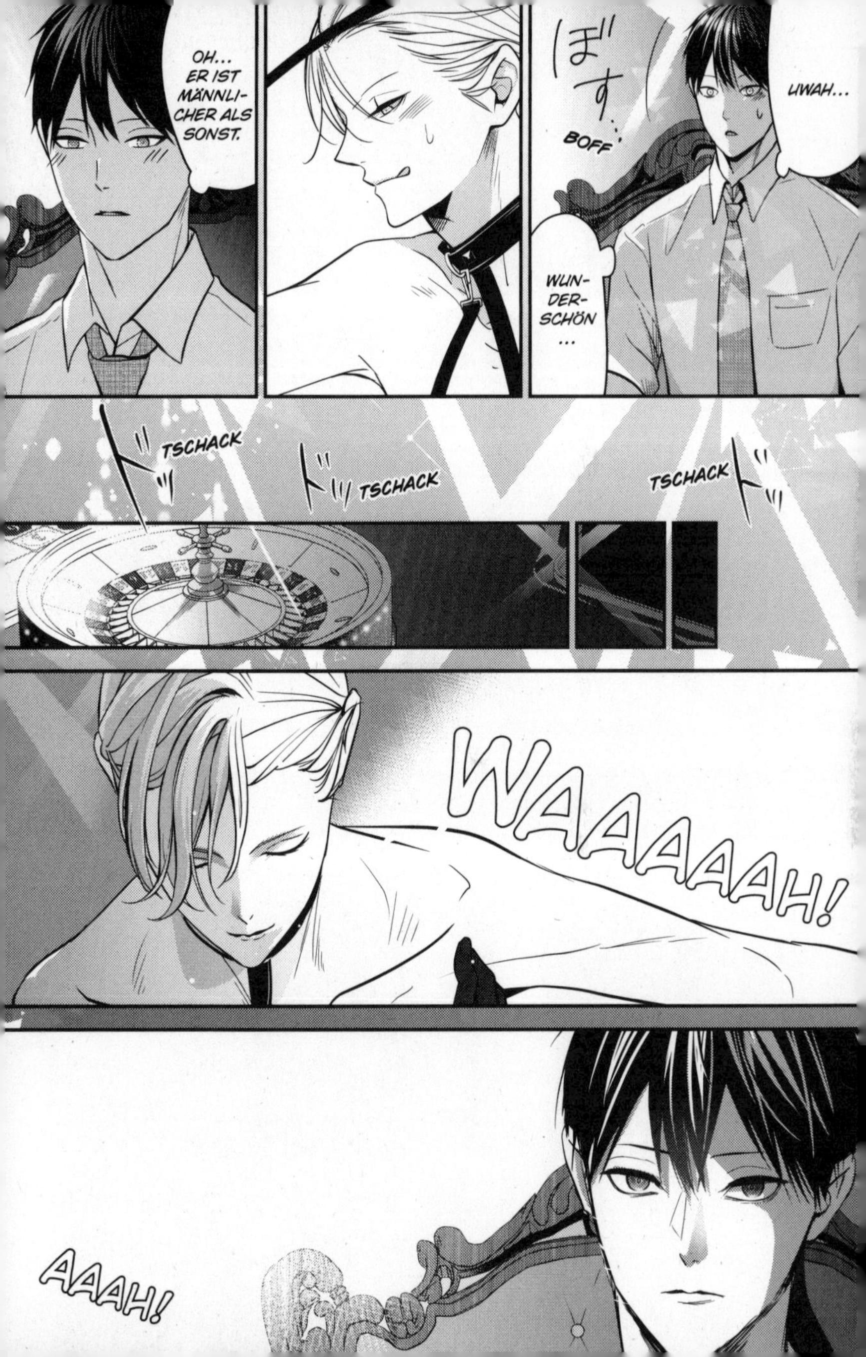
UWAH...
ぼす…
BOFF
WUNDER-SCHÖN...
OH... ER IST MÄNNLICHER ALS SONST.
TSCHACK
TSCHACK
TSCHACK
WAAAAAAH!
AAAH!

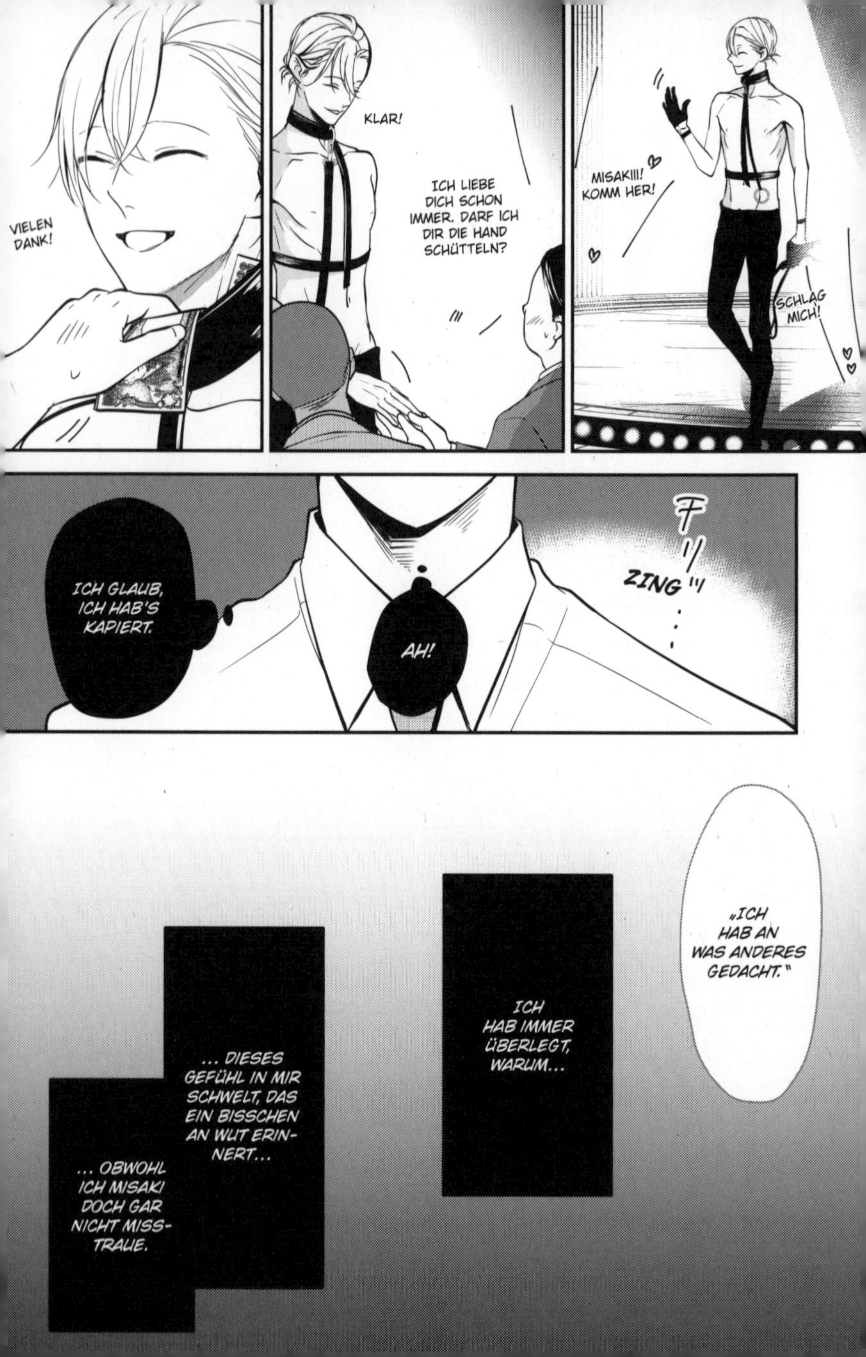

SCHLAG MICH!
MISAKIII! KOMM HER!
ICH LIEBE DICH SCHON IMMER. DARF ICH DIR DIE HAND SCHÜTTELN?
KLAR!
VIELEN DANK!
ZING
AH!
ICH GLAUB, ICH HAB'S KAPIERT.
„ICH HAB AN WAS ANDERES GEDACHT."
ICH HAB IMMER ÜBERLEGT, WARUM …
… DIESES GEFÜHL IN MIR SCHWELT, DAS EIN BISSCHEN AN WUT ERIN-NERT …
… OBWOHL ICH MISAKI DOCH GAR NICHT MISS-TRAUE.

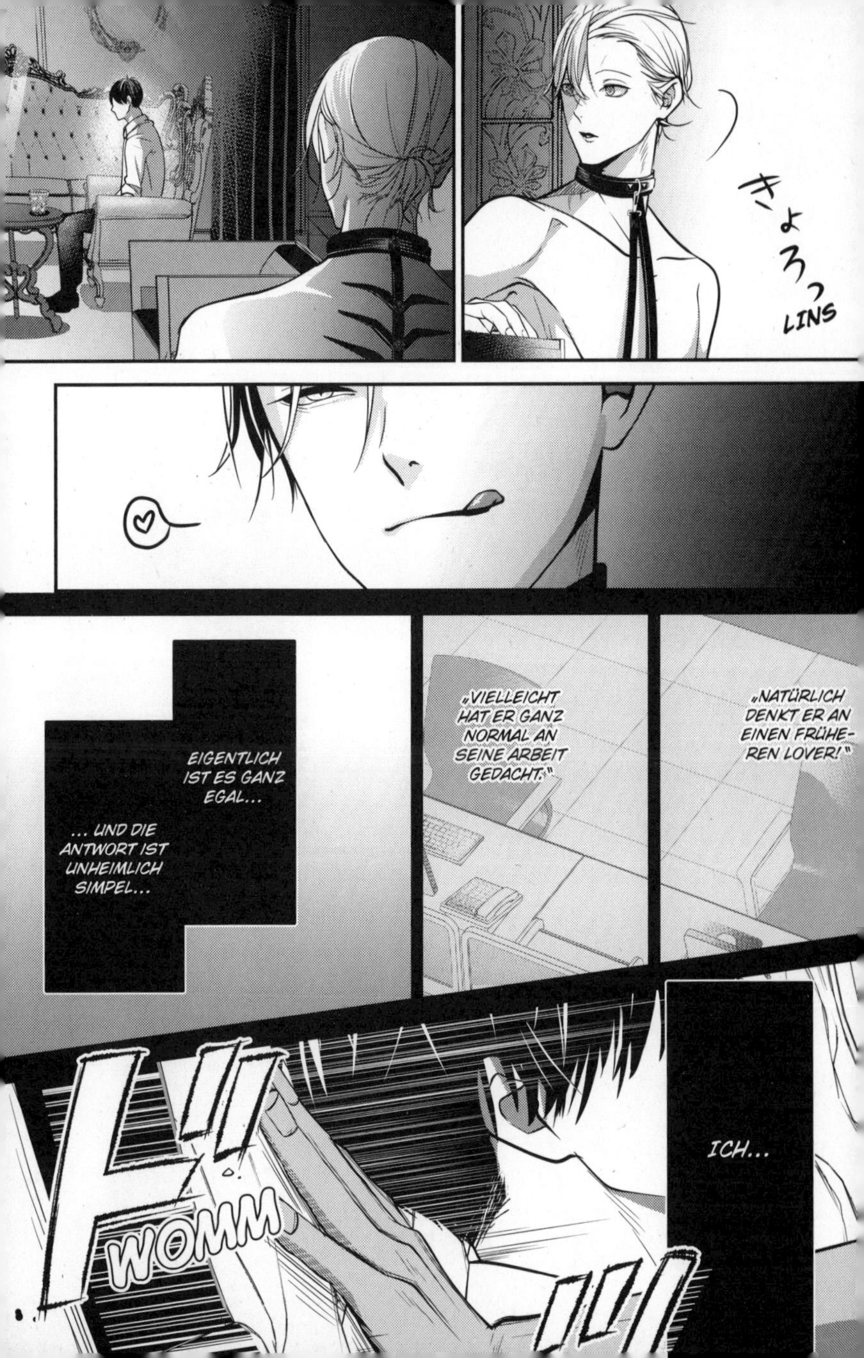
きょろっ
LINS
„NATÜRLICH DENKT ER AN EINEN FRÜHEREN LOVER!"
„VIELLEICHT HAT ER GANZ NORMAL AN SEINE ARBEIT GEDACHT."
EIGENTLICH IST ES GANZ EGAL...
... UND DIE ANTWORT IST UNHEIMLICH SIMPEL...
ICH...
WOMM

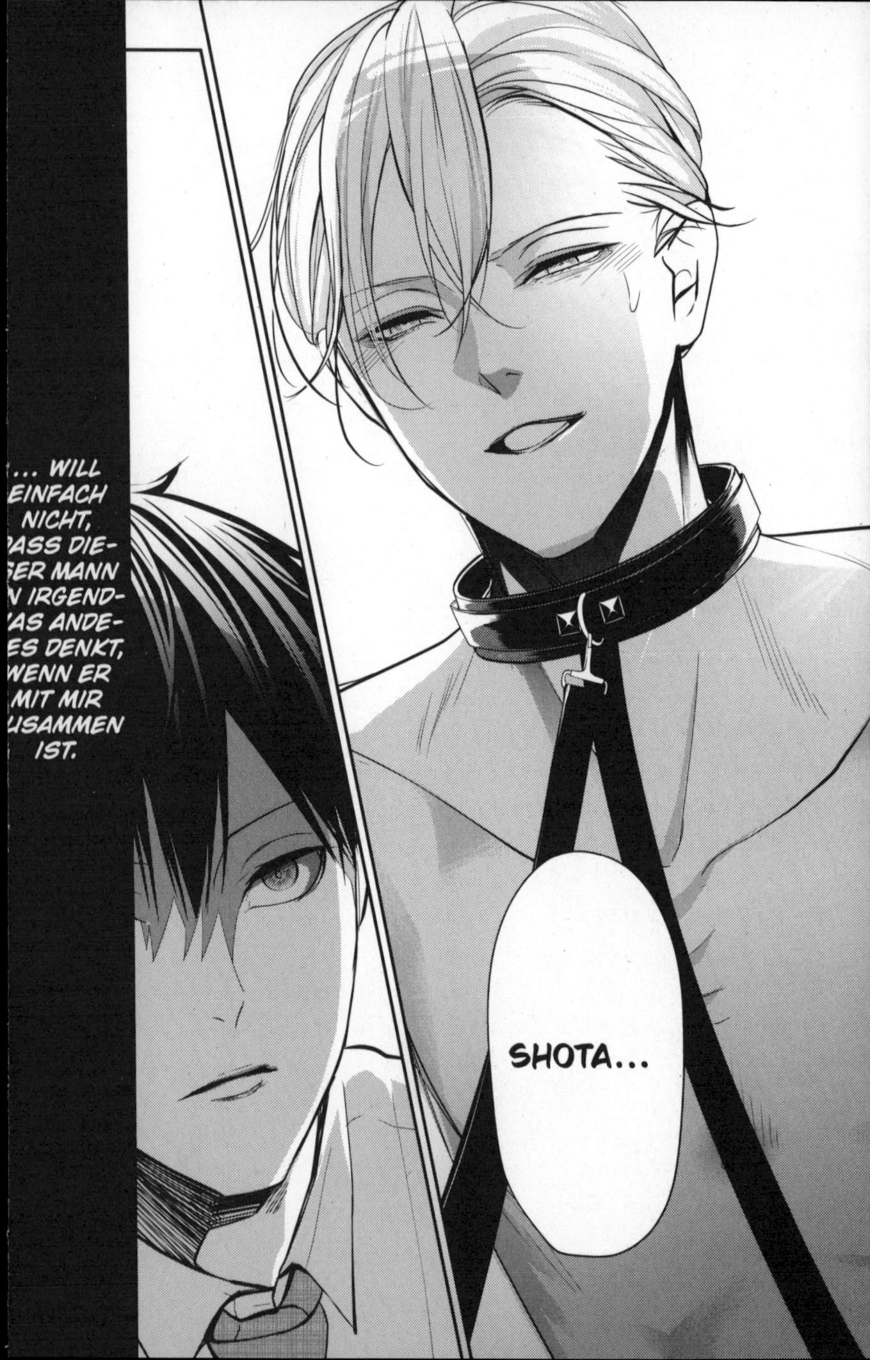
... WILL
EINFACH
NICHT,
ASS DIE-
SER MANN
N IRGEND-
AS ANDE-
ES DENKT,
WENN ER
MIT MIR
USAMMEN
IST.
SHOTA...

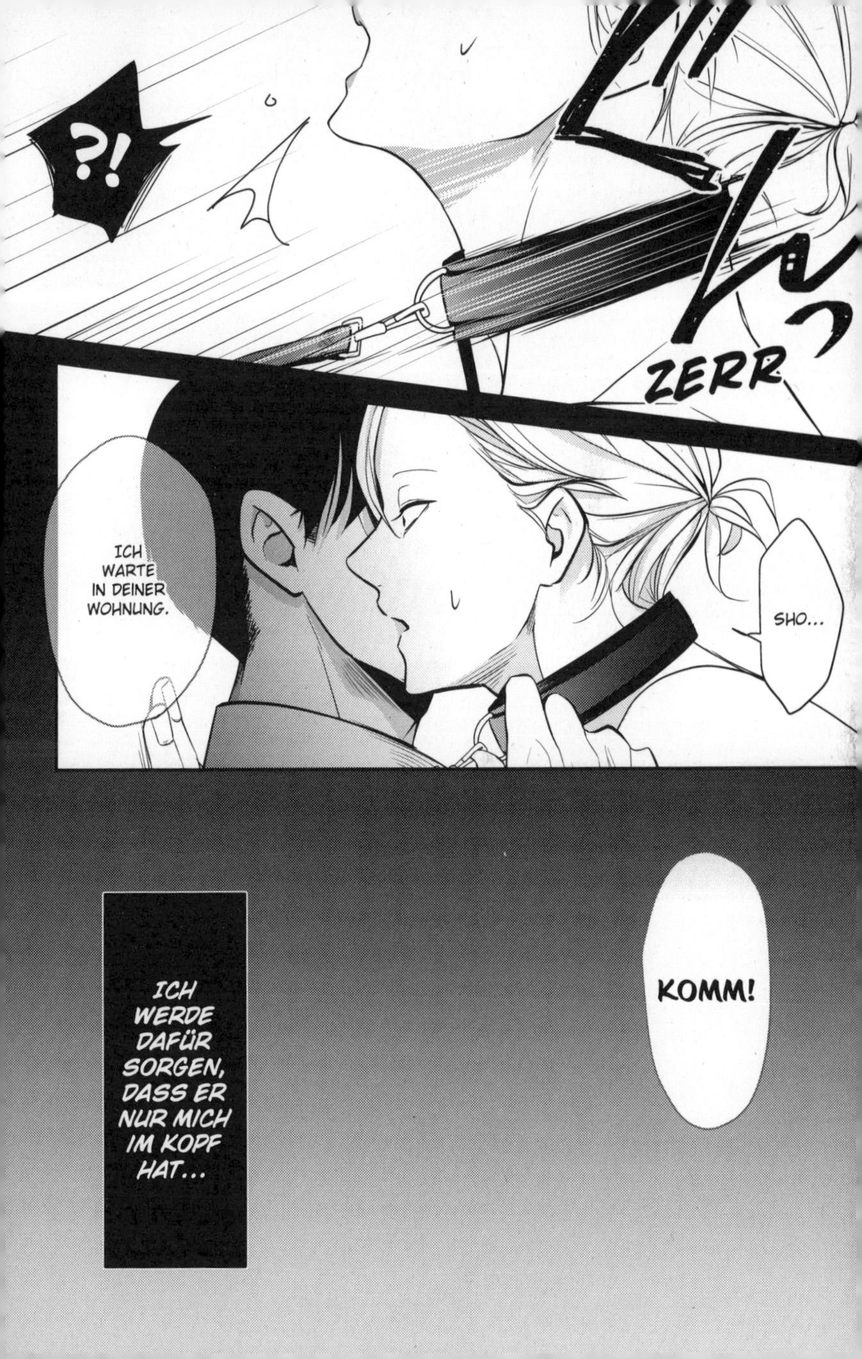
?!
ZERR
SHO...
ICH WARTE IN DEINER WOHNUNG.
KOMM!
ICH WERDE DAFÜR SORGEN, DASS ER NUR MICH IM KOPF HAT...

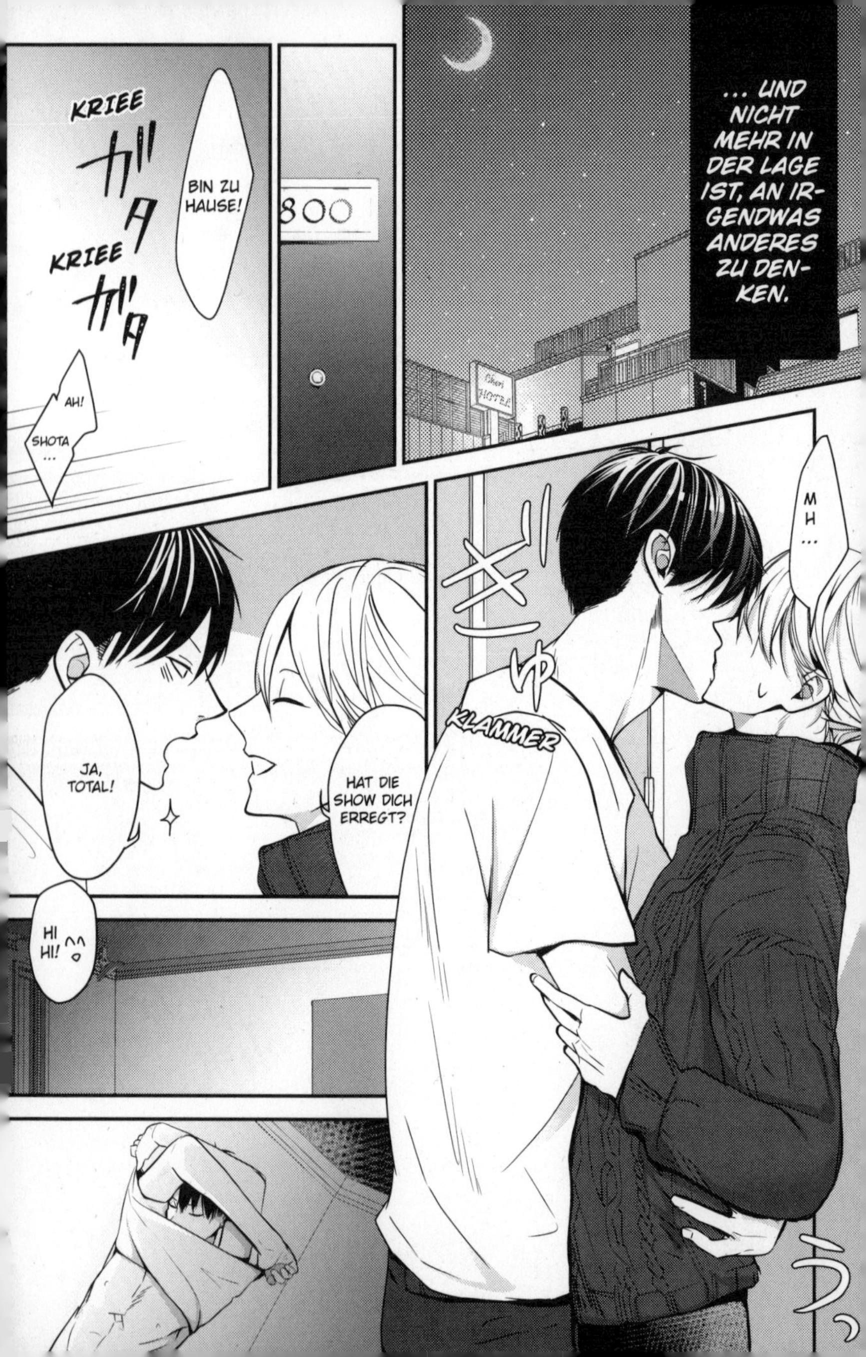
... UND NICHT MEHR IN DER LAGE IST, AN IRGENDWAS ANDERES ZU DENKEN.
800
BIN ZU HAUSE!
KRIEE
ガタ
KRIEE
ガタ
AH! SHOTA ...
MH ...
ぎゅ
KLAMMER
HAT DIE SHOW DICH ERREGT?
JA, TOTAL!
HI HI! ^^

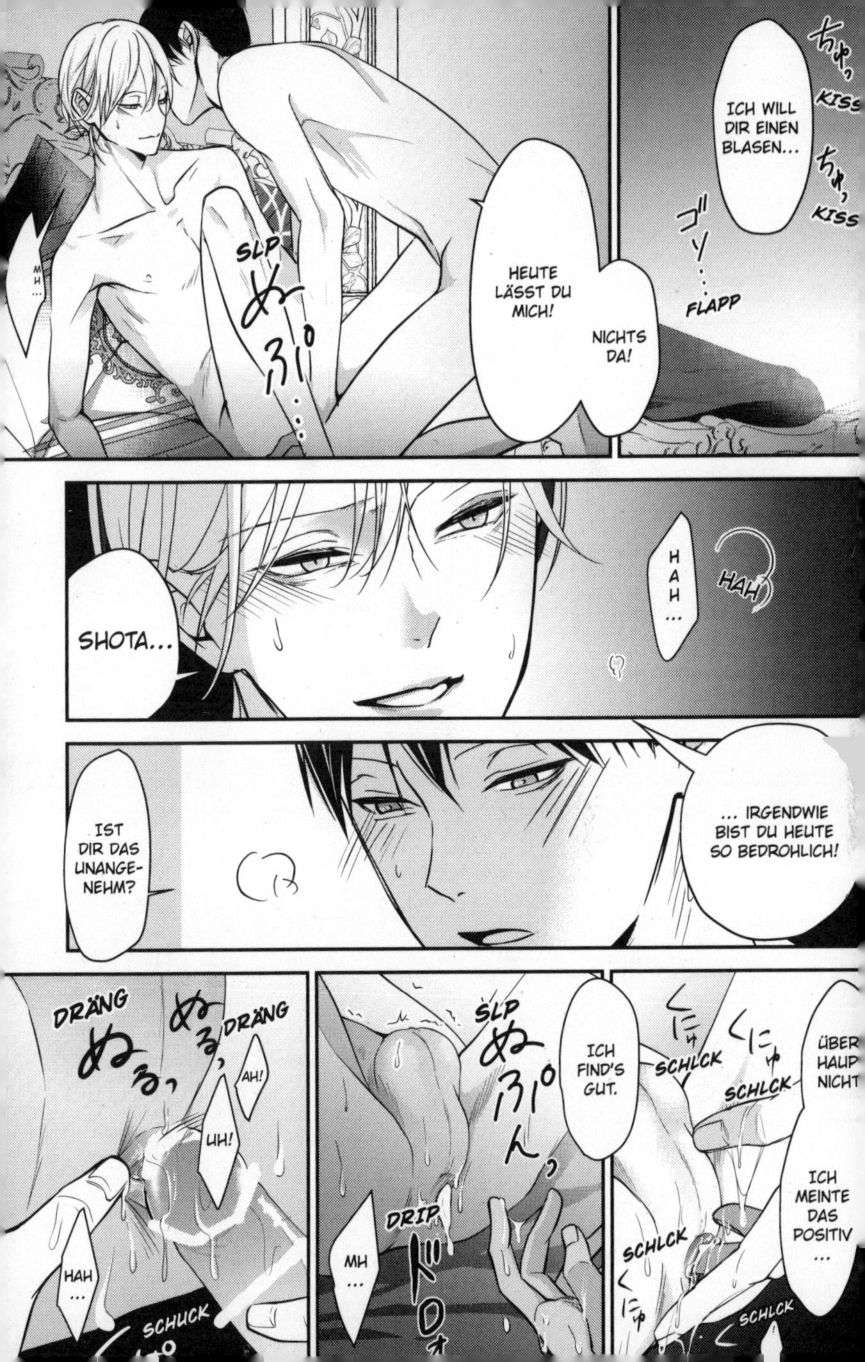

ICH WILL DIR EINEN BLASEN...
KISS
KISS
FLAPP
HEUTE LÄSST DU MICH!
NICHTS DA!
SLP
MH...
HAH
HAH...
SHOTA...
... IRGENDWIE BIST DU HEUTE SO BEDROHLICH!
IST DIR DAS UNANGE-NEHM?
ÜBER HAUP NICHT
SCHLCK
SCHLCK
ICH MEINTE DAS POSITIV ...
SCHLCK
SCHLCK
ICH FIND'S GUT.
SLP
DRIP
MH ...
DRÄNG
DRÄNG
AH!
UH!
HAH ...
SCHUCK

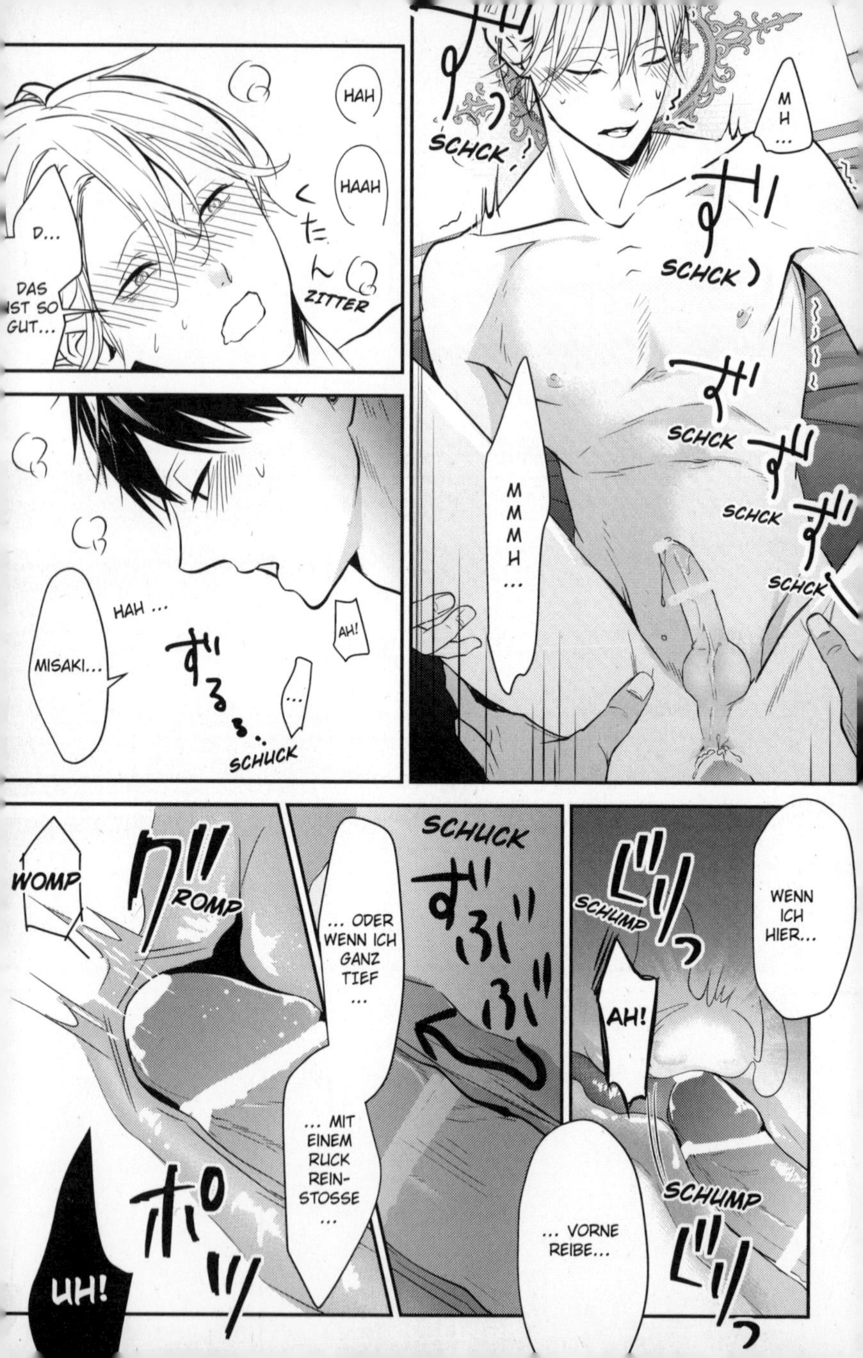
SCHCK
MH ...
SCHCK
SCHCK
SCHCK
SCHCK
MMMH ...
HAH
HAAH
D...
DAS IST SO GUT...
ZITTER
HAH ...
MISAKI...
AH!
...
SCHUCK
WENN ICH HIER...
SCHUMP
AH!
... VORNE REIBE...
SCHUMP
SCHUCK
... ODER WENN ICH GANZ TIEF ...
... MIT EINEM RUCK REIN-STOSSE ...
WOMP
ROMP
UH!

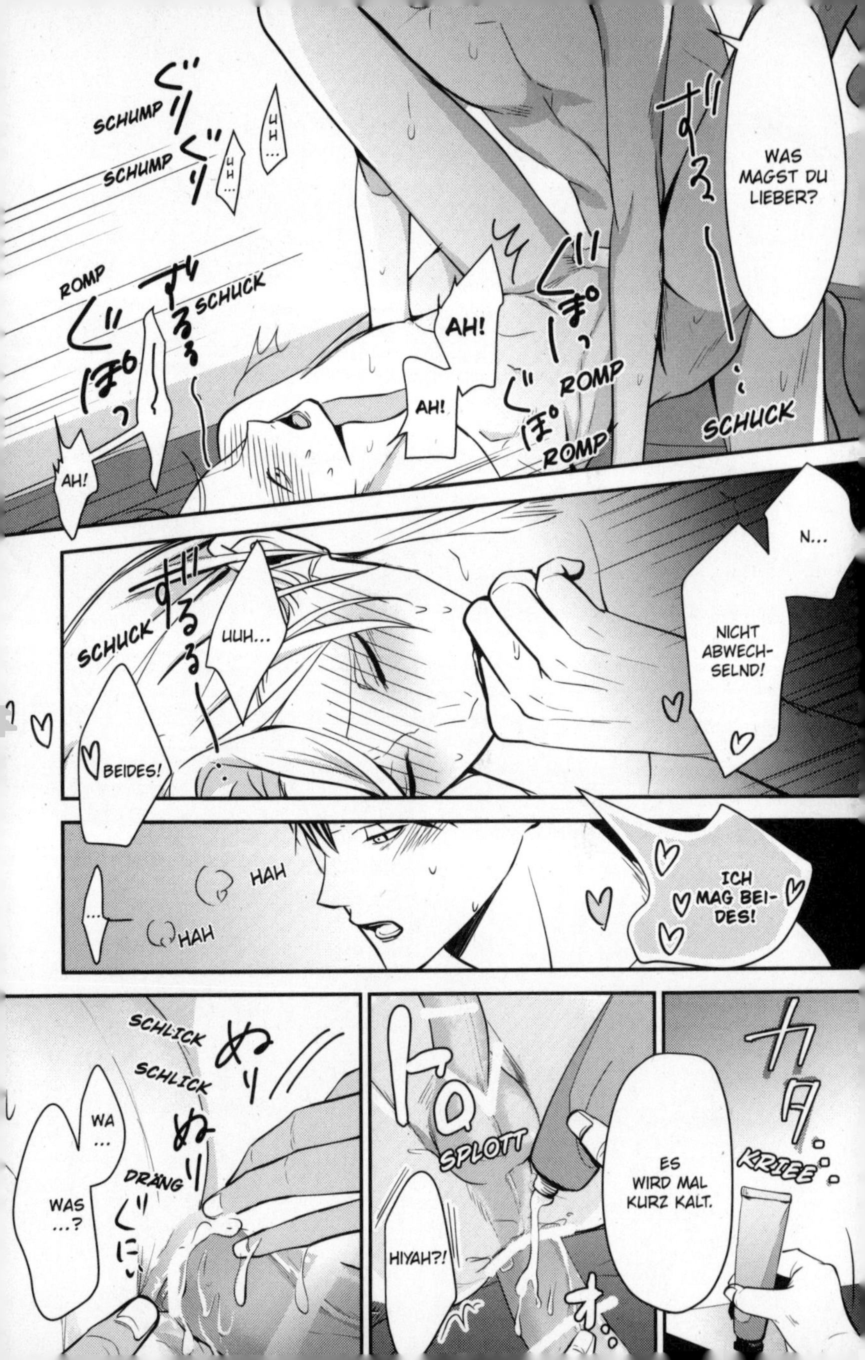
WAS MAGST DU LIEBER?
SCHUCK
ROMP
ROMP
AH!
AH!
UH...
UH...
SCHUMP
SCHUMP
SCHUCK
ROMP
AH!
N...
NICHT ABWECHSELND!
UUH...
SCHUCK
BEIDES!
ICH MAG BEIDES!
HAH
HAH
...
KRIEE
ES WIRD MAL KURZ KALT.
SPLOTT
HIYAH?!
SCHLICK
SCHLICK
DRÄNG
WA...
WAS...?

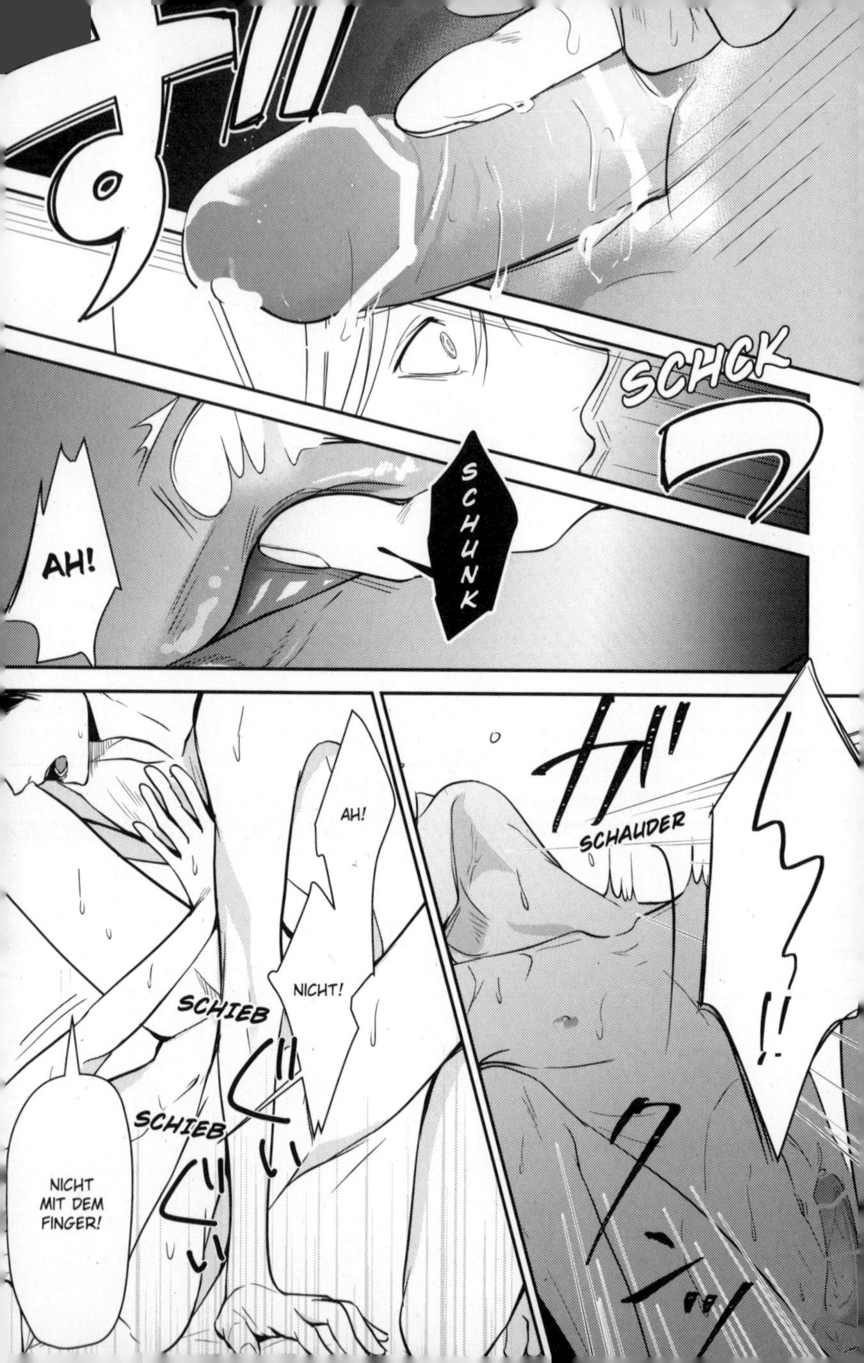
SCHCK
SCHUNK
AH!
SCHAUDER
AH!
NICHT!
SCHIEB
SCHIEB
NICHT MIT DEM FINGER!

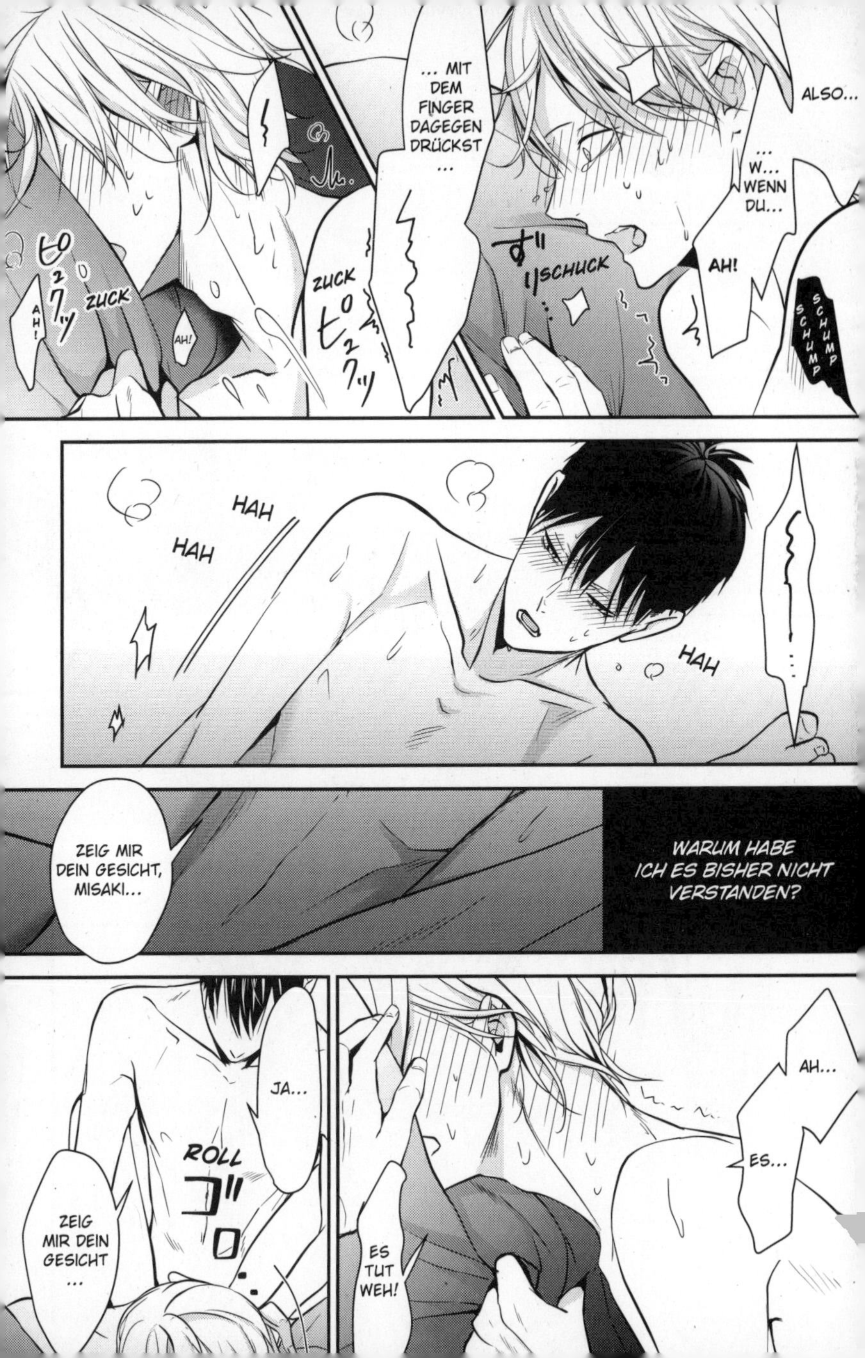

ALSO...
... W... WENN DU...
AH!
SCHUMP SCHUMP
ずい
SCHUCK
... MIT DEM FINGER DAGEGEN DRÜCKST ...
ビクッ
ZUCK
ビクッ
ZUCK
AH!
AH!
HAH
HAH
HAH
WARUM HABE ICH ES BISHER NICHT VERSTANDEN?
ZEIG MIR DEIN GESICHT, MISAKI...
AH...
ES...
ES TUT WEH!
JA...
ROLL
ゴロ
ZEIG MIR DEIN GESICHT ...

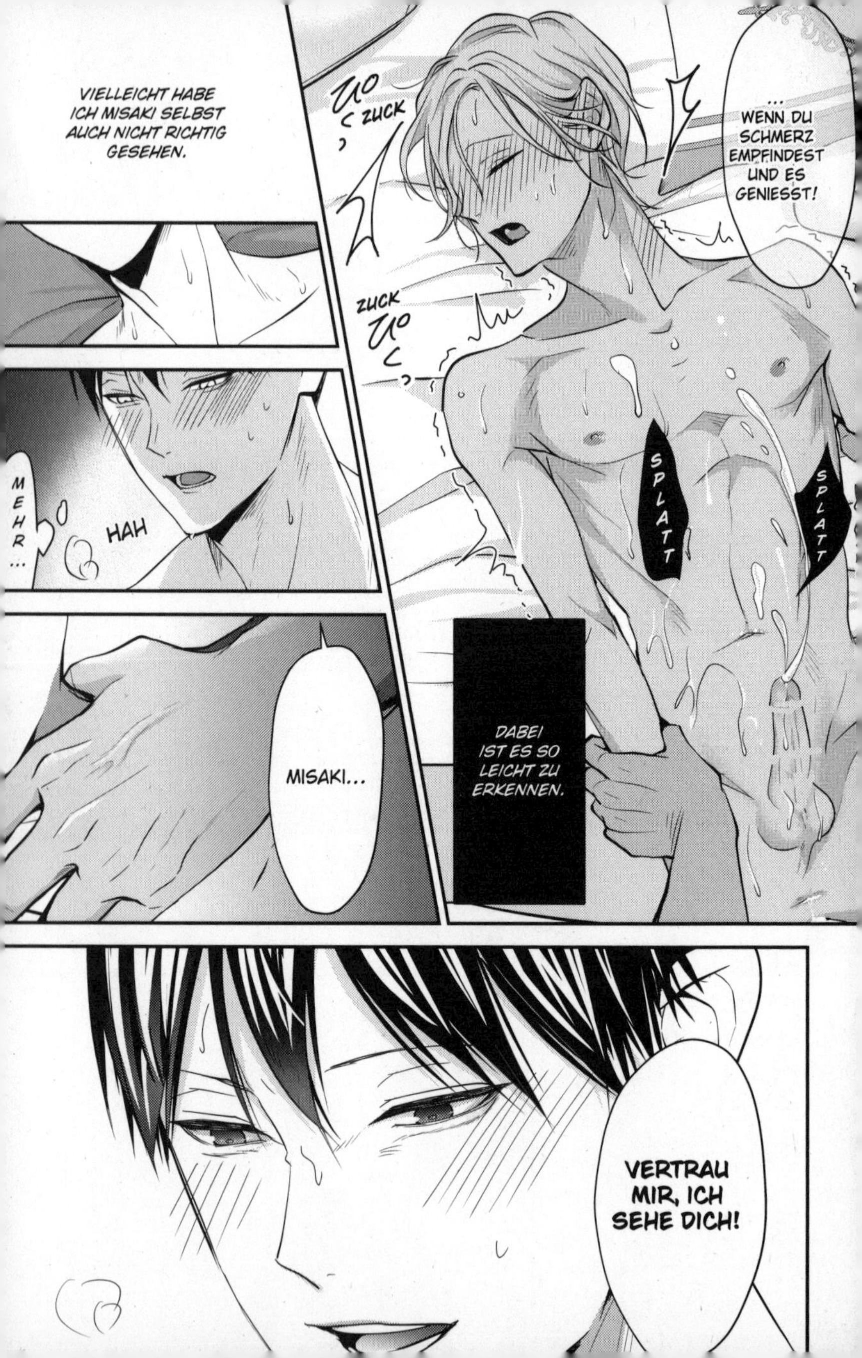
… WENN DU SCHMERZ EMPFINDEST UND ES GENIESST!
ZUCK
ZUCK
VIELLEICHT HABE ICH MISAKI SELBST AUCH NICHT RICHTIG GESEHEN.
SPLATT
SPLATT
DABEI IST ES SO LEICHT ZU ERKENNEN.
MEHR…
HAH
MISAKI…
VERTRAU MIR, ICH SEHE DICH!

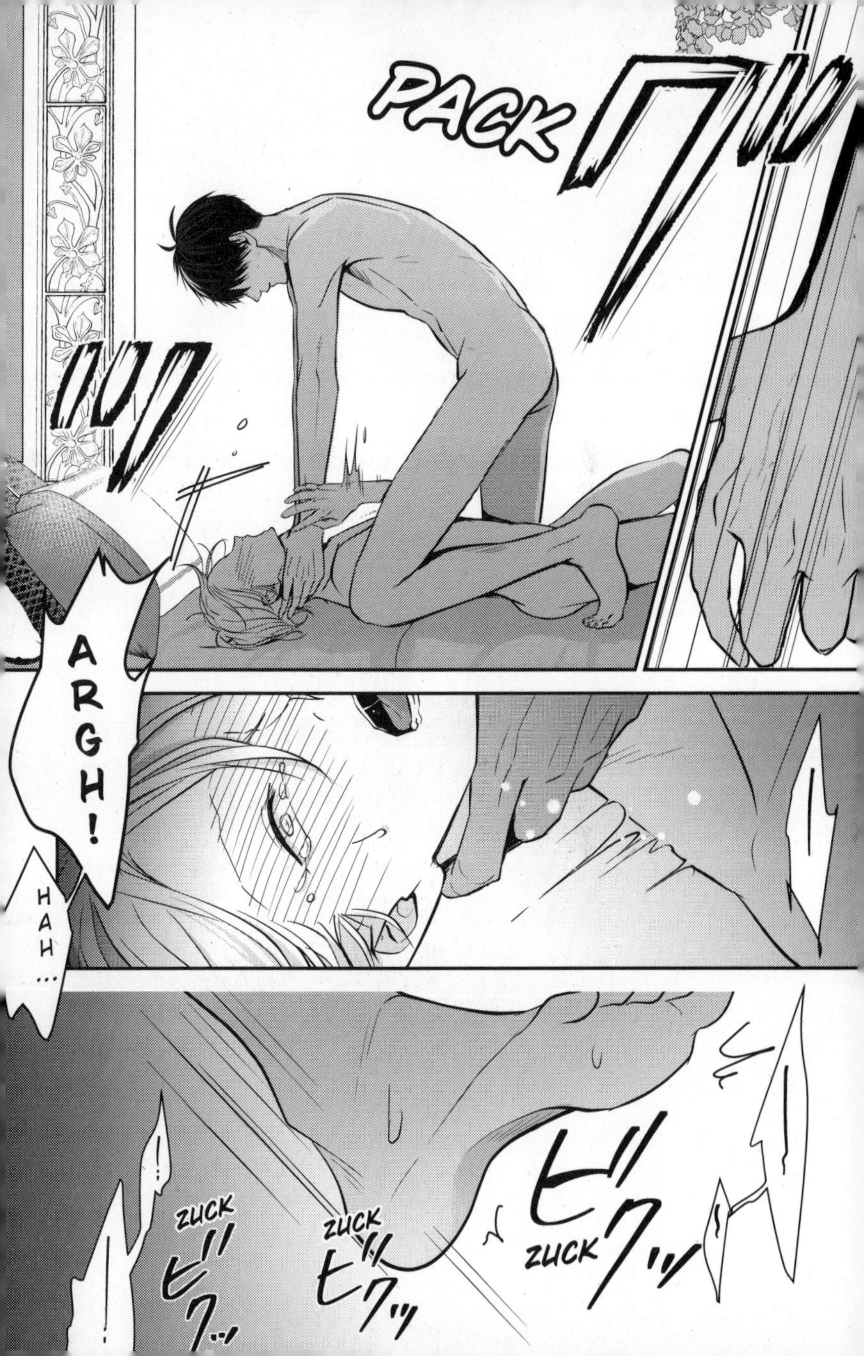
PACK
ARGH!
HAH...
ZUCK
ビクッ
ZUCK
ビクッ
ZUCK
ビクッ

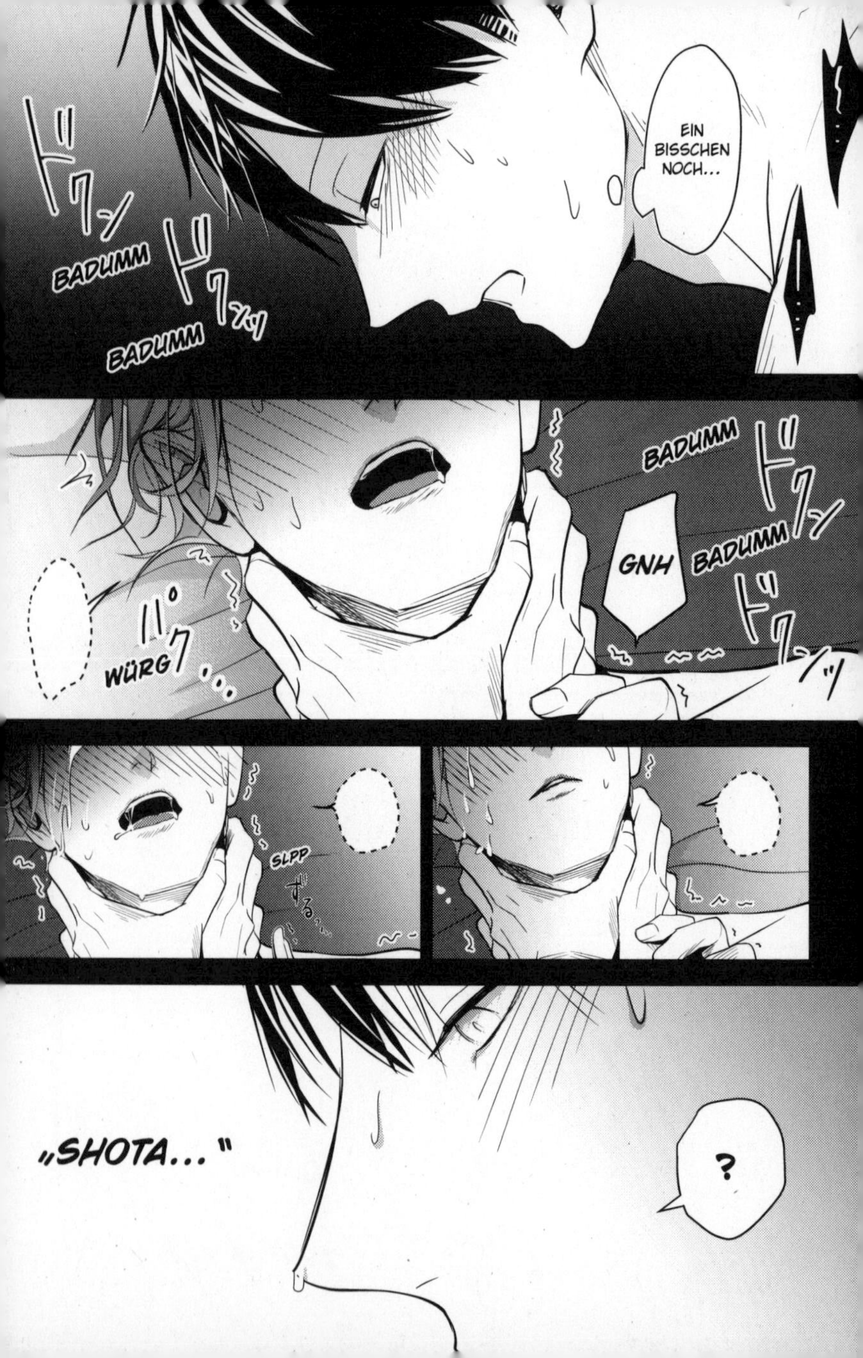

EIN BISSCHEN NOCH...
ドクン
BADUMM
ドクンッ
BADUMM
BADUMM
ドクン
GNH
BADUMM
ドクンッ
パク
WÜRG
SLPP
ずるっ
?
„SHOTA..."

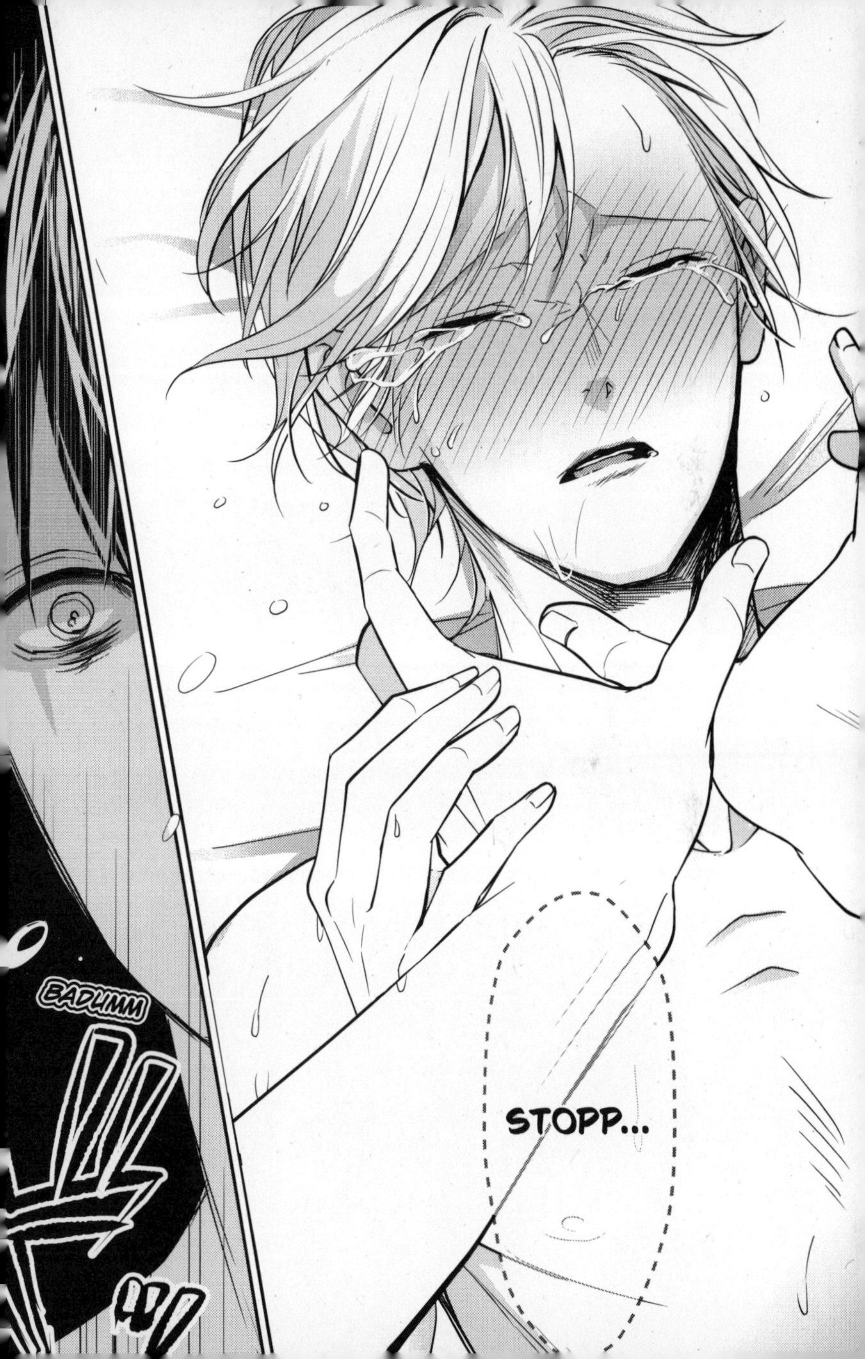
BADUMM
!!
STOPP...

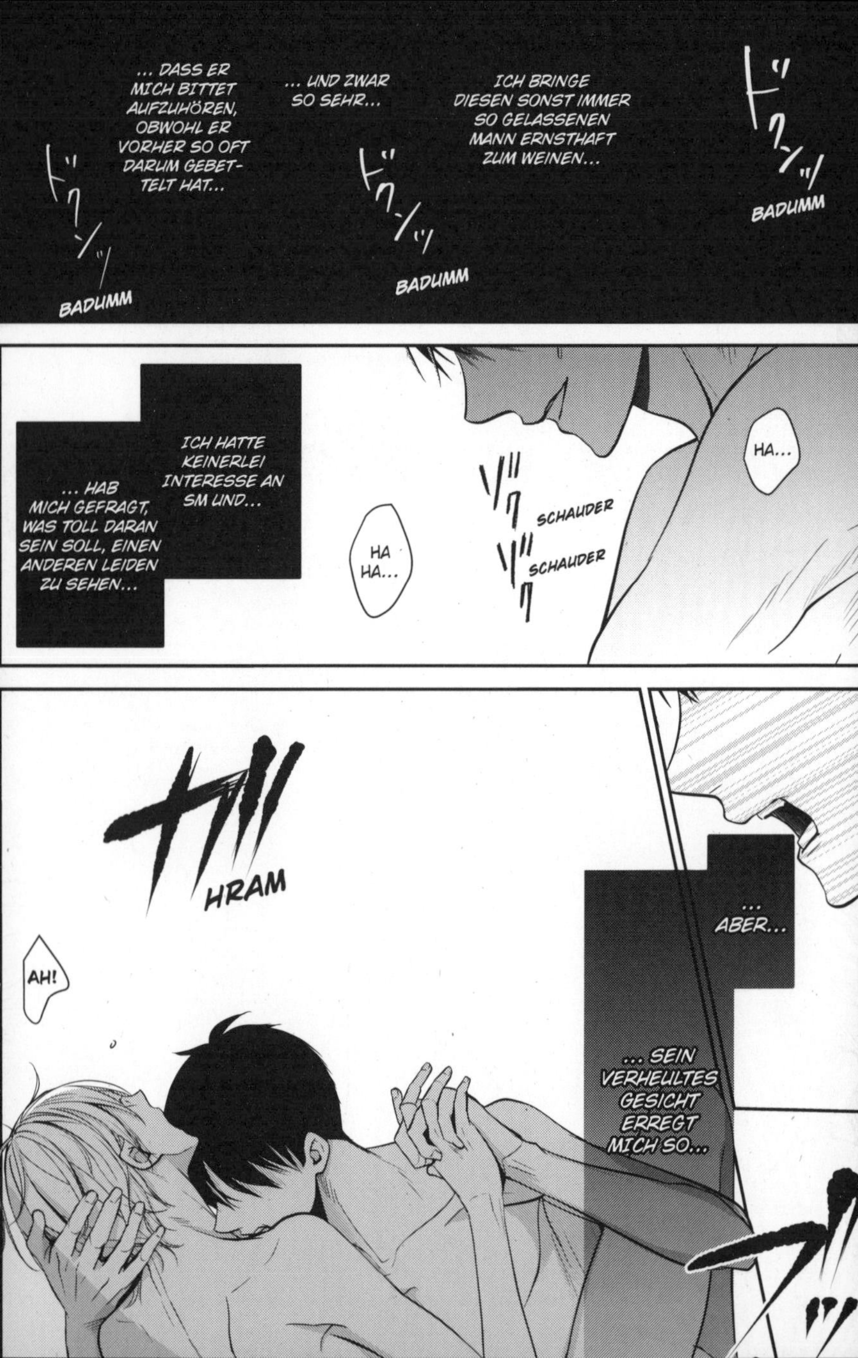

ドクン
BADUMM
ICH BRINGE DIESEN SONST IMMER SO GELASSENEN MANN ERNSTHAFT ZUM WEINEN…
ドクン
BADUMM
… UND ZWAR SO SEHR…
… DASS ER MICH BITTET AUFZUHÖREN, OBWOHL ER VORHER SO OFT DARUM GEBETTELT HAT…
ドクン
BADUMM
HA…
ゾク
SCHAUDER
ゾク
SCHAUDER
HA HA…
ICH HATTE KEINERLEI INTERESSE AN SM UND…
… HAB MICH GEFRAGT, WAS TOLL DARAN SEIN SOLL, EINEN ANDEREN LEIDEN ZU SEHEN…
… ABER…
… SEIN VERHEULTES GESICHT ERREGT MICH SO…
HRAM
AH!

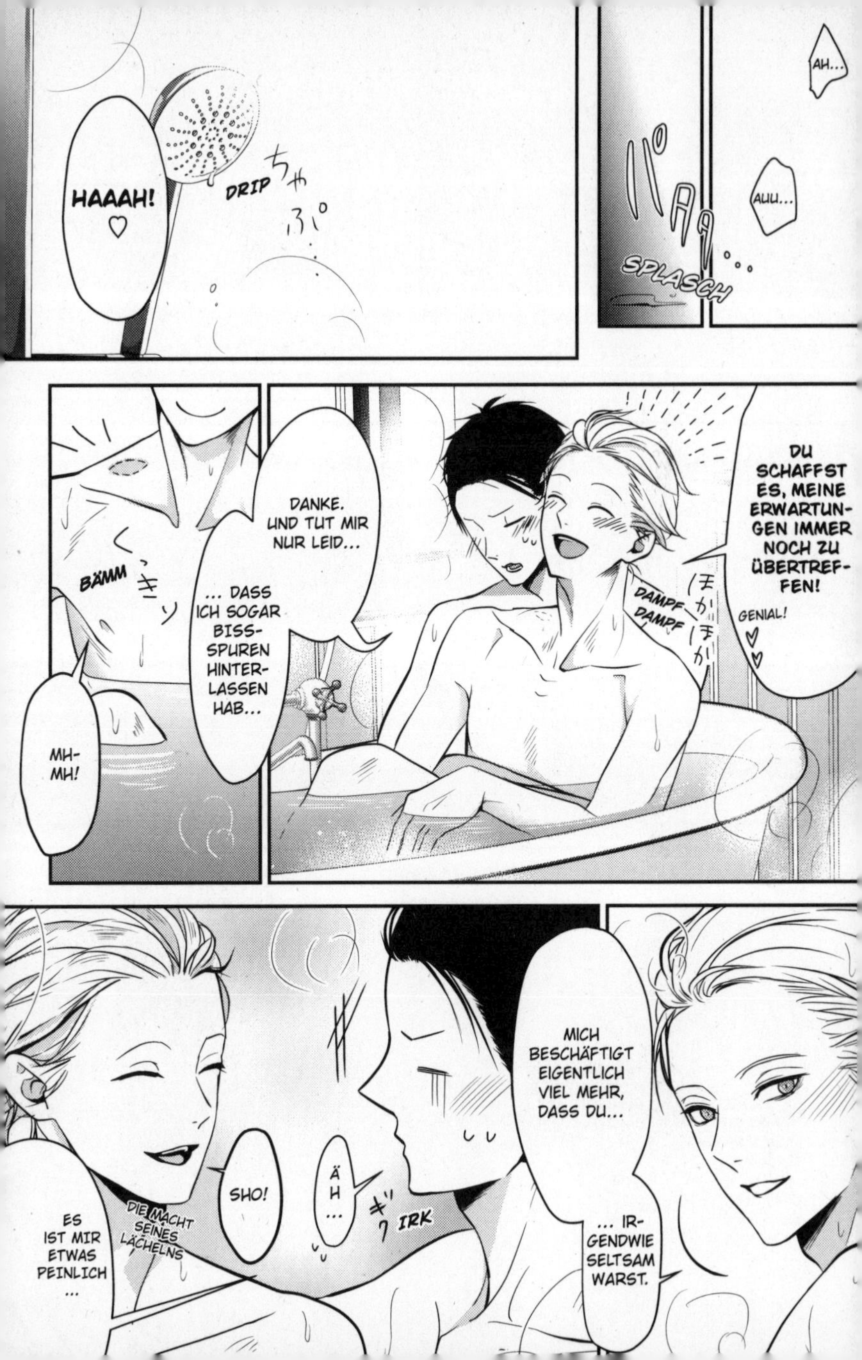
AH...
AUU...
SPLASCH
HAAAH! ♡
DRIP
DU SCHAFFST ES, MEINE ERWARTUNGEN IMMER NOCH ZU ÜBERTREFFEN!
GENIAL! ♡ ♡
DAMPF DAMPF
DANKE. UND TUT MIR NUR LEID...
... DASS ICH SOGAR BISSSPUREN HINTERLASSEN HAB...
BÄMM
MH-MH!
MICH BESCHÄFTIGT EIGENTLICH VIEL MEHR, DASS DU...
... IRGENDWIE SELTSAM WARST.
ÄH...
IRK
SHO!
DIE MACHT SEINES LÄCHELNS
ES IST MIR ETWAS PEINLICH ...

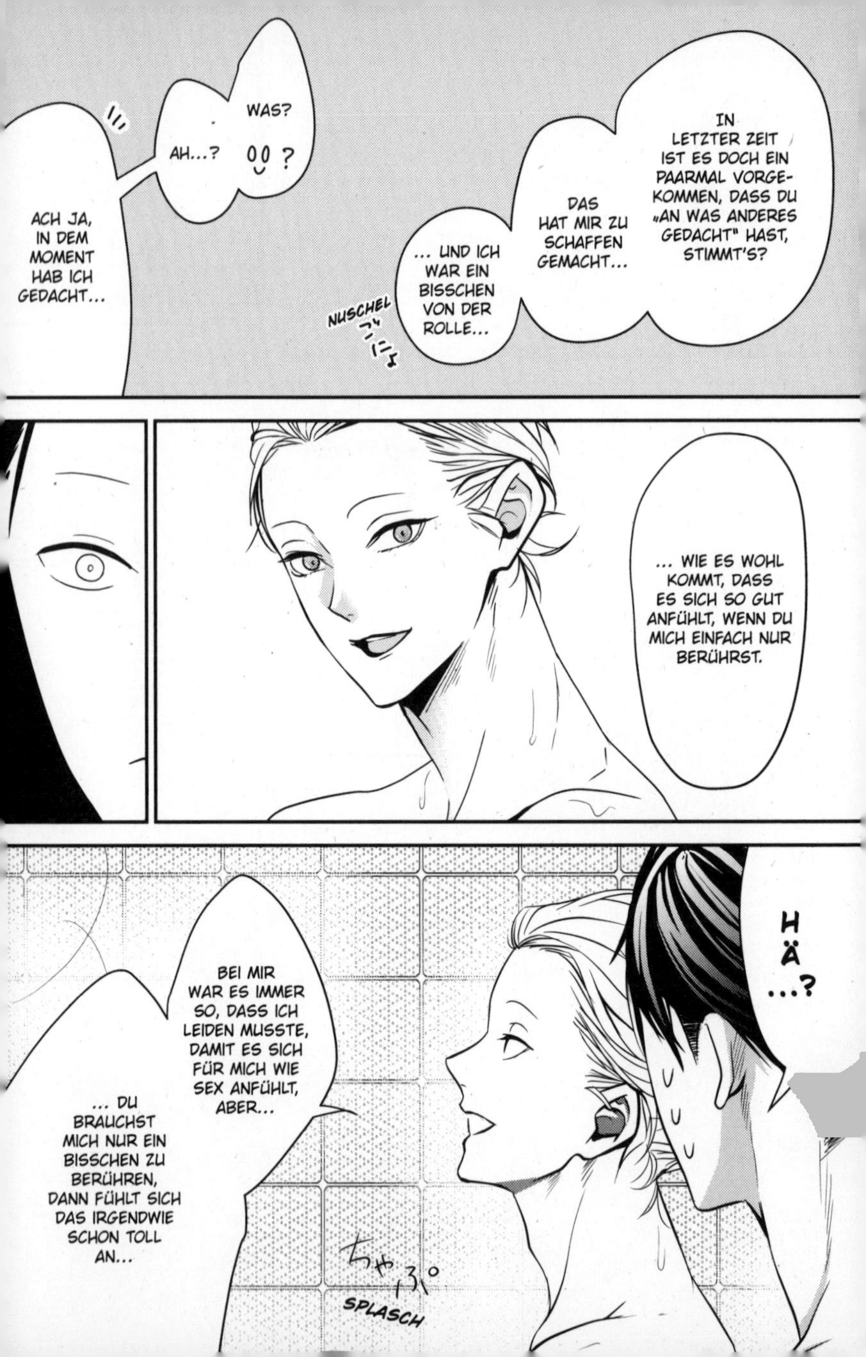
IN LETZTER ZEIT IST ES DOCH EIN PAARMAL VORGEKOMMEN, DASS DU „AN WAS ANDERES GEDACHT" HAST, STIMMT'S?
DAS HAT MIR ZU SCHAFFEN GEMACHT…
… UND ICH WAR EIN BISSCHEN VON DER ROLLE…
NUSCHEL
WAS?
AH…?
ACH JA, IN DEM MOMENT HAB ICH GEDACHT…
… WIE ES WOHL KOMMT, DASS ES SICH SO GUT ANFÜHLT, WENN DU MICH EINFACH NUR BERÜHRST.
HÄ …?
BEI MIR WAR ES IMMER SO, DASS ICH LEIDEN MUSSTE, DAMIT ES SICH FÜR MICH WIE SEX ANFÜHLT, ABER…
… DU BRAUCHST MICH NUR EIN BISSCHEN ZU BERÜHREN, DANN FÜHLT SICH DAS IRGENDWIE SCHON TOLL AN…
SPLASCH

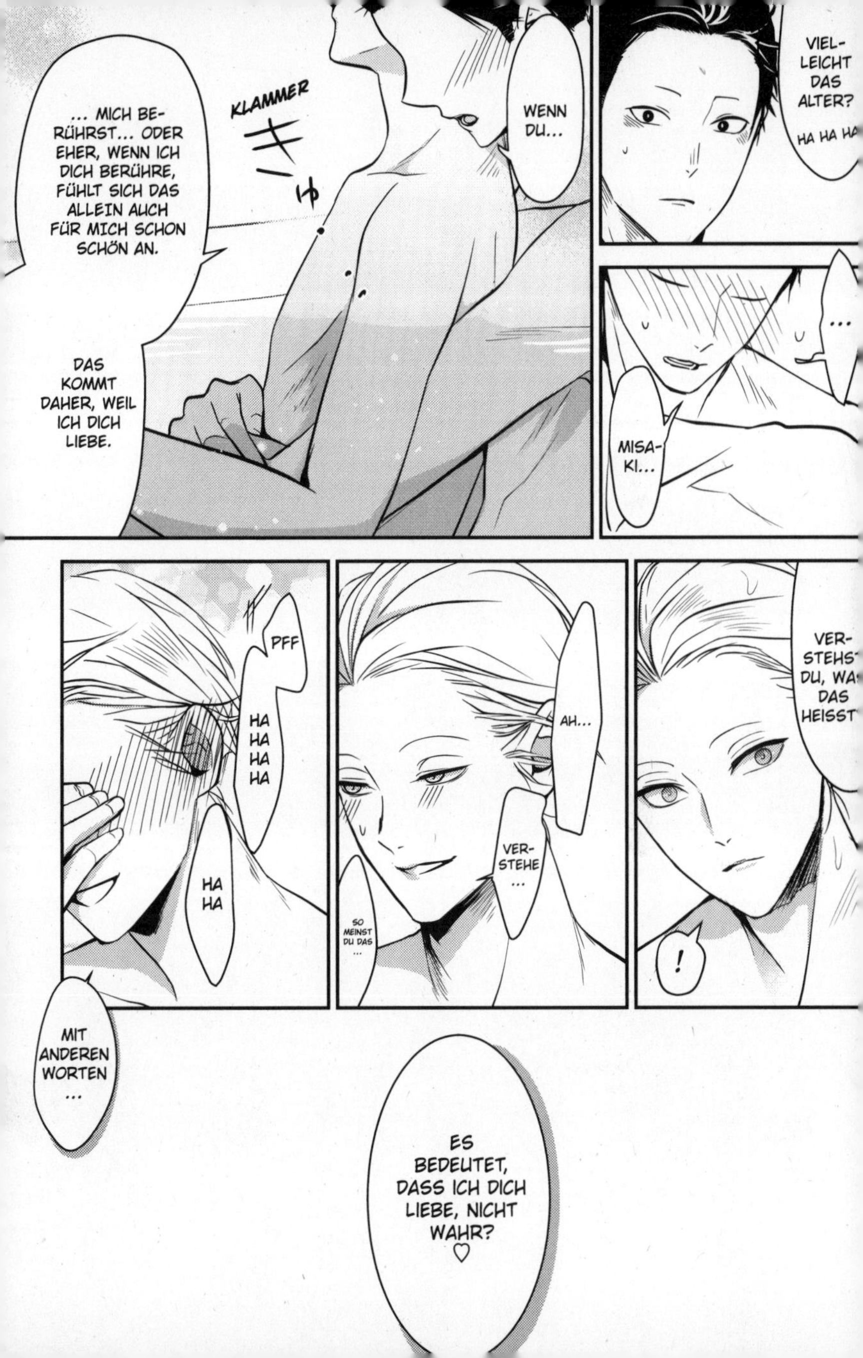
VIEL-LEICHT DAS ALTER?
HA HA HA
...
MISA-KI...
WENN DU...
KLAMMER
... MICH BE-RÜHRST... ODER EHER, WENN ICH DICH BERÜHRE, FÜHLT SICH DAS ALLEIN AUCH FÜR MICH SCHON SCHÖN AN.
DAS KOMMT DAHER, WEIL ICH DICH LIEBE.
VER-STEHST DU, WA DAS HEISST
!
AH...
VER-STEHE ...
SO MEINST DU DAS ...
PFF
HA HA HA HA
HA HA
MIT ANDEREN WORTEN ...
ES BEDEUTET, DASS ICH DICH LIEBE, NICHT WAHR? ♡

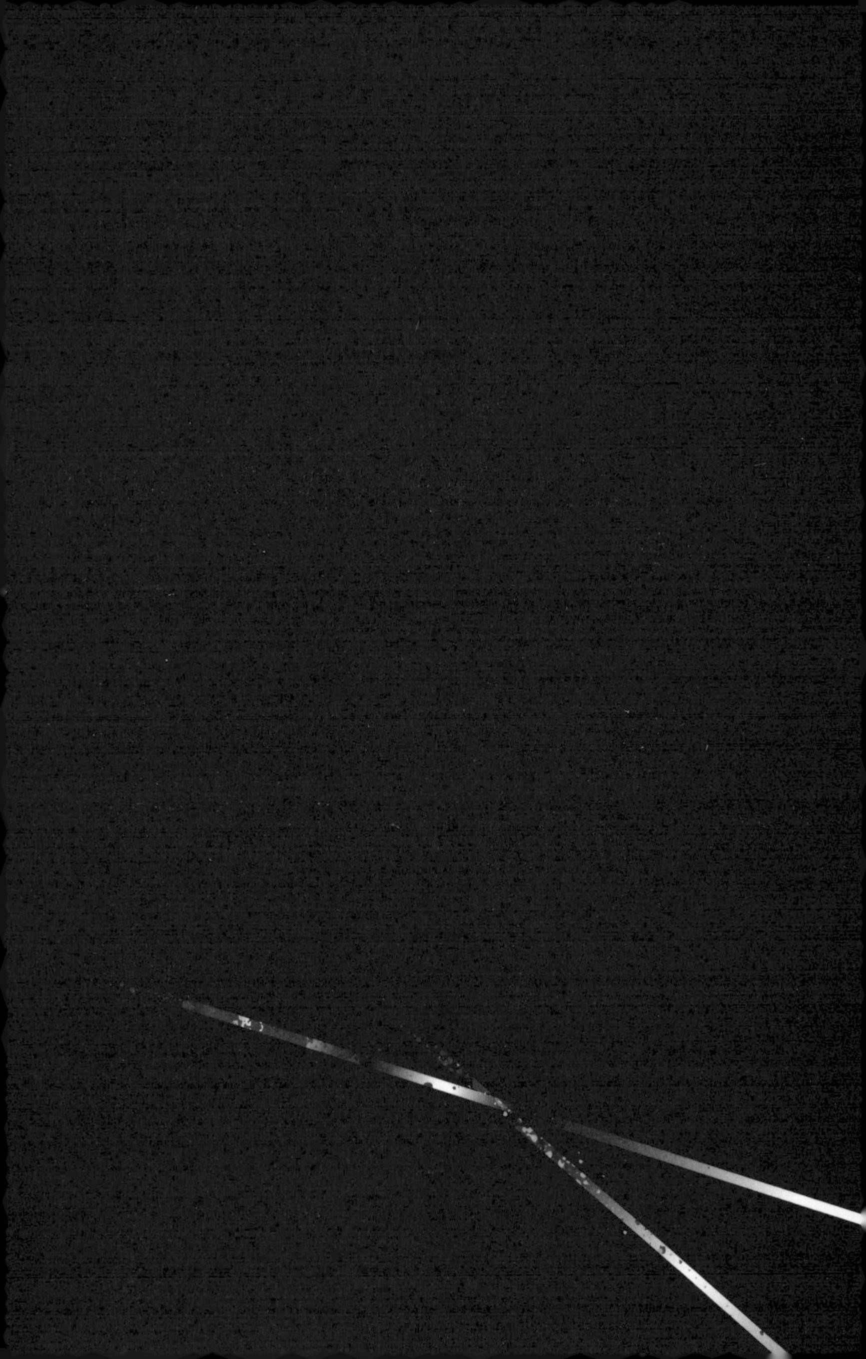

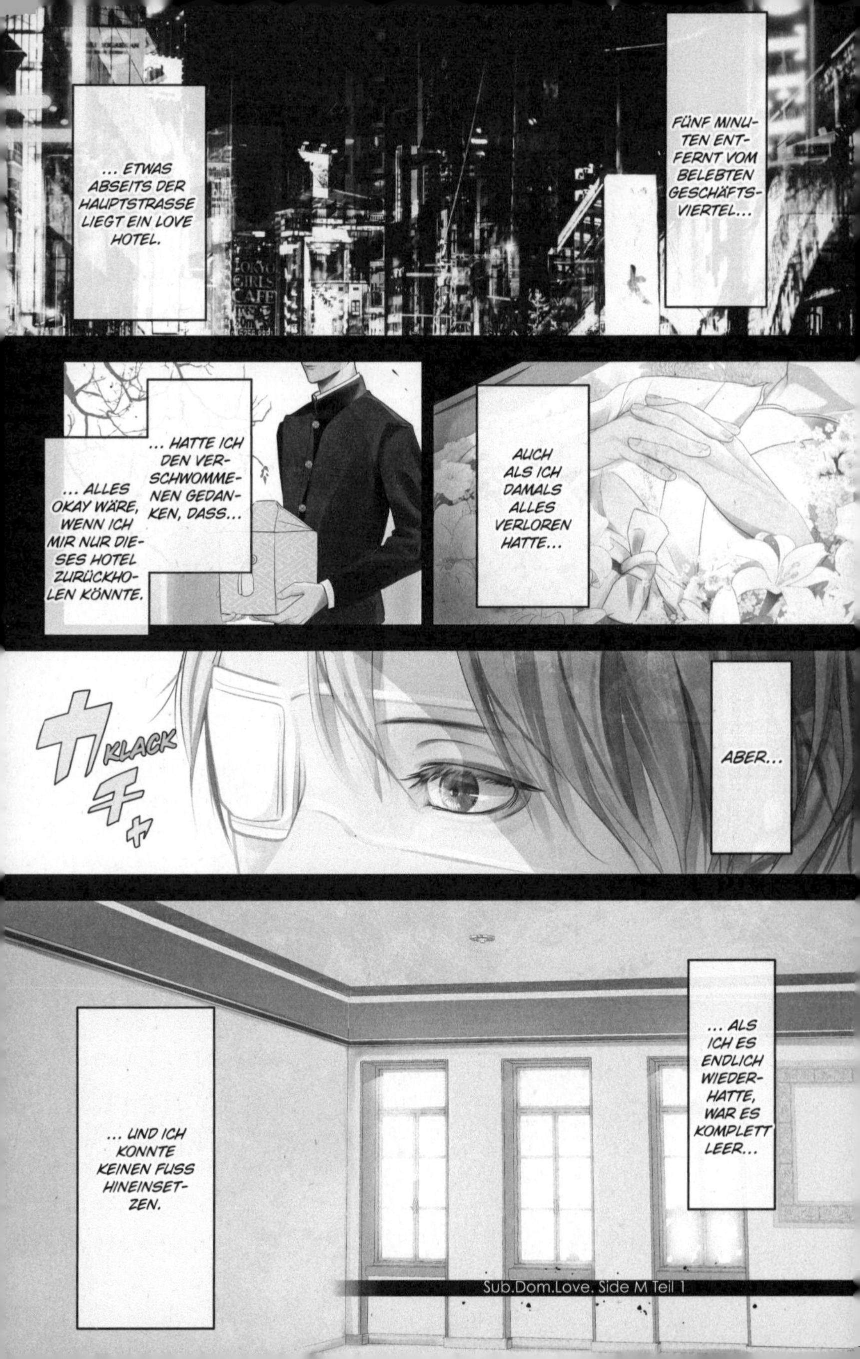
FÜNF MINUTEN ENTFERNT VOM BELEBTEN GESCHÄFTSVIERTEL…
… ETWAS ABSEITS DER HAUPTSTRASSE LIEGT EIN LOVE HOTEL.
TOKYO GIRLS CAFE
AUCH ALS ICH DAMALS ALLES VERLOREN HATTE…
… HATTE ICH DEN VERSCHWOMMENEN GEDANKEN, DASS…
… ALLES OKAY WÄRE, WENN ICH MIR NUR DIESES HOTEL ZURÜCKHOLEN KÖNNTE.
ABER…
KLACK
… ALS ICH ES ENDLICH WIEDERHATTE, WAR ES KOMPLETT LEER…
… UND ICH KONNTE KEINEN FUSS HINEINSETZEN.
Sub.Dom.Love. Side M Teil 1

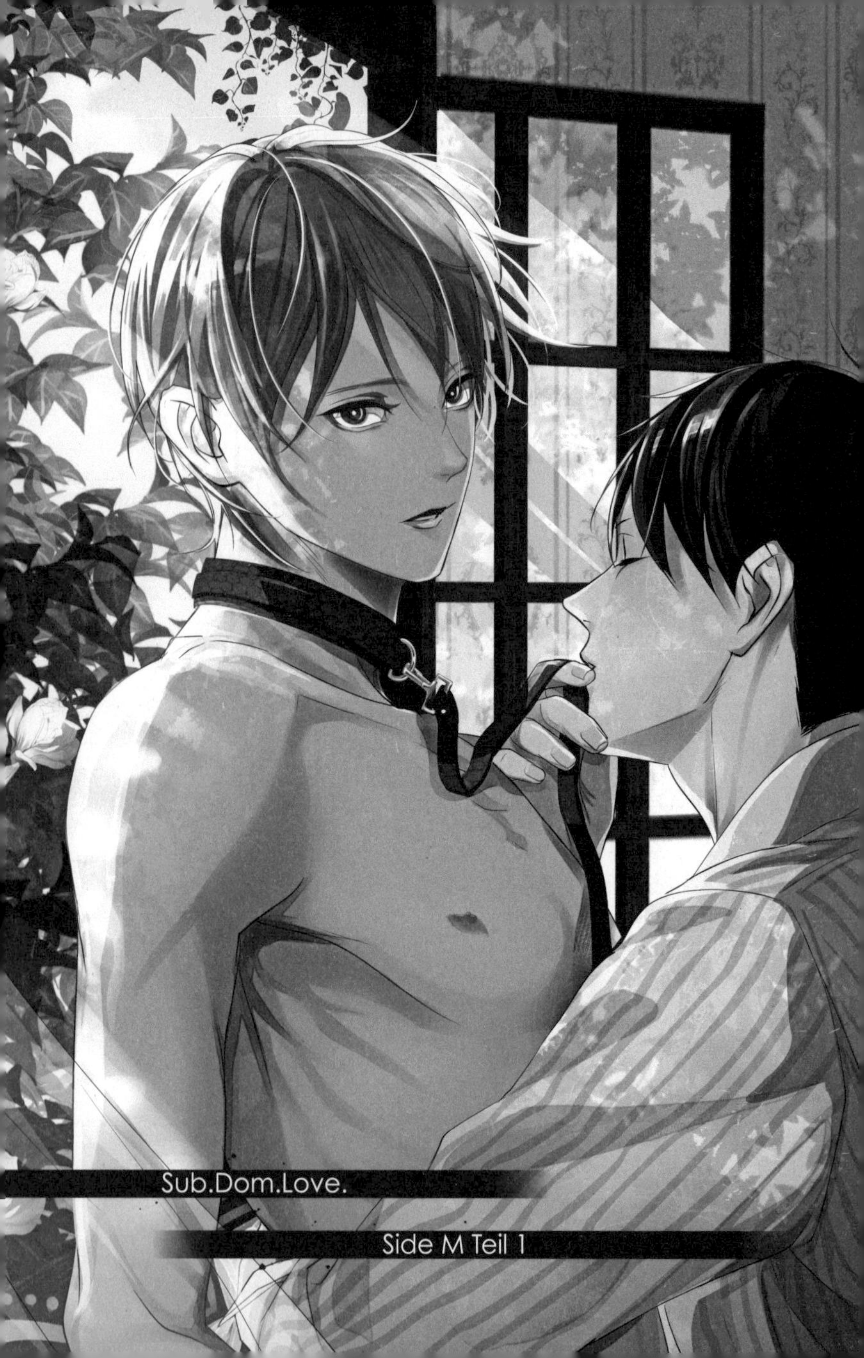
Sub.Dom.Love.
Side M Teil 1

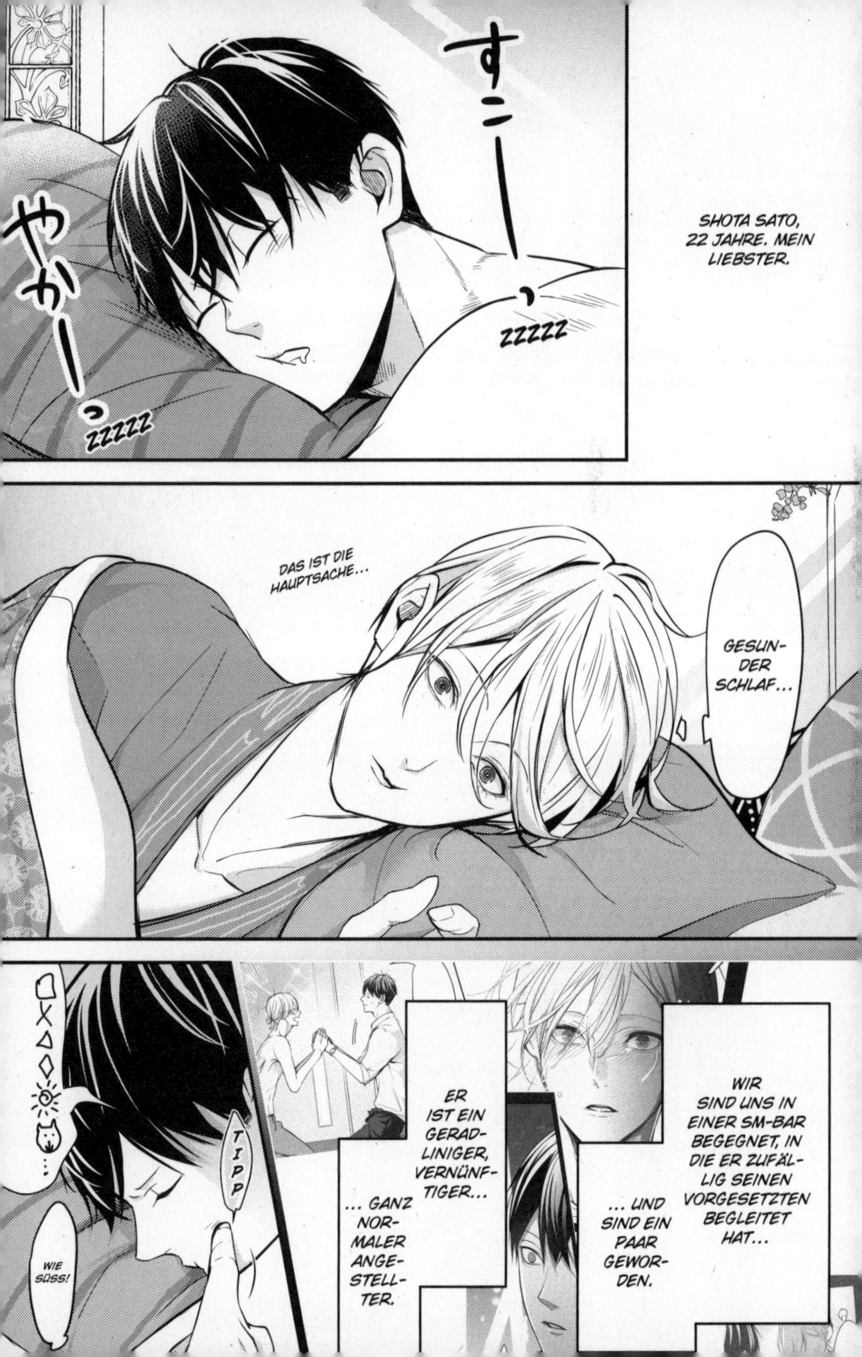
すこー、
ZZZZZ
やかー、
ZZZZZ
SHOTA SATO, 22 JAHRE. MEIN LIEBSTER.
GESUNDER SCHLAF...
DAS IST DIE HAUPTSACHE...
WIR SIND UNS IN EINER SM-BAR BEGEGNET, IN DIE ER ZUFÄLLIG SEINEN VORGESETZTEN BEGLEITET HAT...
... UND SIND EIN PAAR GEWORDEN.
ER IST EIN GERADLINIGER, VERNÜNFTIGER...
... GANZ NORMALER ANGESTELLTER.
TIPP
WIE SÜSS!

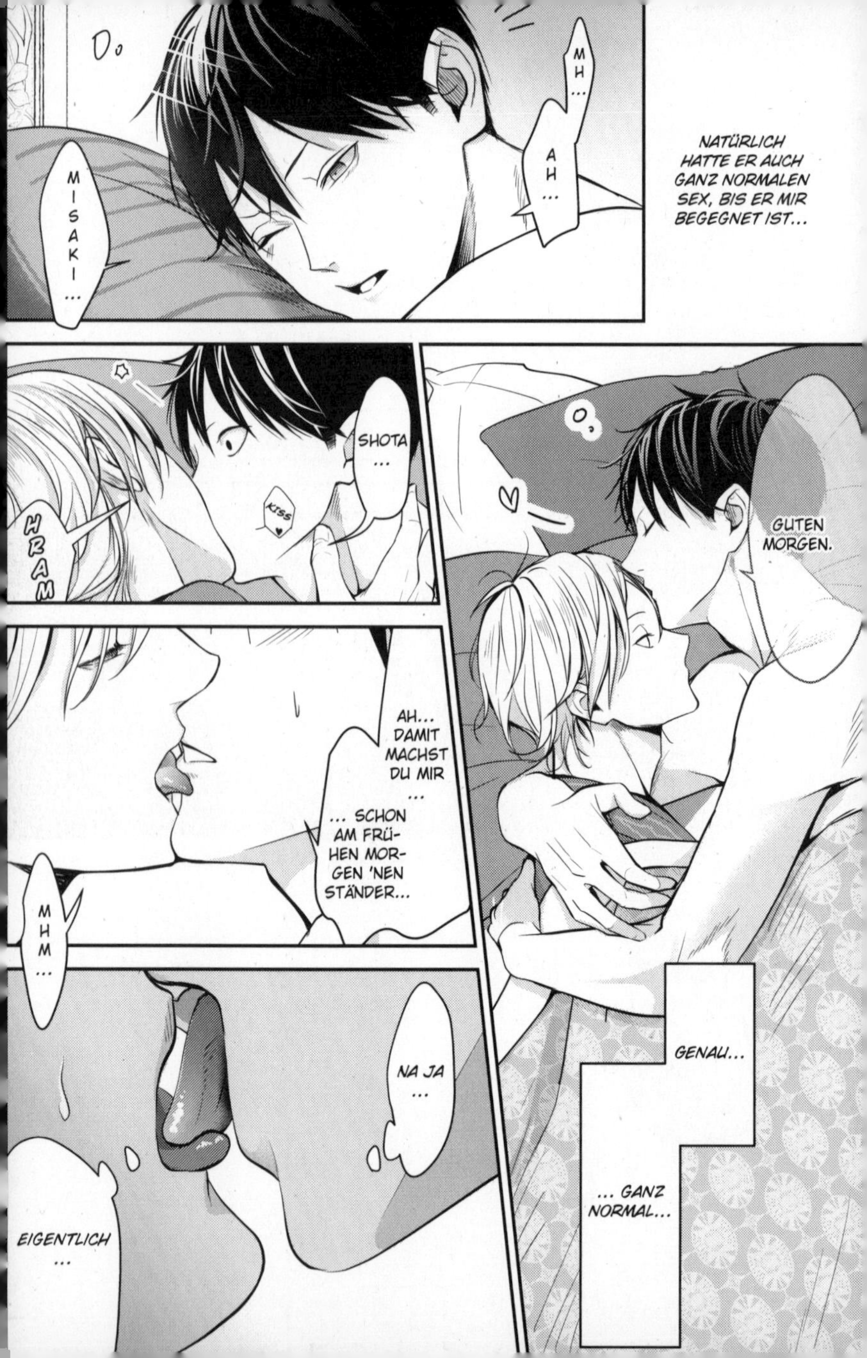
NATÜRLICH HATTE ER AUCH GANZ NORMALEN SEX, BIS ER MIR BEGEGNET IST…
MH …
AH …
MISAKI …
GUTEN MORGEN.
SHOTA …
KISS
HRAM
AH… DAMIT MACHST DU MIR …
… SCHON AM FRÜHEN MORGEN 'NEN STÄNDER…
MHM …
GENAU…
… GANZ NORMAL…
NA JA …
EIGENTLICH …

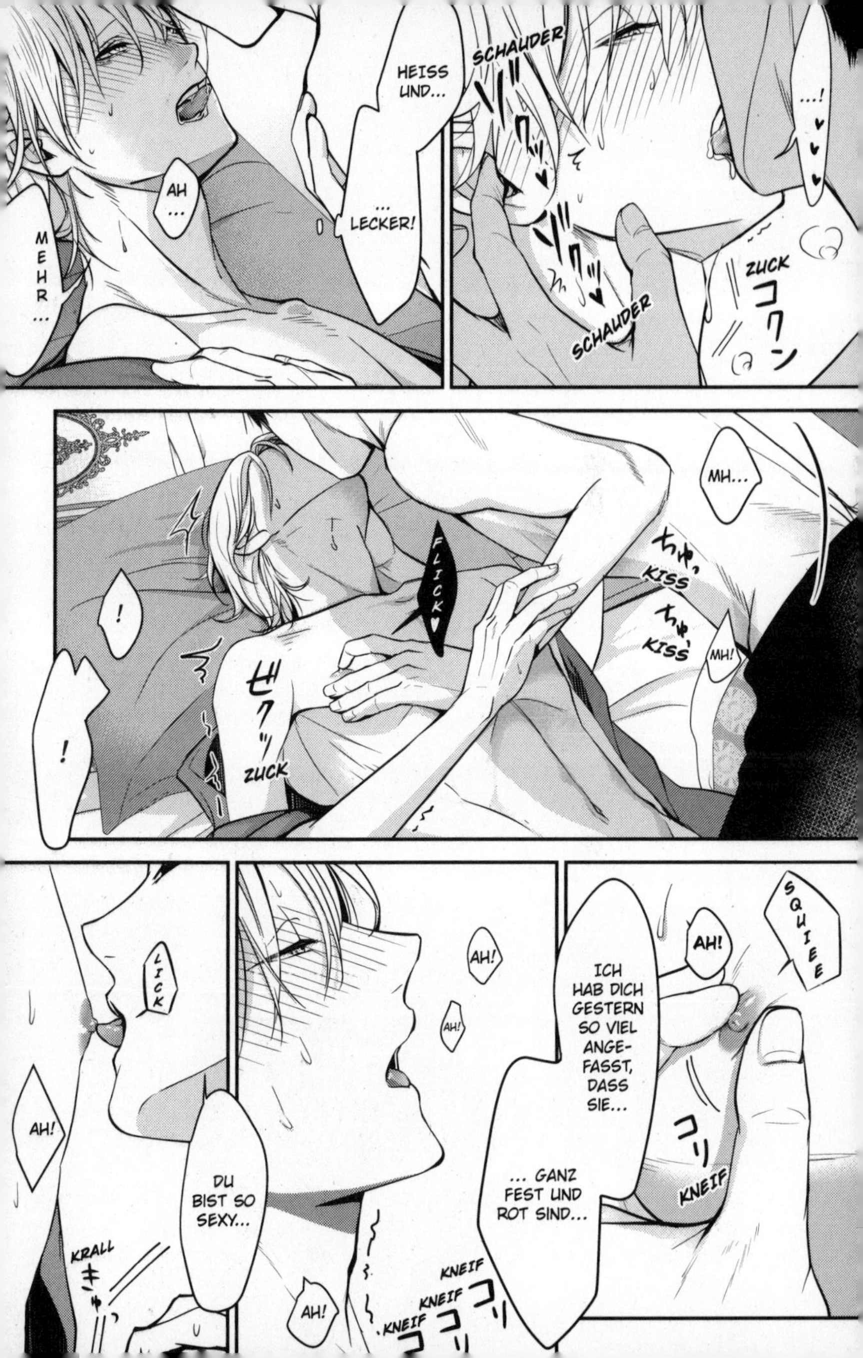

...!
SCHAUDER
ZUCK
SCHAUDER
HEISS UND...
... LECKER!
AH ...
MEHR ...
MH...
KISS
KISS
MH!
FLICK
ZUCK
!
!
SQUIEEE
AH!
ICH HAB DICH GESTERN SO VIEL ANGE-FASST, DASS SIE...
... GANZ FEST UND ROT SIND...
KNEIF
AH!
AH!
DU BIST SO SEXY...
KNEIF
KNEIF
KNEIF
AH!
LICK
AH!
KRALL

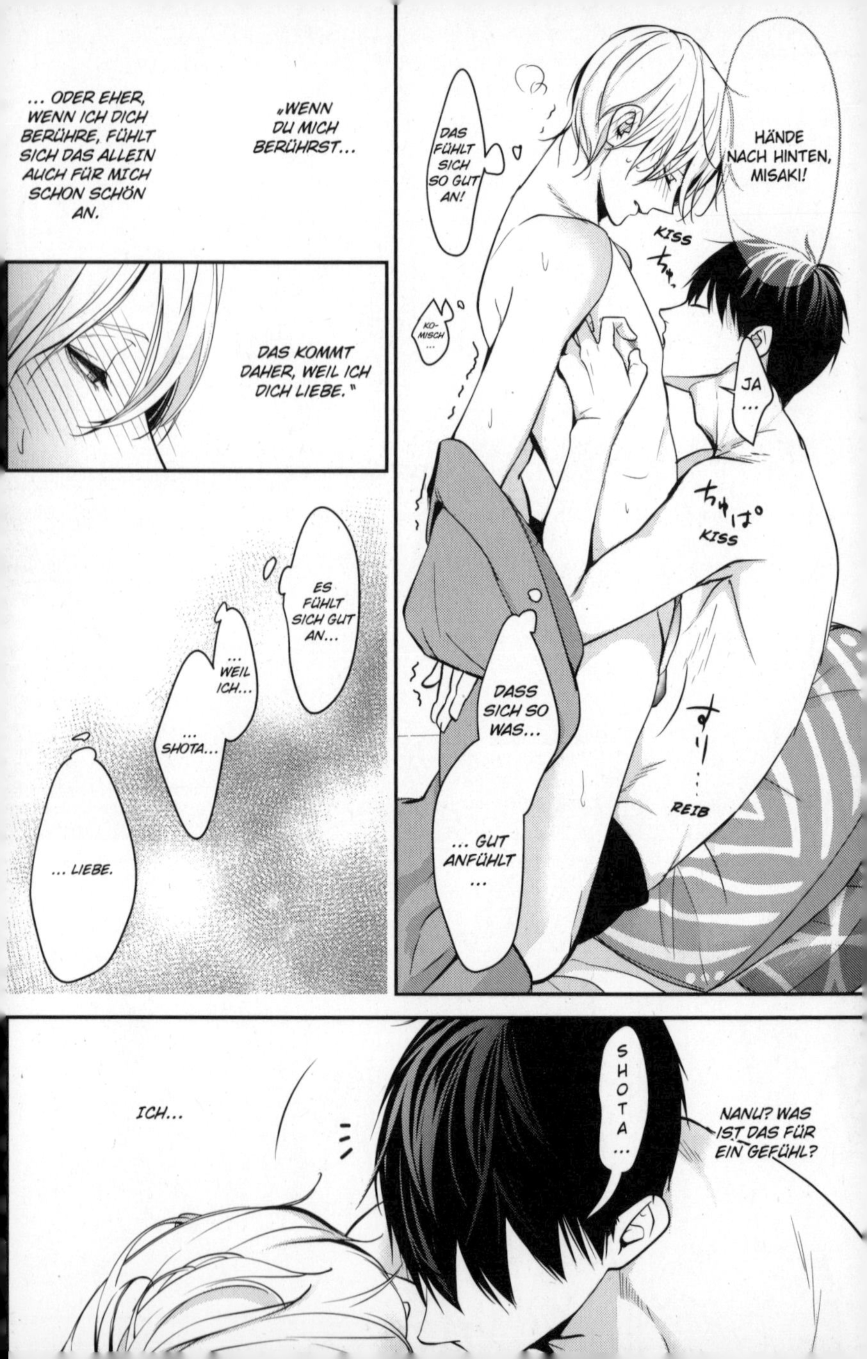
HÄNDE NACH HINTEN, MISAKI!
DAS FÜHLT SICH SO GUT AN!
KISS
ちゅ
KOMISCH …
JA …
ちゅぱ
KISS
DASS SICH SO WAS…
… GUT ANFÜHLT …
すり…
REIB
„WENN DU MICH BERÜHRST…
… ODER EHER, WENN ICH DICH BERÜHRE, FÜHLT SICH DAS ALLEIN AUCH FÜR MICH SCHON SCHÖN AN.
DAS KOMMT DAHER, WEIL ICH DICH LIEBE."
ES FÜHLT SICH GUT AN…
… WEIL ICH…
… SHOTA…
… LIEBE.
SHOTA …
NANU? WAS IST DAS FÜR EIN GEFÜHL?
ICH…

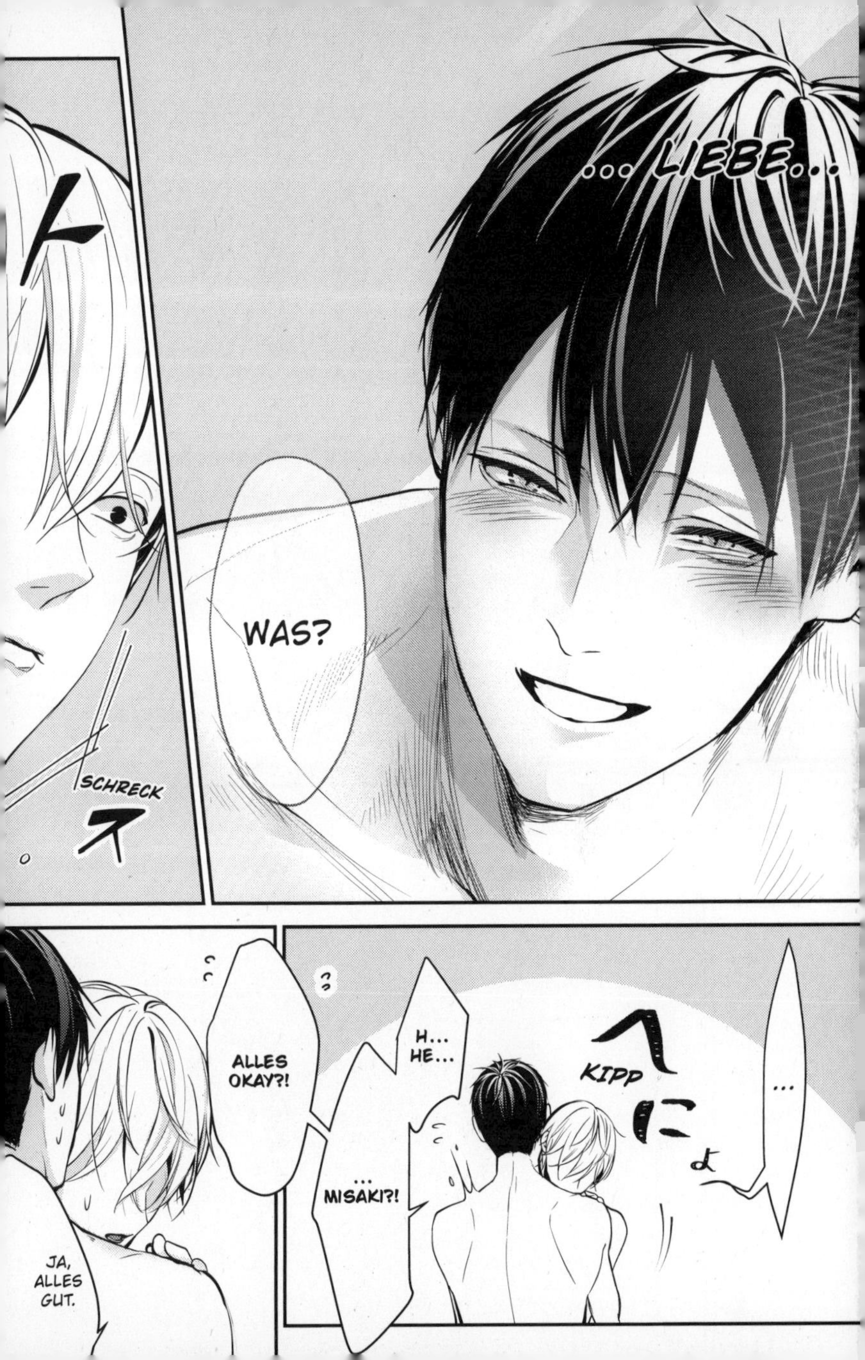
...LIEBE...
WAS?
SCHRECK
...
KIPP
H... HE...
... MISAKI?!
ALLES OKAY?!
JA, ALLES GUT.

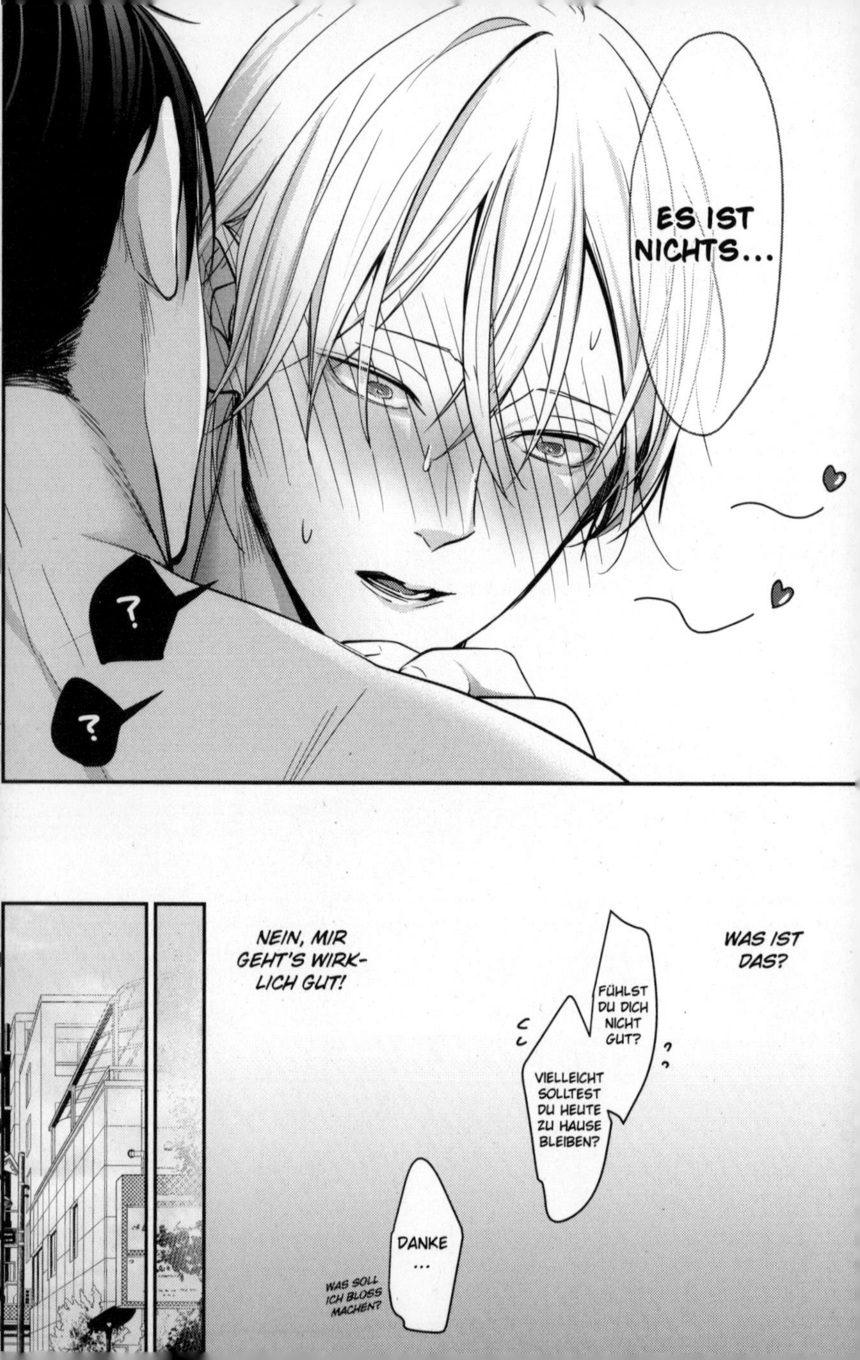
ES IST NICHTS...
?
?
WAS IST DAS?
FÜHLST DU DICH NICHT GUT?
VIELLEICHT SOLLTEST DU HEUTE ZU HAUSE BLEIBEN?
NEIN, MIR GEHT'S WIRKLICH GUT!
DANKE ...
WAS SOLL ICH BLOSS MACHEN?

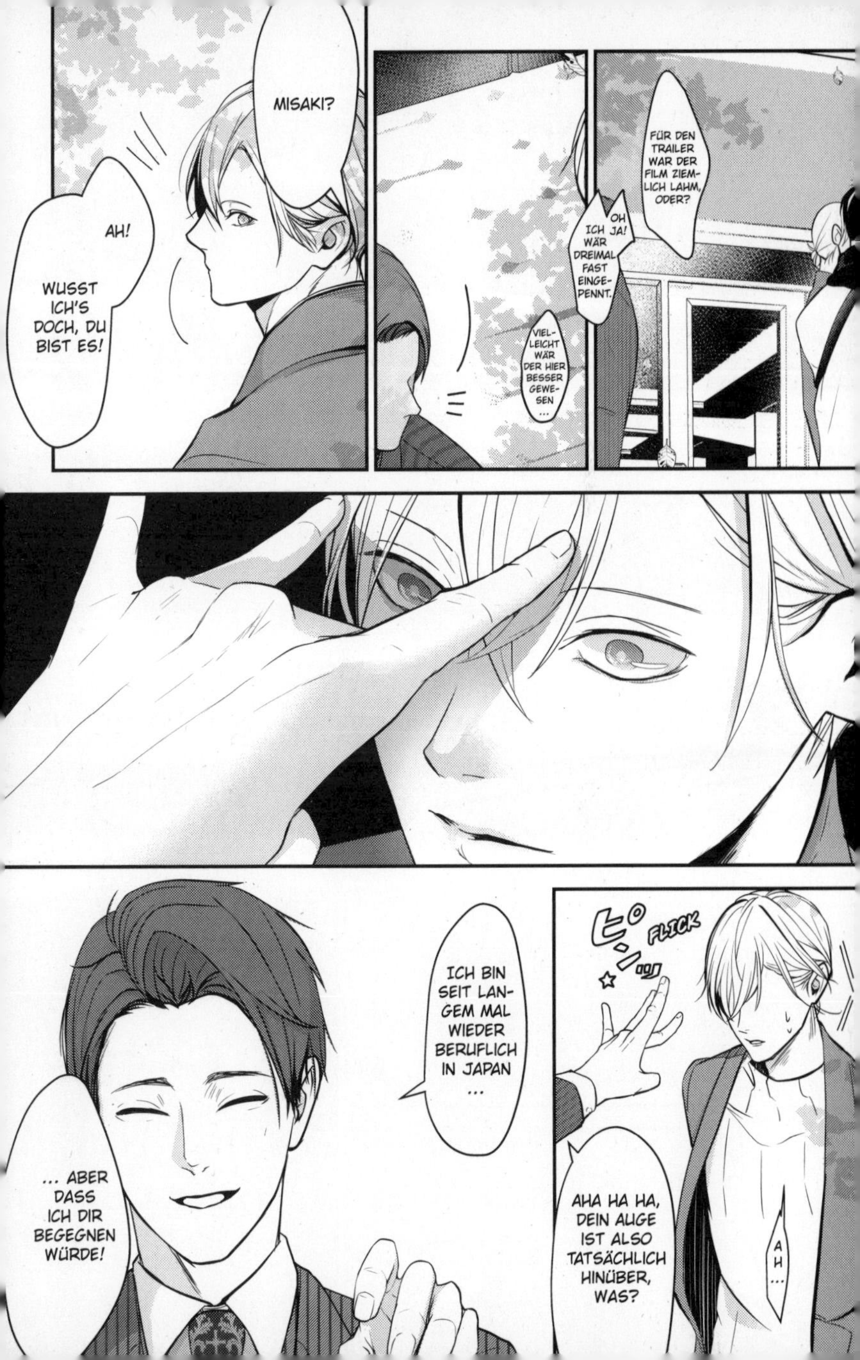
FÜR DEN TRAILER WAR DER FILM ZIEMLICH LAHM, ODER?
OH JA! ICH WÄR DREIMAL FAST EINGEPENNT.
VIELLEICHT WÄR DER HIER BESSER GEWESEN ...
MISAKI?
AH!
WUSST ICH'S DOCH, DU BIST ES!
FLICK
AHA HA HA, DEIN AUGE IST ALSO TATSÄCHLICH HINÜBER, WAS?
AH ...
ICH BIN SEIT LANGEM MAL WIEDER BERUFLICH IN JAPAN ...
... ABER DASS ICH DIR BEGEGNEN WÜRDE!

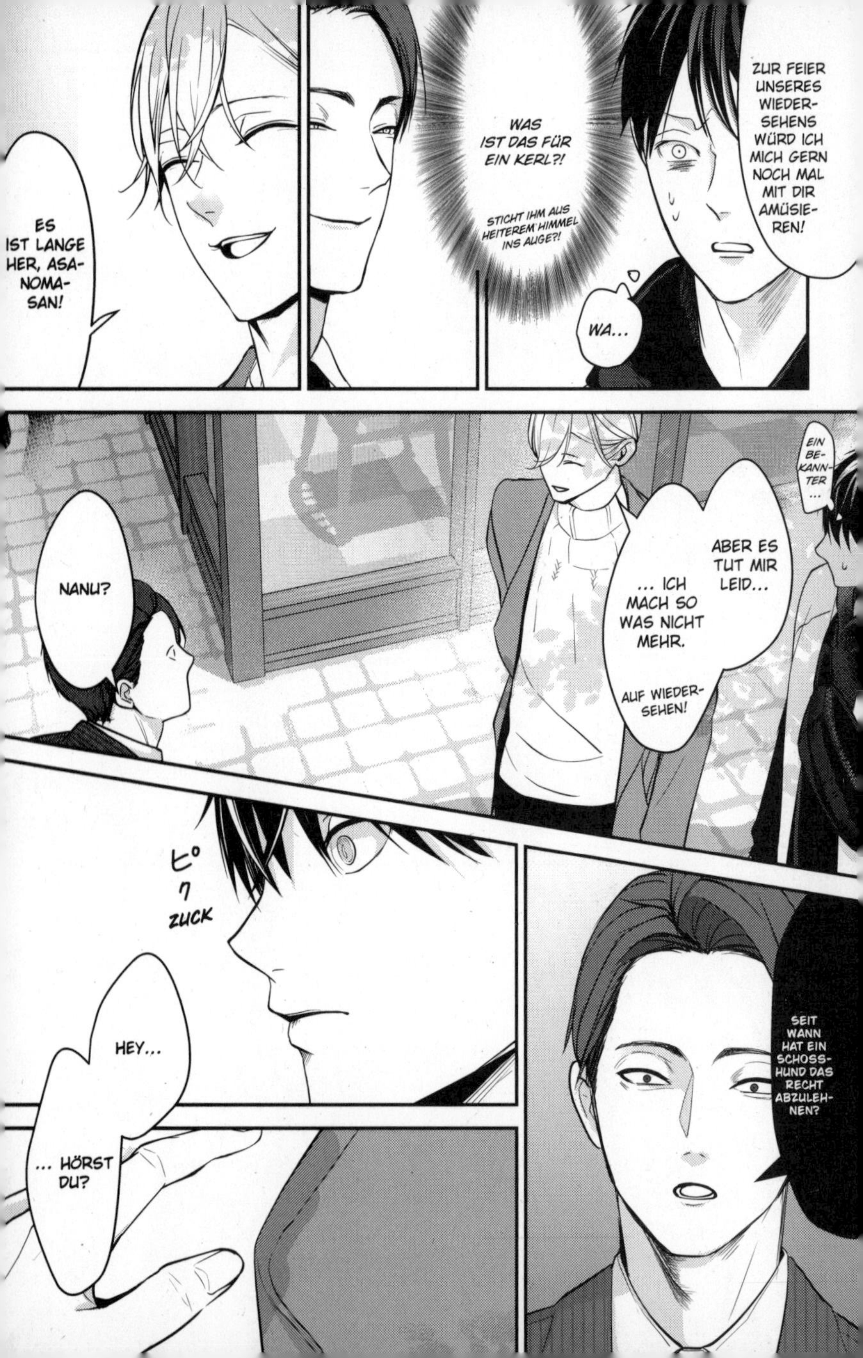
ZUR FEIER UNSERES WIEDERSEHENS WÜRD ICH MICH GERN NOCH MAL MIT DIR AMÜSIEREN!
WA…
WAS IST DAS FÜR EIN KERL?!
STICHT IHM AUS HEITEREM HIMMEL INS AUGE?!
ES IST LANGE HER, ASANOMA-SAN!
EIN BEKANNTER …
ABER ES TUT MIR LEID…
… ICH MACH SO WAS NICHT MEHR.
AUF WIEDERSEHEN!
NANU?
SEIT WANN HAT EIN SCHOSSHUND DAS RECHT ABZULEHNEN?
ピク
ZUCK
HEY…
… HÖRST DU?

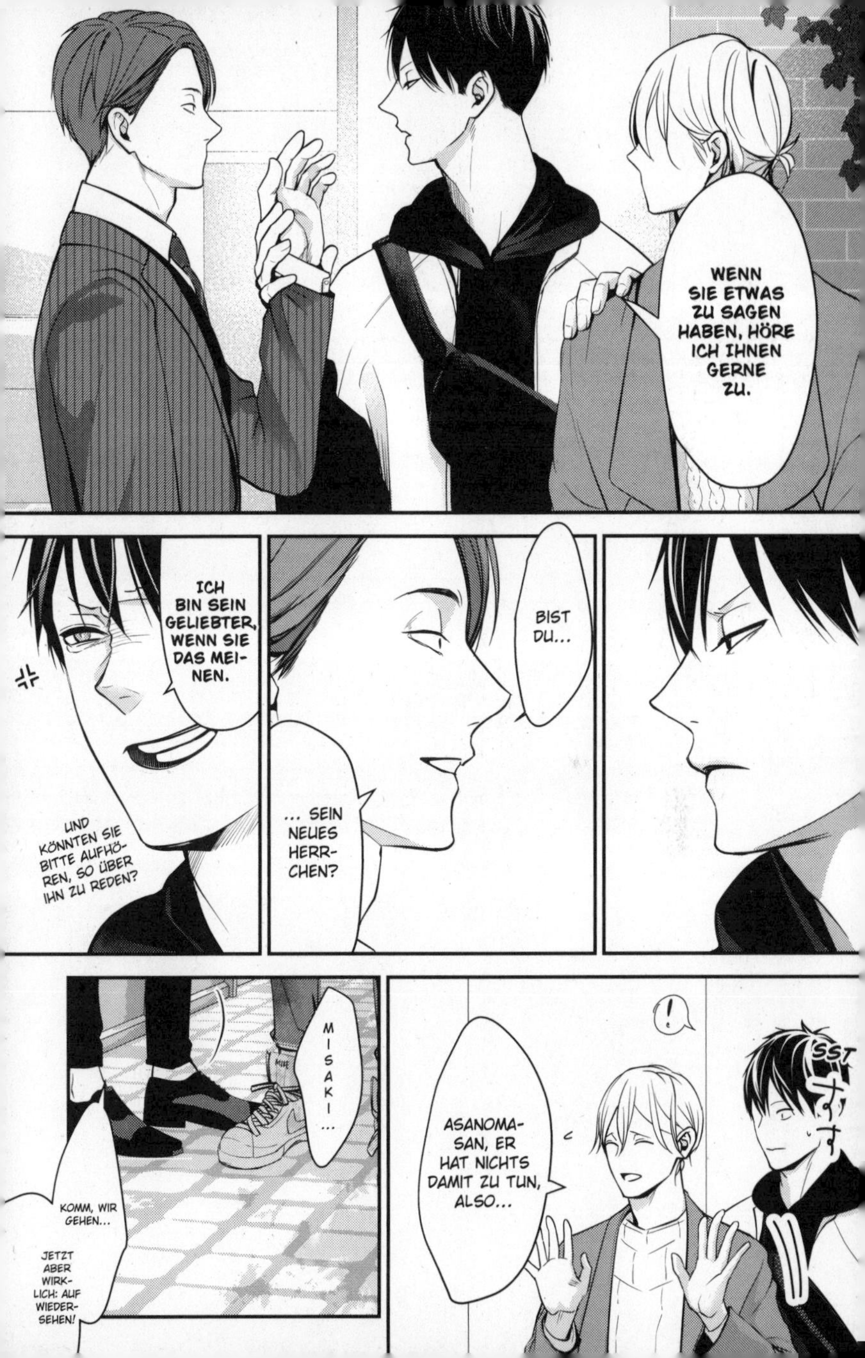
WENN SIE ETWAS ZU SAGEN HABEN, HÖRE ICH IHNEN GERNE ZU.
BIST DU…
… SEIN NEUES HERRCHEN?
ICH BIN SEIN GELIEBTER, WENN SIE DAS MEINEN.
UND KÖNNTEN SIE BITTE AUFHÖREN, SO ÜBER IHN ZU REDEN?
SST
!
ASANOMA-SAN, ER HAT NICHTS DAMIT ZU TUN, ALSO…
MISAKI…
KOMM, WIR GEHEN…
JETZT ABER WIRKLICH: AUF WIEDERSEHEN!

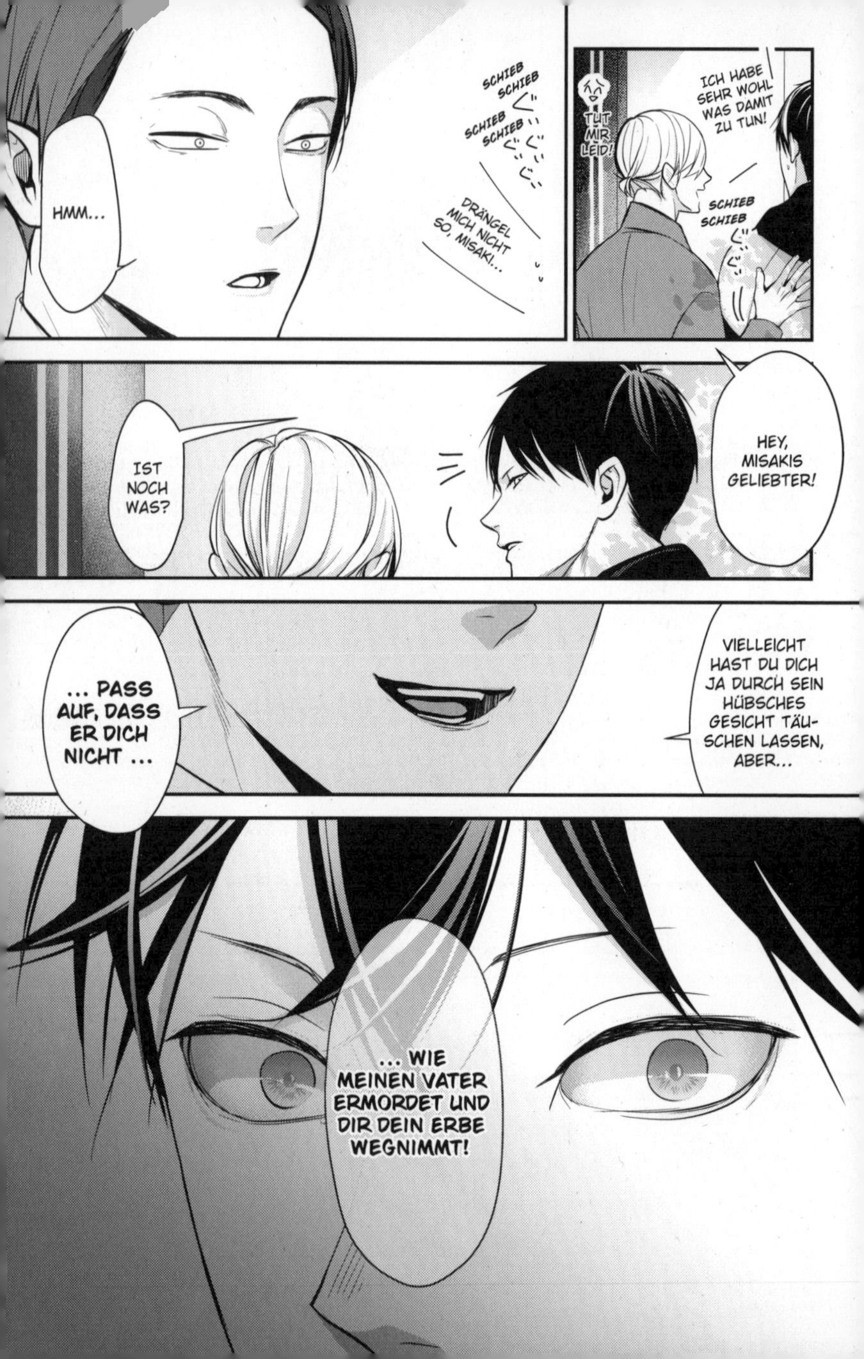
ICH HABE SEHR WOHL WAS DAMIT ZU TUN!
TUT MIR LEID!
SCHIEB SCHIEB
SCHIEB SCHIEB
SCHIEB SCHIEB
DRÄNGEL MICH NICHT SO, MISAKI...
HMM...
HEY, MISAKIS GELIEBTER!
IST NOCH WAS?
VIELLEICHT HAST DU DICH JA DURCH SEIN HÜBSCHES GESICHT TÄU-SCHEN LASSEN, ABER...
... PASS AUF, DASS ER DICH NICHT ...
... WIE MEINEN VATER ERMORDET UND DIR DEIN ERBE WEGNIMMT!

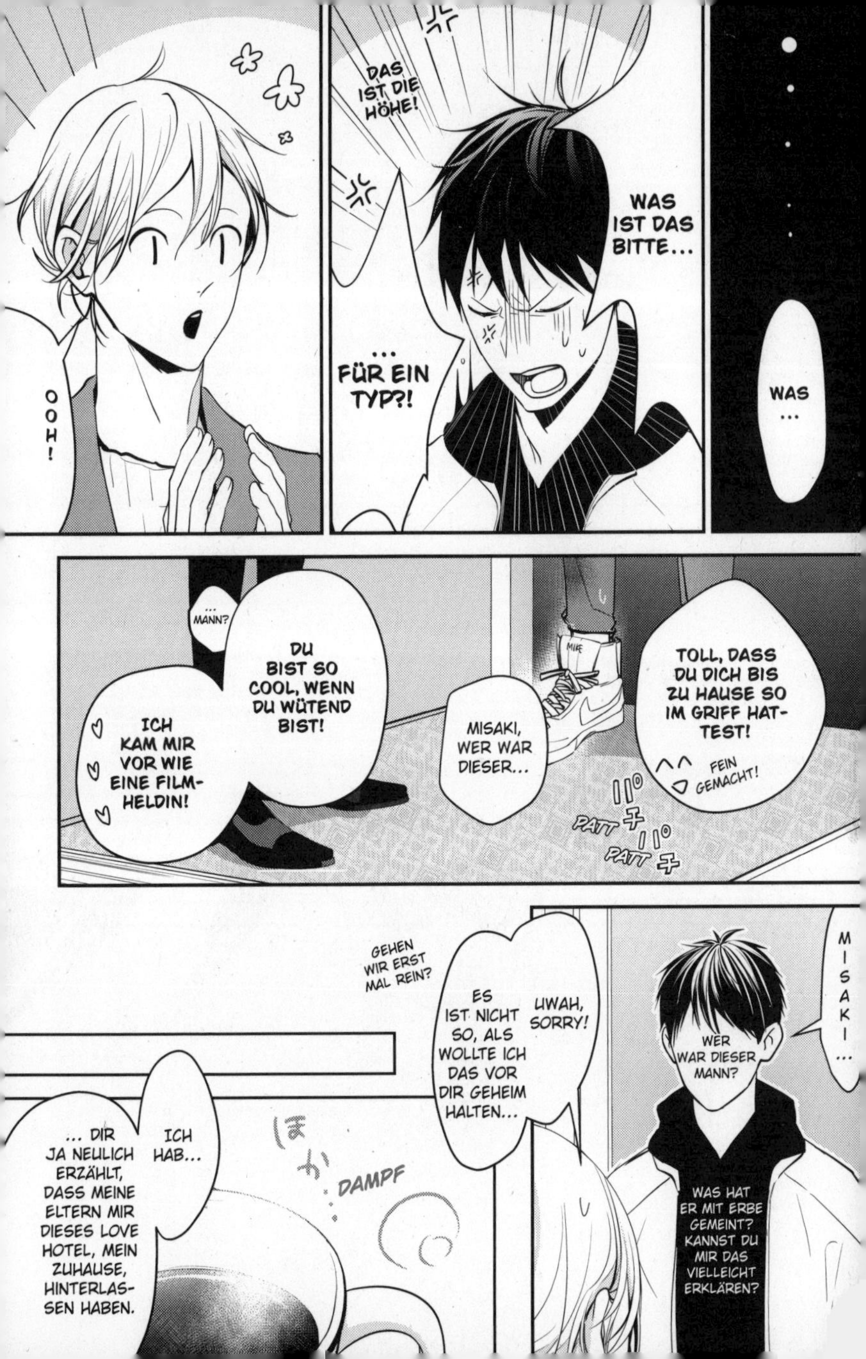
WAS ...
WAS IST DAS BITTE...
DAS IST DIE HÖHE!
... FÜR EIN TYP?!
OOH!
TOLL, DASS DU DICH BIS ZU HAUSE SO IM GRIFF HATTEST!
FEIN GEMACHT!
PATT PATT
MISAKI, WER WAR DIESER...
... MANN?
DU BIST SO COOL, WENN DU WÜTEND BIST!
ICH KAM MIR VOR WIE EINE FILMHELDIN!
MISAKI...
WER WAR DIESER MANN?
WAS HAT ER MIT ERBE GEMEINT? KANNST DU MIR DAS VIELLEICHT ERKLÄREN?
UWAH, SORRY!
ES IST NICHT SO, ALS WOLLTE ICH DAS VOR DIR GEHEIM HALTEN...
GEHEN WIR ERST MAL REIN?
DAMPF
ICH HAB...
... DIR JA NEULICH ERZÄHLT, DASS MEINE ELTERN MIR DIESES LOVE HOTEL, MEIN ZUHAUSE, HINTERLASSEN HABEN.

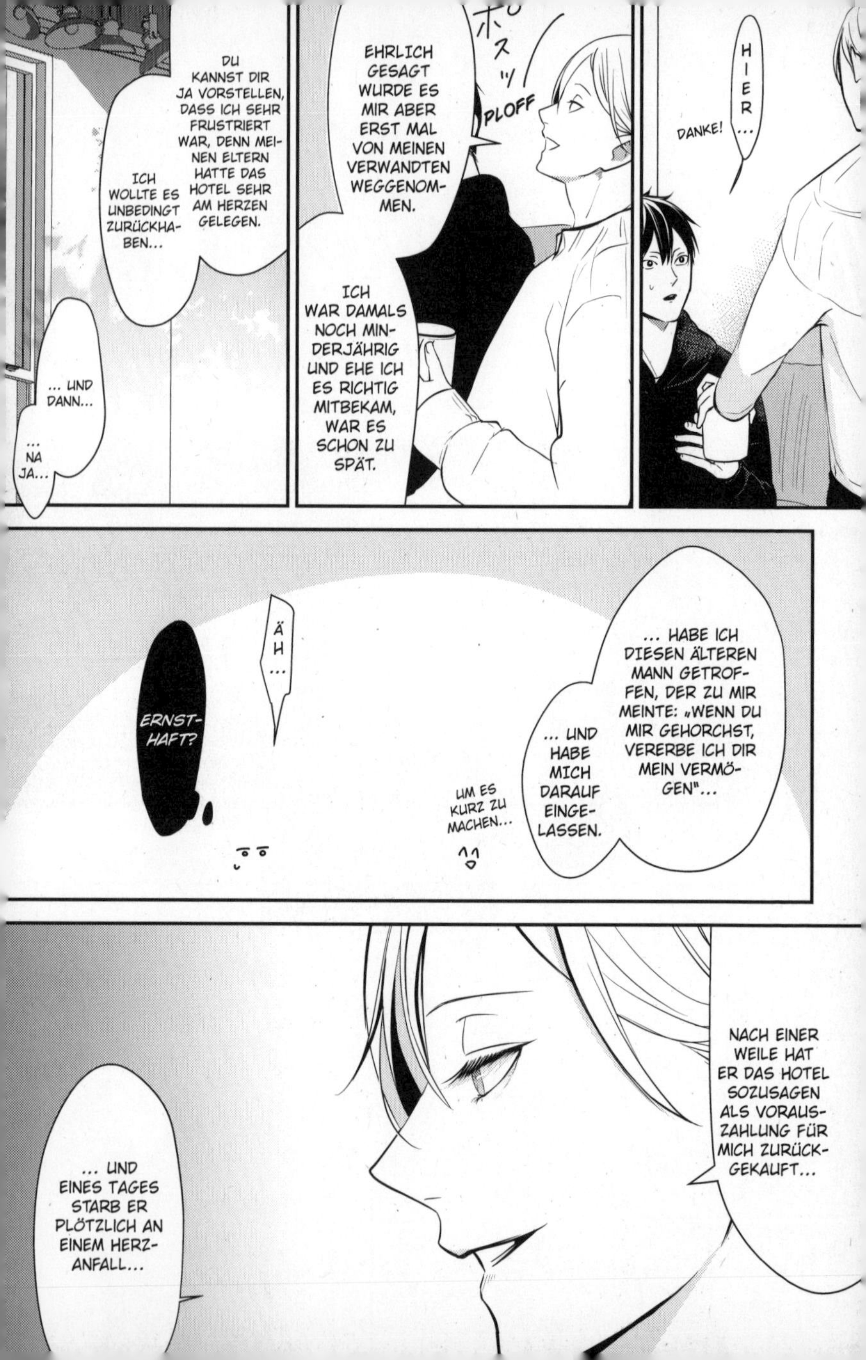
HIER …
DANKE!
ホスッ PLOFF
EHRLICH GESAGT WURDE ES MIR ABER ERST MAL VON MEINEN VERWANDTEN WEGGENOMMEN.
ICH WAR DAMALS NOCH MINDERJÄHRIG UND EHE ICH ES RICHTIG MITBEKAM, WAR ES SCHON ZU SPÄT.
DU KANNST DIR JA VORSTELLEN, DASS ICH SEHR FRUSTRIERT WAR, DENN MEINEN ELTERN HATTE DAS HOTEL SEHR AM HERZEN GELEGEN.
ICH WOLLTE ES UNBEDINGT ZURÜCKHABEN …
… UND DANN …
… NA JA …
… HABE ICH DIESEN ÄLTEREN MANN GETROFFEN, DER ZU MIR MEINTE: „WENN DU MIR GEHORCHST, VERERBE ICH DIR MEIN VERMÖGEN“ …
… UND HABE MICH DARAUF EINGELASSEN.
UM ES KURZ ZU MACHEN …
ÄH …
ERNSTHAFT?
NACH EINER WEILE HAT ER DAS HOTEL SOZUSAGEN ALS VORAUSZAHLUNG FÜR MICH ZURÜCKGEKAUFT …
… UND EINES TAGES STARB ER PLÖTZLICH AN EINEM HERZANFALL …

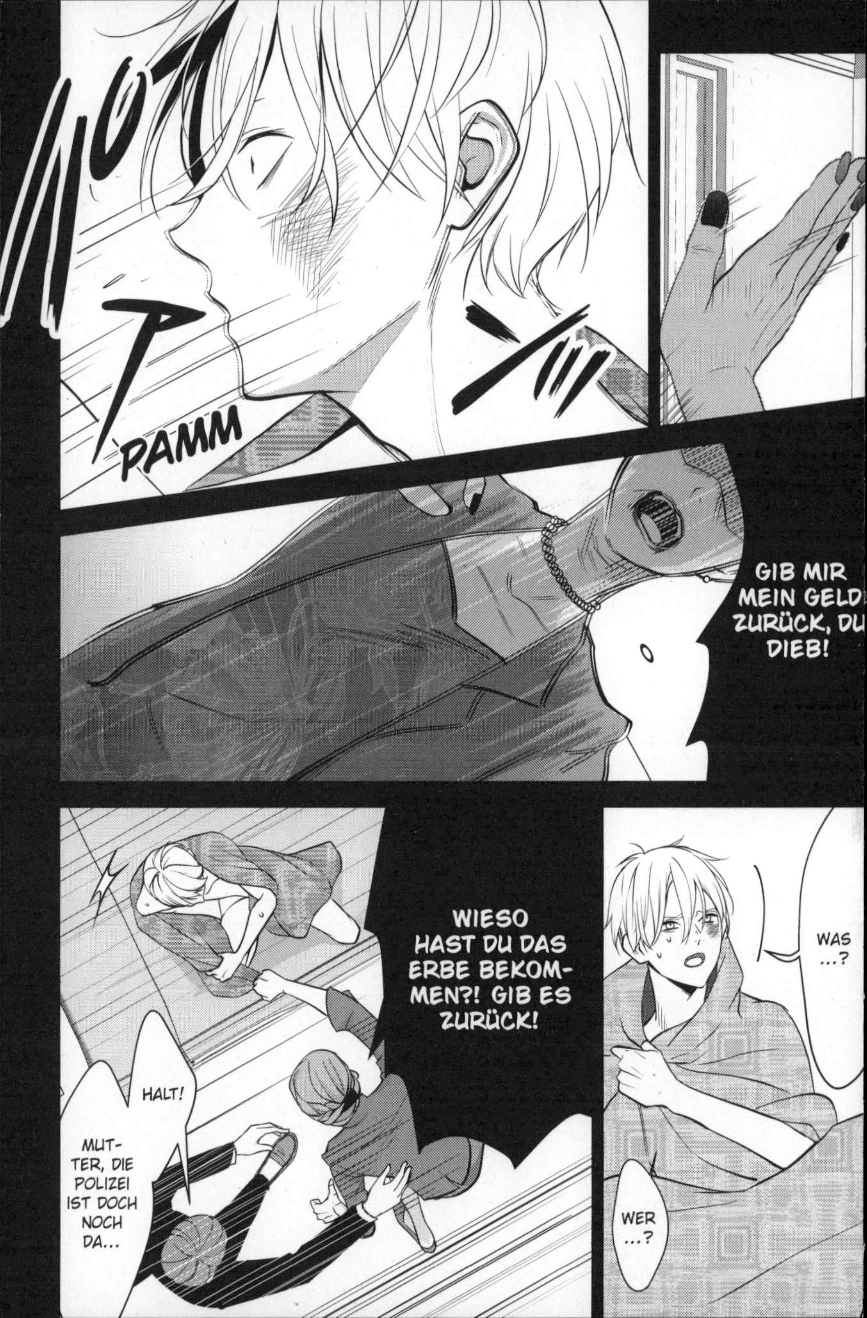
PAMM
GIB MIR MEIN GELD ZURÜCK, DU DIEB!
WAS …?
WER …?
WIESO HAST DU DAS ERBE BEKOMMEN?! GIB ES ZURÜCK!
HALT!
MUTTER, DIE POLIZEI IST DOCH NOCH DA…

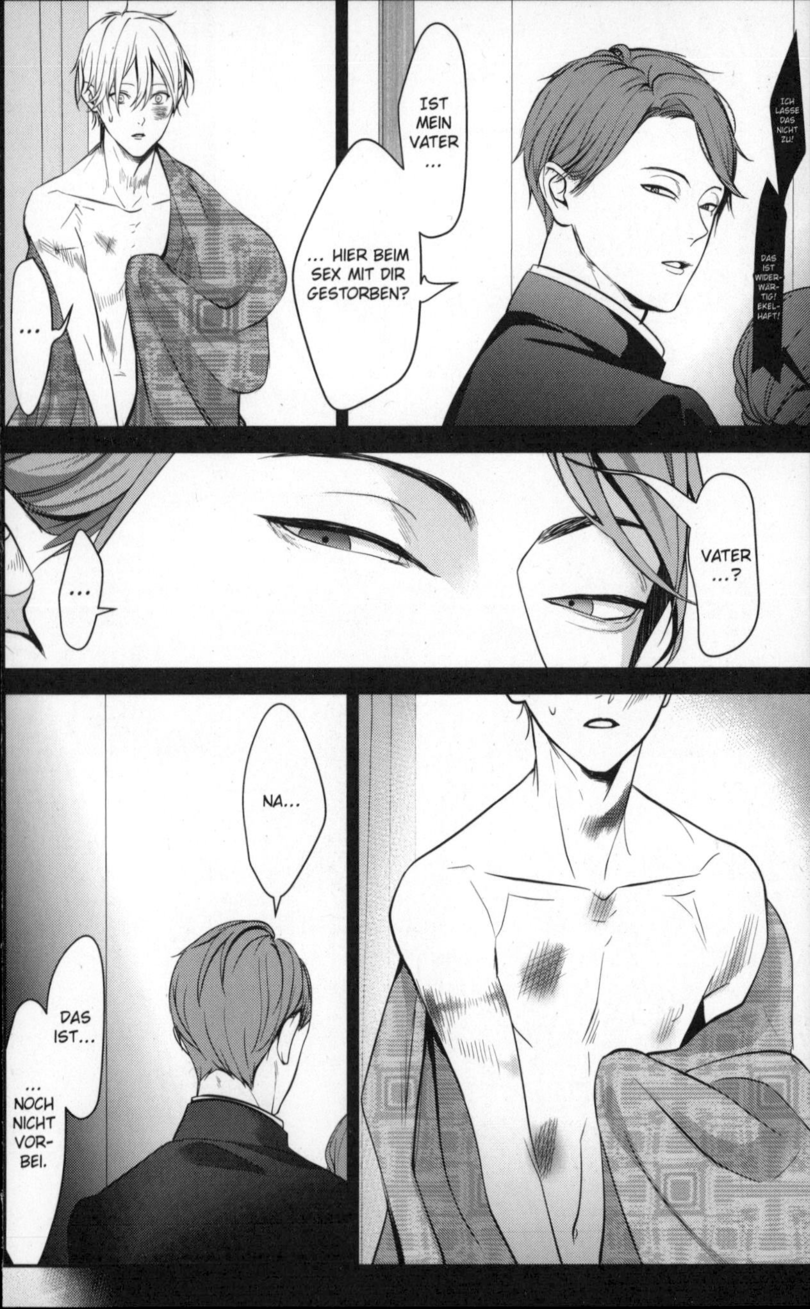

ICH LASSE DAS NICHT ZU!
DAS IST WIDER-WÄR-TIG! EKEL-HAFT!
IST MEIN VATER ...
... HIER BEIM SEX MIT DIR GESTORBEN?
...
VATER ...?
...
NA...
DAS IST...
... NOCH NICHT VOR-BEI.

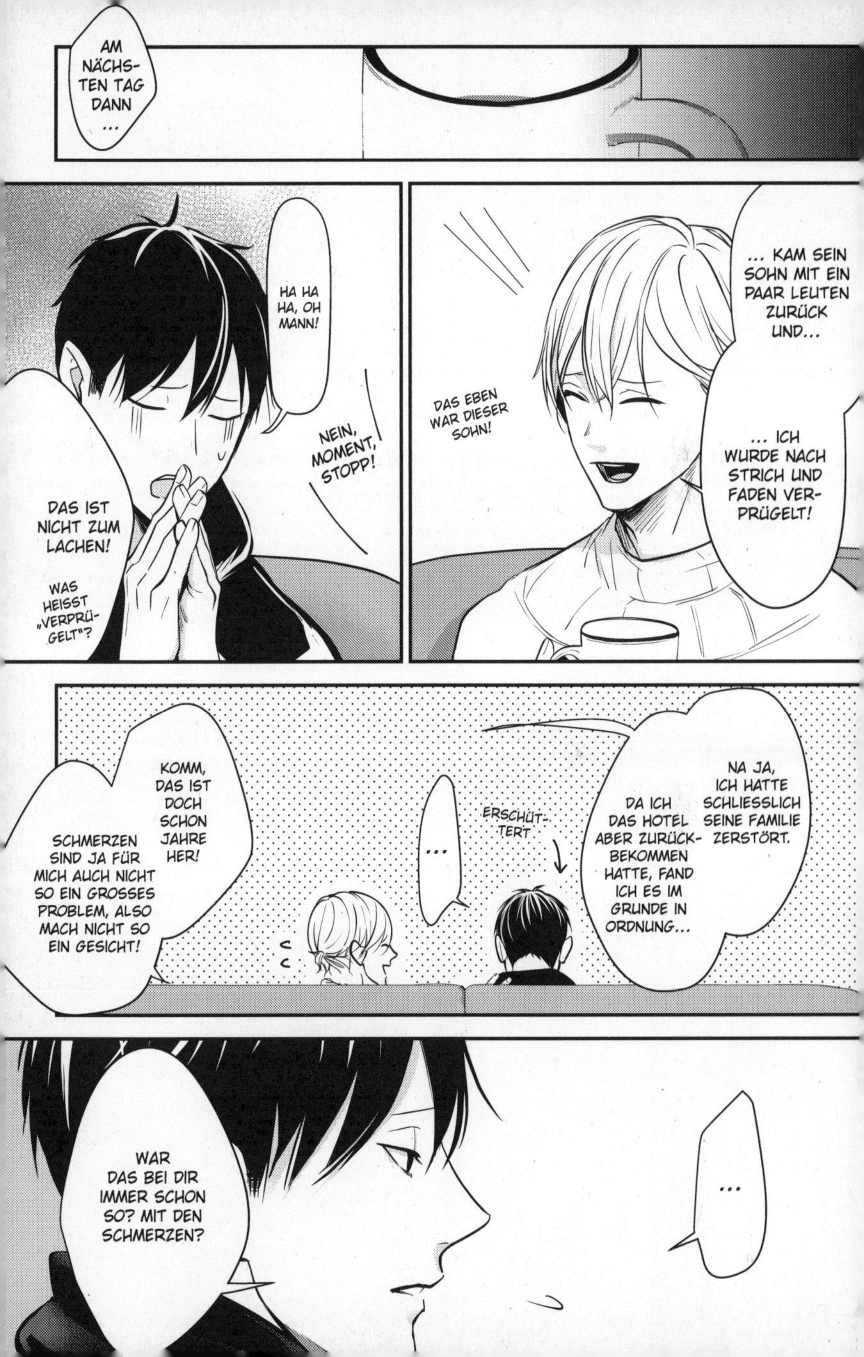
AM NÄCHSTEN TAG DANN …
… KAM SEIN SOHN MIT EIN PAAR LEUTEN ZURÜCK UND…
… ICH WURDE NACH STRICH UND FADEN VERPRÜGELT!
DAS EBEN WAR DIESER SOHN!
HA HA HA, OH MANN!
NEIN, MOMENT, STOPP!
DAS IST NICHT ZUM LACHEN!
WAS HEISST „VERPRÜGELT"?
NA JA, ICH HATTE SCHLIESSLICH SEINE FAMILIE ZERSTÖRT.
DA ICH DAS HOTEL ABER ZURÜCKBEKOMMEN HATTE, FAND ICH ES IM GRUNDE IN ORDNUNG…
ERSCHÜTTERT
…
KOMM, DAS IST DOCH SCHON JAHRE HER!
SCHMERZEN SIND JA FÜR MICH AUCH NICHT SO EIN GROSSES PROBLEM, ALSO MACH NICHT SO EIN GESICHT!
…
WAR DAS BEI DIR IMMER SCHON SO? MIT DEN SCHMERZEN?

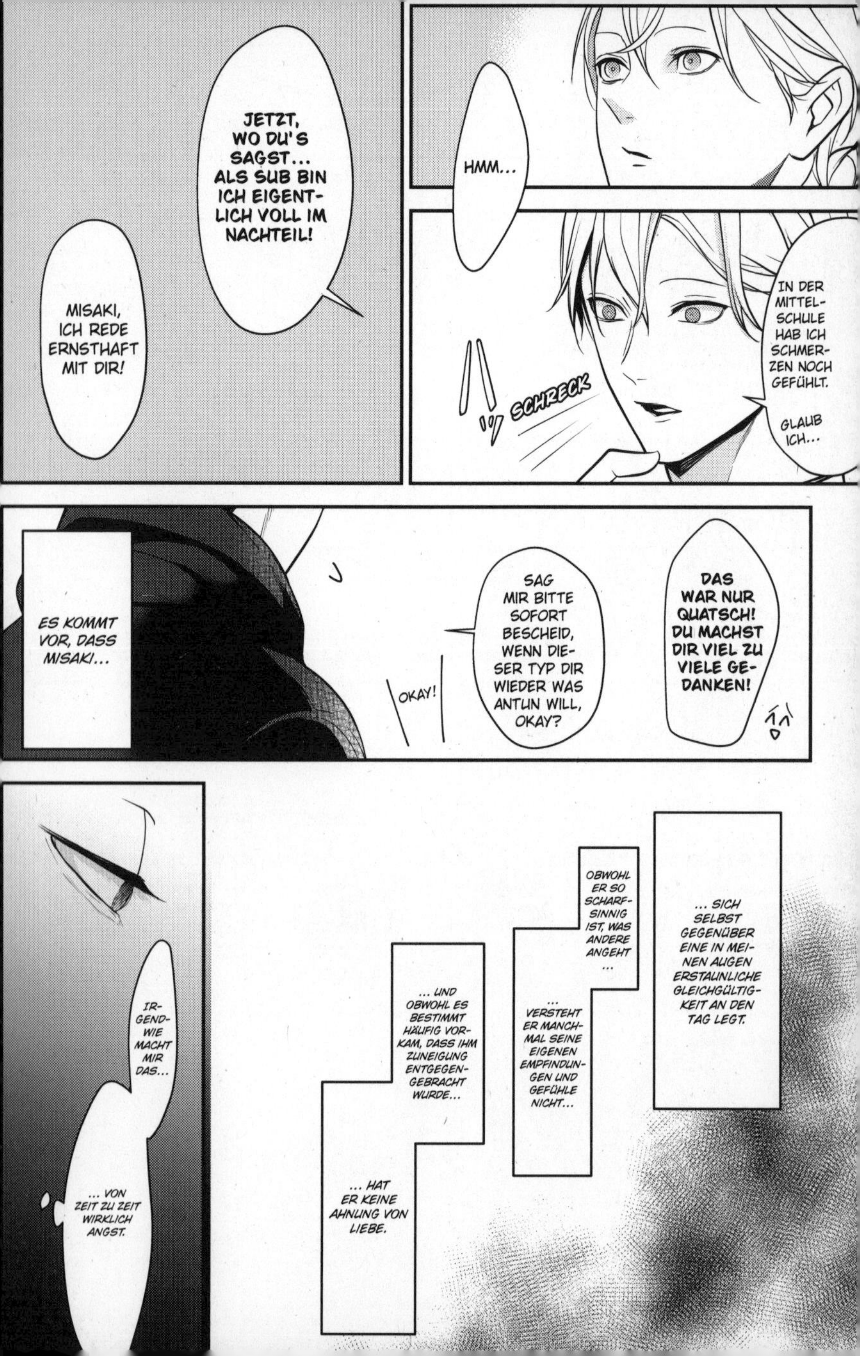
HMM...
IN DER MITTELSCHULE HAB ICH SCHMERZEN NOCH GEFÜHLT.
GLAUB ICH...
SCHRECK
JETZT, WO DU'S SAGST... ALS SUB BIN ICH EIGENTLICH VOLL IM NACHTEIL!
MISAKI, ICH REDE ERNSTHAFT MIT DIR!
DAS WAR NUR QUATSCH! DU MACHST DIR VIEL ZU VIELE GEDANKEN!
SAG MIR BITTE SOFORT BESCHEID, WENN DIESER TYP DIR WIEDER WAS ANTUN WILL, OKAY?
OKAY!
ES KOMMT VOR, DASS MISAKI...
... SICH SELBST GEGENÜBER EINE IN MEINEN AUGEN ERSTAUNLICHE GLEICHGÜLTIGKEIT AN DEN TAG LEGT.
OBWOHL ER SO SCHARFSINNIG IST, WAS ANDERE ANGEHT ...
... VERSTEHT ER MANCHMAL SEINE EIGENEN EMPFINDUNGEN UND GEFÜHLE NICHT...
... UND OBWOHL ES BESTIMMT HÄUFIG VORKAM, DASS IHM ZUNEIGUNG ENTGEGENGEBRACHT WURDE...
... HAT ER KEINE AHNUNG VON LIEBE.
IRGENDWIE MACHT MIR DAS...
... VON ZEIT ZU ZEIT WIRKLICH ANGST.

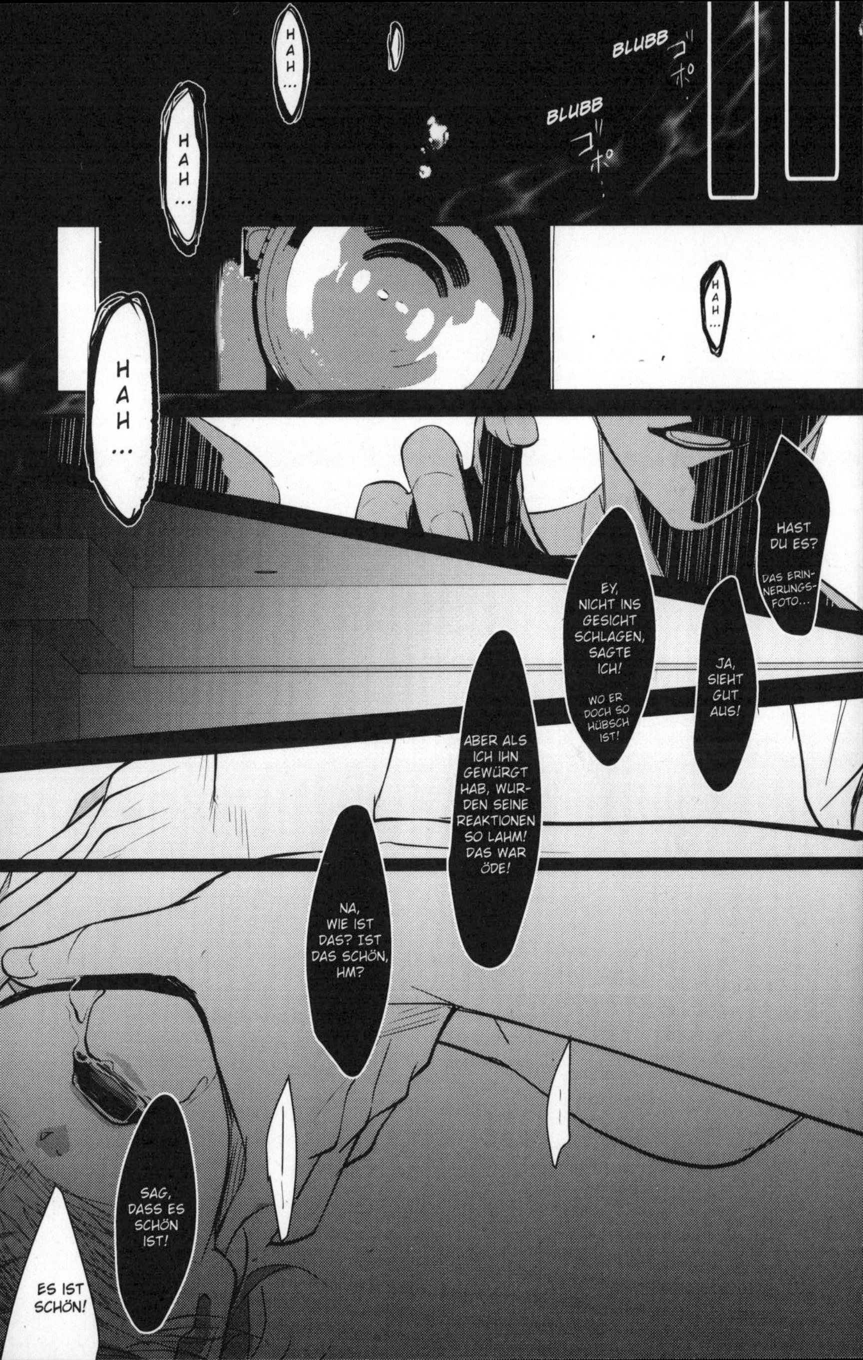
BLUBB
BLUBB
HAH...
HAH...
HAH...
HAH...
HAST DU ES?
DAS ERINNERUNGSFOTO...
JA, SIEHT GUT AUS!
EY, NICHT INS GESICHT SCHLAGEN, SAGTE ICH!
WO ER DOCH SO HÜBSCH IST!
ABER ALS ICH IHN GEWÜRGT HAB, WURDEN SEINE REAKTIONEN SO LAHM! DAS WAR ÖDE!
NA, WIE IST DAS? IST DAS SCHÖN, HM?
SAG, DASS ES SCHÖN IST!
ES IST SCHÖN!

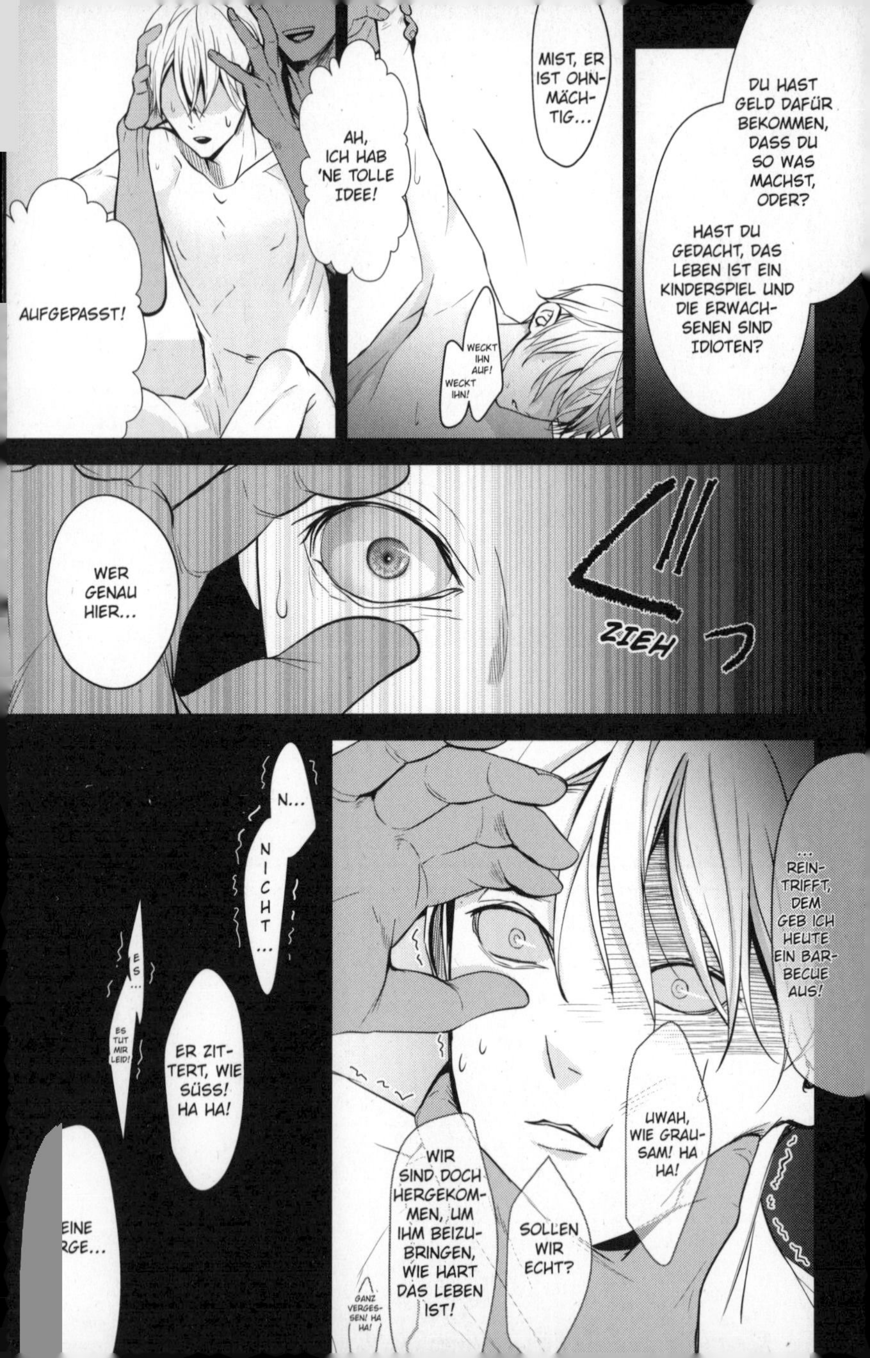

DU HAST GELD DAFÜR BEKOMMEN, DASS DU SO WAS MACHST, ODER?
HAST DU GEDACHT, DAS LEBEN IST EIN KINDERSPIEL UND DIE ERWACHSENEN SIND IDIOTEN?
MIST, ER IST OHNMÄCHTIG…
WECKT IHN AUF! WECKT IHN!
AH, ICH HAB 'NE TOLLE IDEE!
AUFGEPASST!
ZIEH
WER GENAU HIER…
…REINTRIFFT, DEM GEB ICH HEUTE EIN BARBECUE AUS!
UWAH, WIE GRAUSAM! HA HA!
SOLLEN WIR ECHT?
WIR SIND DOCH HERGEKOMMEN, UM IHM BEIZUBRINGEN, WIE HART DAS LEBEN IST!
GANZ VERGESSEN! HA HA!
N… NICHT…
ES… ES TUT MIR LEID!
ER ZITTERT, WIE SÜSS! HA HA!
EINE RGE…

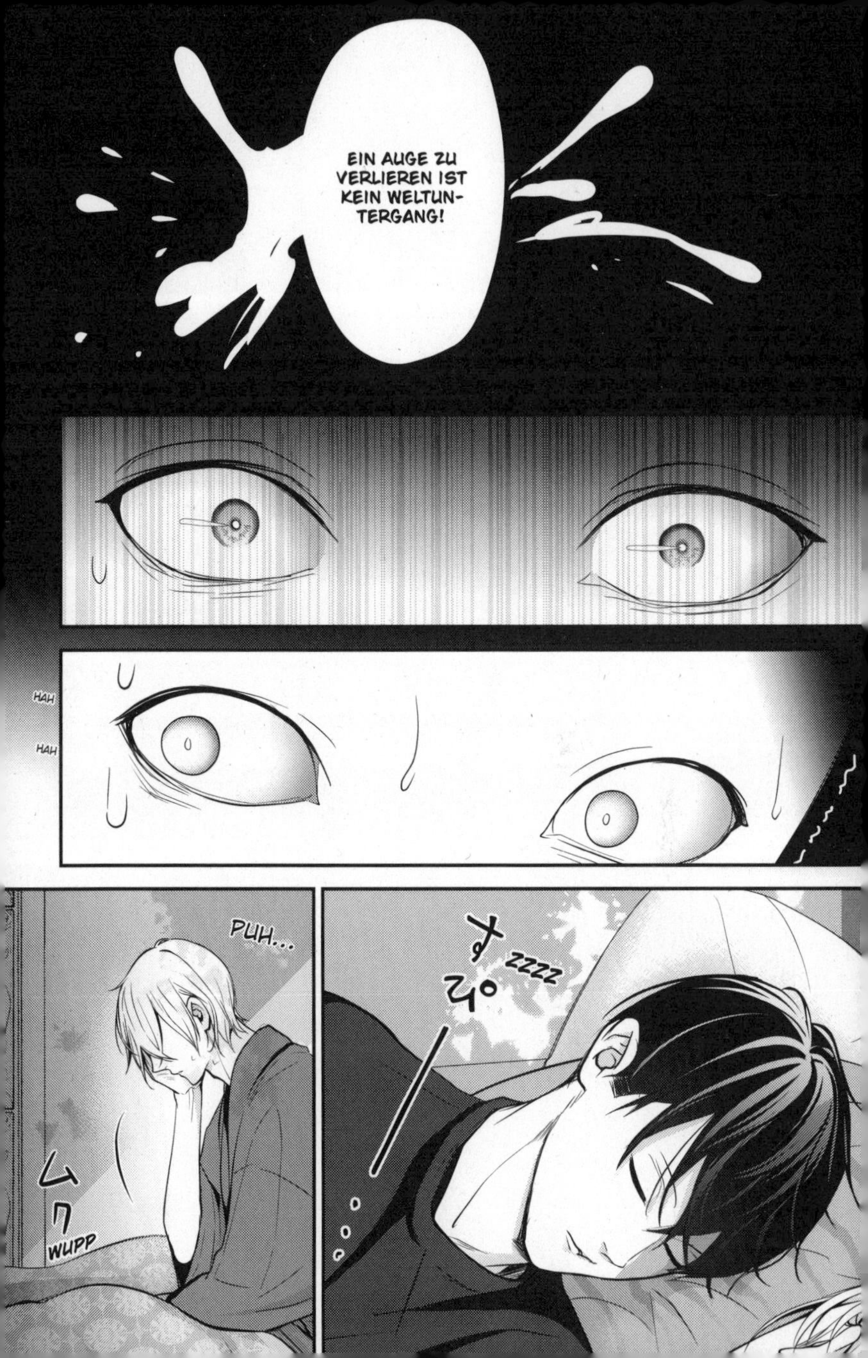
EIN AUGE ZU VERLIEREN IST KEIN WELTUN-TERGANG!
HAH
HAH
PUH...
ムク
WUPP
すぴー
ZZZZ

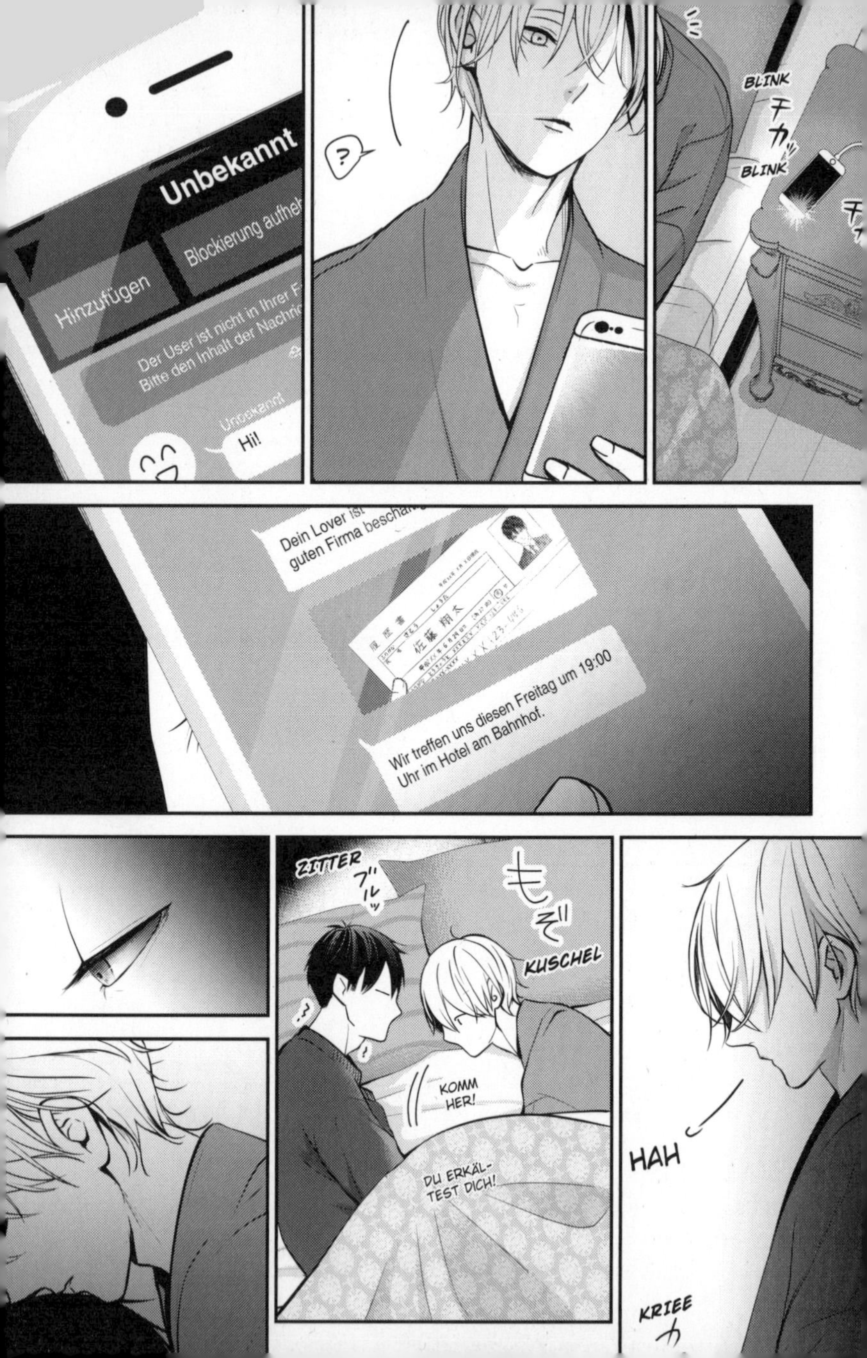
BLINK
チカ
BLINK
チ
?
Unbekannt
Blockierung aufheb
Hinzufügen
Der User ist nicht in Ihrer F
Bitte den Inhalt der Nachric
Unbekannt
Hi!
Dein Lover ist
guten Firma beschä
Wir treffen uns diesen Freitag um 19:00 Uhr im Hotel am Bahnhof.
HAH
KRIEE
カ
もぞ
KUSCHEL
ZITTER
ブルッ
KOMM HER!
DU ERKÄL-TEST DICH!

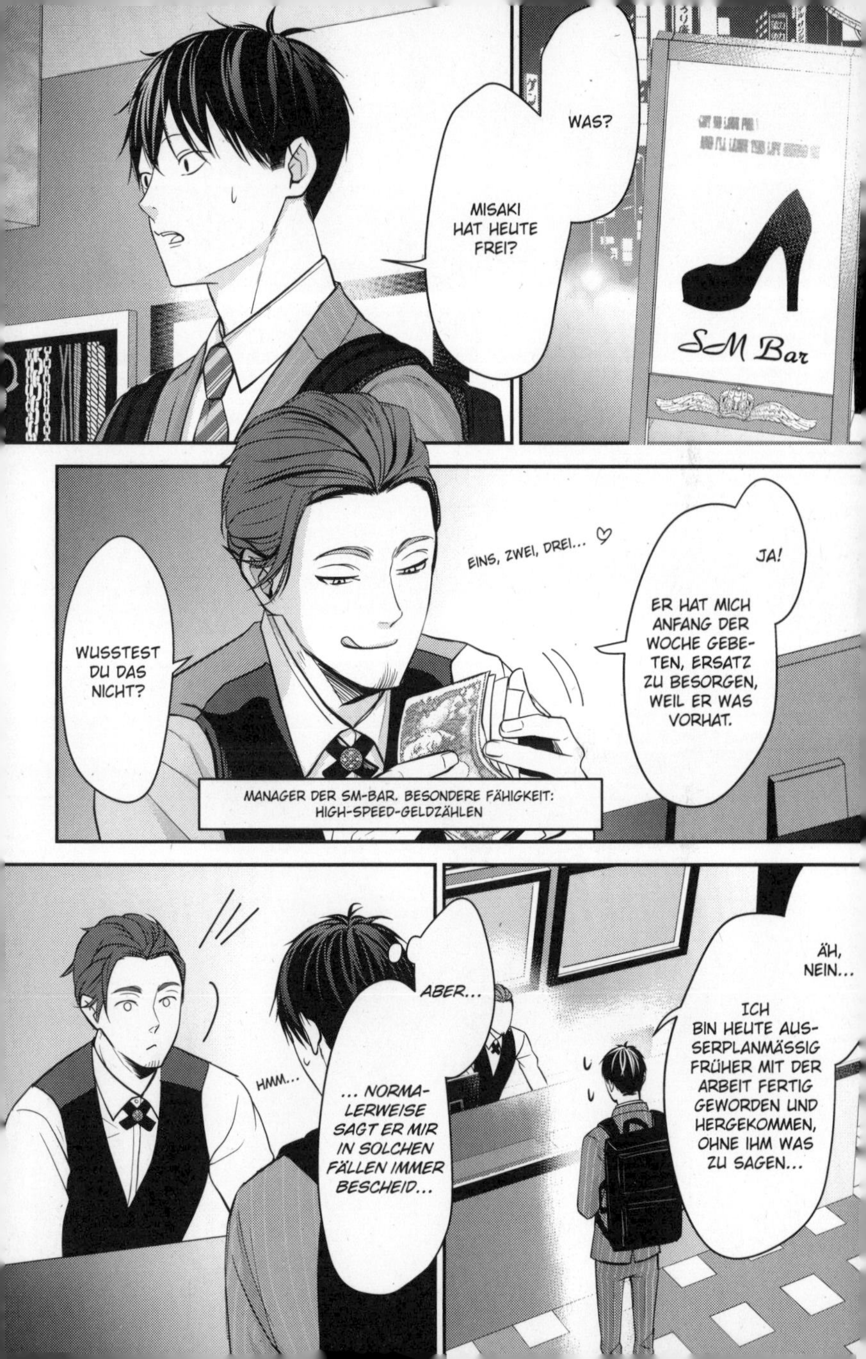

SM Bar
WAS?
MISAKI HAT HEUTE FREI?
JA!
ER HAT MICH ANFANG DER WOCHE GEBETEN, ERSATZ ZU BESORGEN, WEIL ER WAS VORHAT.
EINS, ZWEI, DREI... ♡
WUSSTEST DU DAS NICHT?
MANAGER DER SM-BAR. BESONDERE FÄHIGKEIT: HIGH-SPEED-GELDZÄHLEN
ÄH, NEIN...
ICH BIN HEUTE AUSSERPLANMÄSSIG FRÜHER MIT DER ARBEIT FERTIG GEWORDEN UND HERGEKOMMEN, OHNE IHM WAS ZU SAGEN...
ABER...
... NORMALERWEISE SAGT ER MIR IN SOLCHEN FÄLLEN IMMER BESCHEID...
HMM...

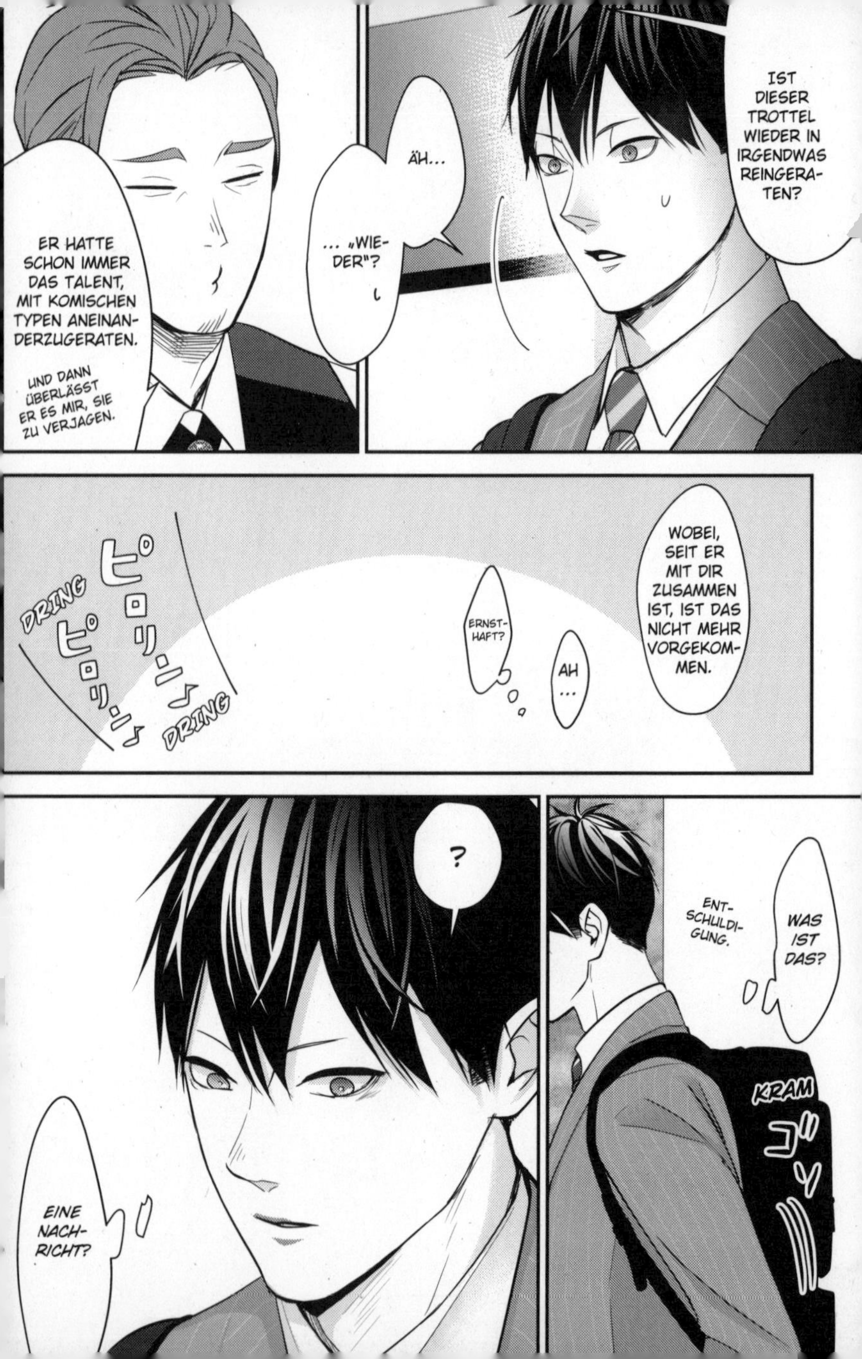
IST DIESER TROTTEL WIEDER IN IRGENDWAS REINGERATEN?
ÄH…
… „WIEDER"?
ER HATTE SCHON IMMER DAS TALENT, MIT KOMISCHEN TYPEN ANEINANDERZUGERATEN.
UND DANN ÜBERLÄSST ER ES MIR, SIE ZU VERJAGEN.
WOBEI, SEIT ER MIT DIR ZUSAMMEN IST, IST DAS NICHT MEHR VORGEKOMMEN.
AH …
ERNSTHAFT?
ピロリン♪ DRING
ピロリン♪ DRING
WAS IST DAS?
ENTSCHULDIGUNG.
KRAM ゴソ
?
EINE NACHRICHT?

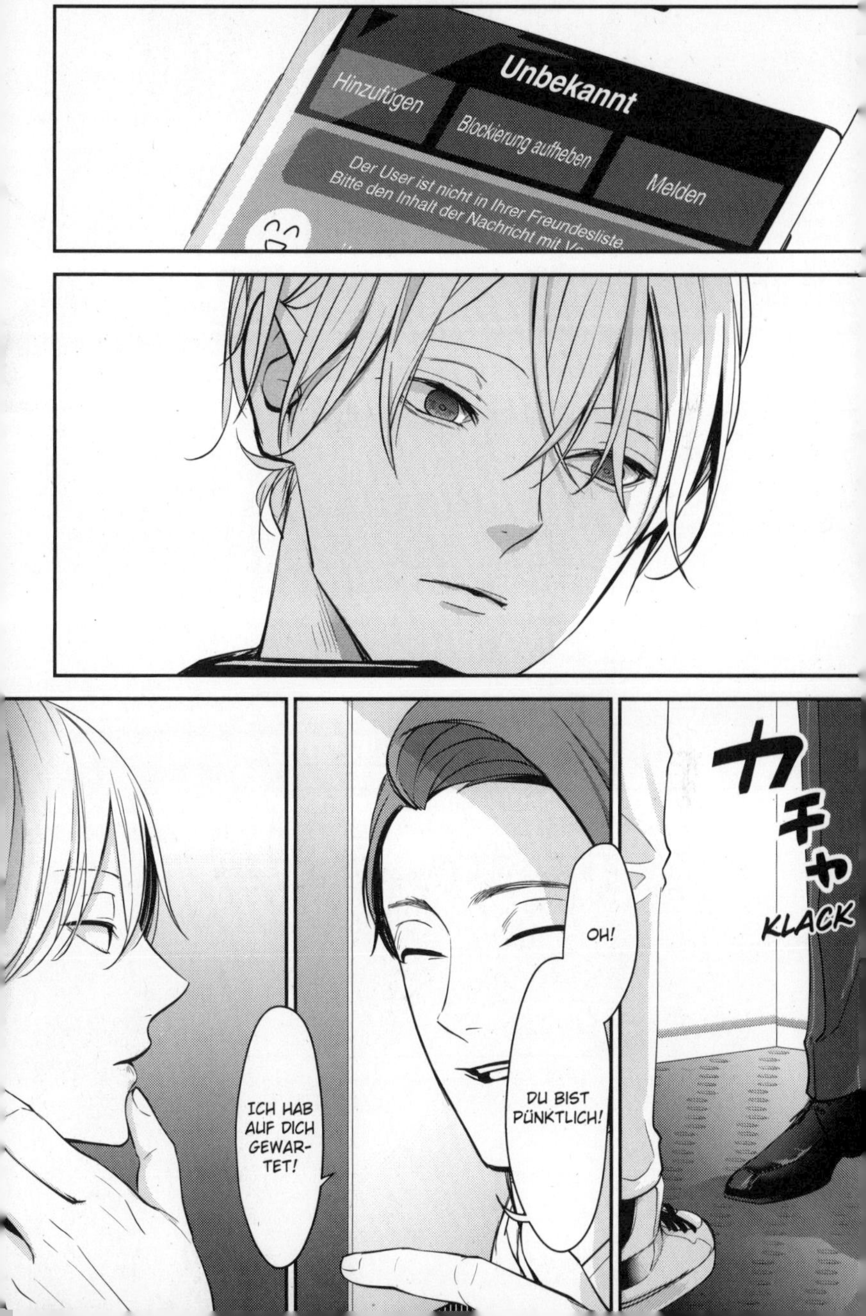
Unbekannt
Hinzufügen
Blockierung aufheben
Melden
Der User ist nicht in Ihrer Freundesliste.
Bitte den Inhalt der Nachricht mit V...
カチャ
KLACK
OH!
DU BIST PÜNKTLICH!
ICH HAB AUF DICH GEWAR-TET!

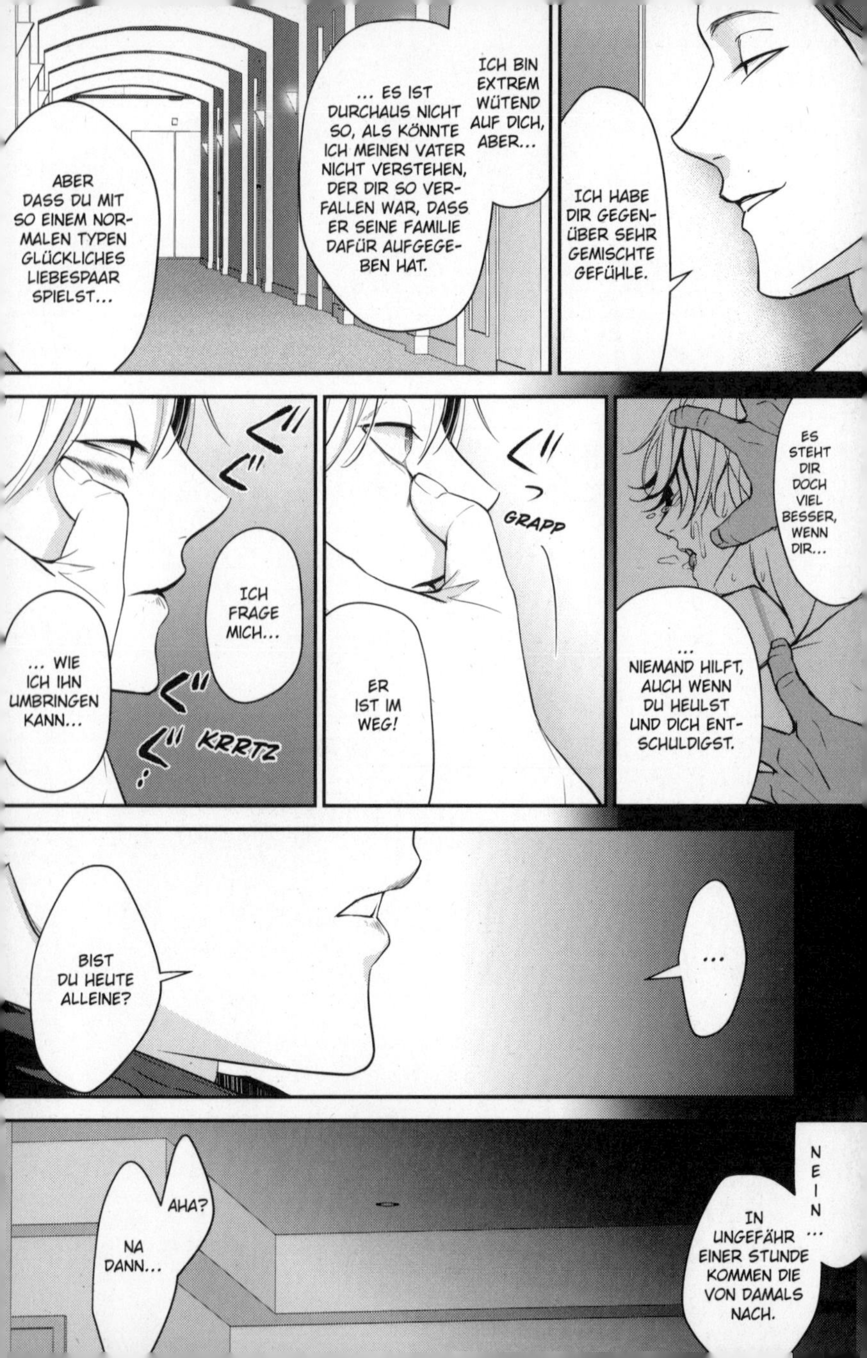
ICH HABE DIR GEGENÜBER SEHR GEMISCHTE GEFÜHLE.
ICH BIN EXTREM WÜTEND AUF DICH, ABER...
... ES IST DURCHAUS NICHT SO, ALS KÖNNTE ICH MEINEN VATER NICHT VERSTEHEN, DER DIR SO VERFALLEN WAR, DASS ER SEINE FAMILIE DAFÜR AUFGEGEBEN HAT.
ABER DASS DU MIT SO EINEM NORMALEN TYPEN GLÜCKLICHES LIEBESPAAR SPIELST...
ES STEHT DIR DOCH VIEL BESSER, WENN DIR...
... NIEMAND HILFT, AUCH WENN DU HEULST UND DICH ENTSCHULDIGST.
GRAPP
ER IST IM WEG!
ICH FRAGE MICH...
... WIE ICH IHN UMBRINGEN KANN...
KRRTZ
...
BIST DU HEUTE ALLEINE?
NEIN...
IN UNGEFÄHR EINER STUNDE KOMMEN DIE VON DAMALS NACH.
AHA?
NA DANN...

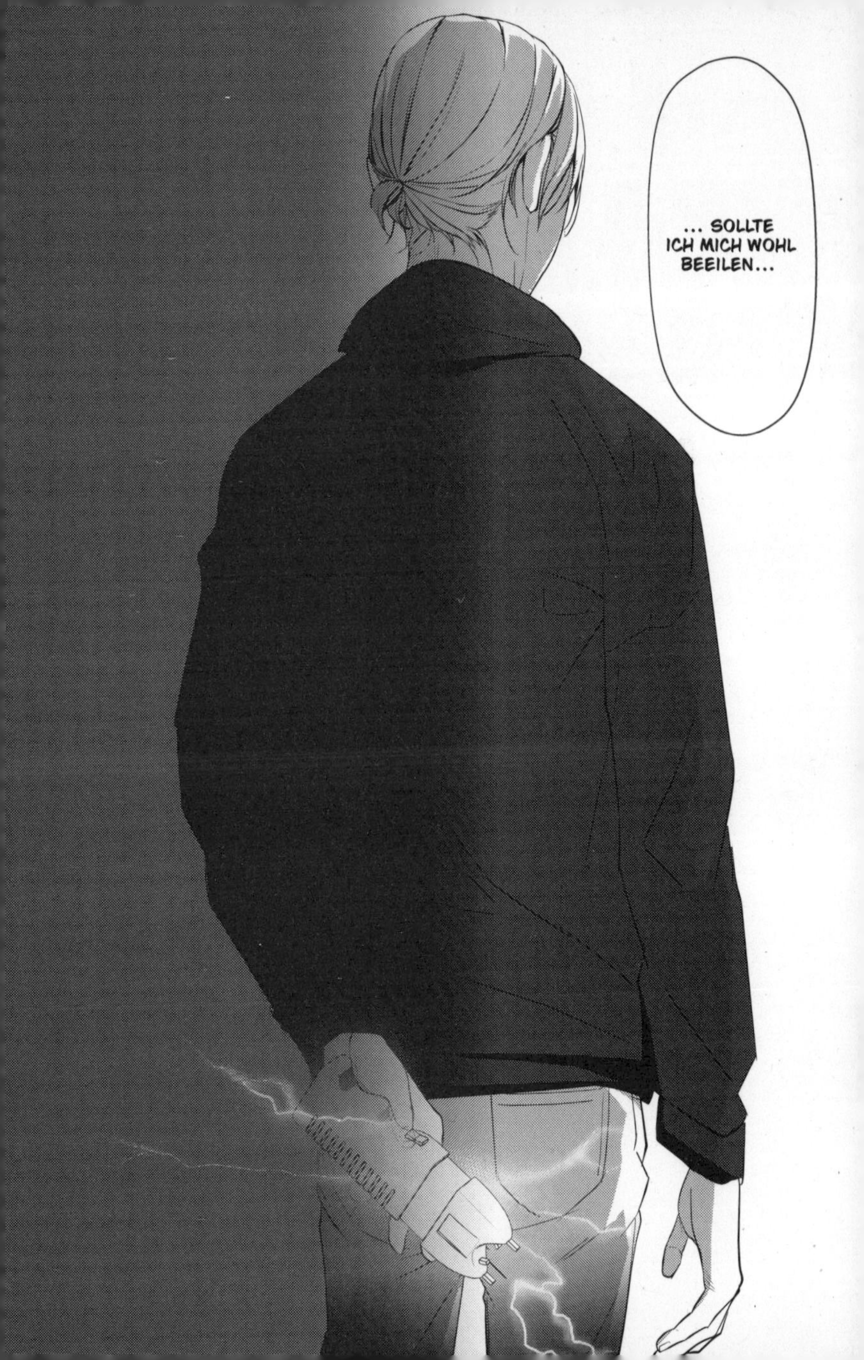
... SOLLTE ICH MICH WOHL BEEILEN...

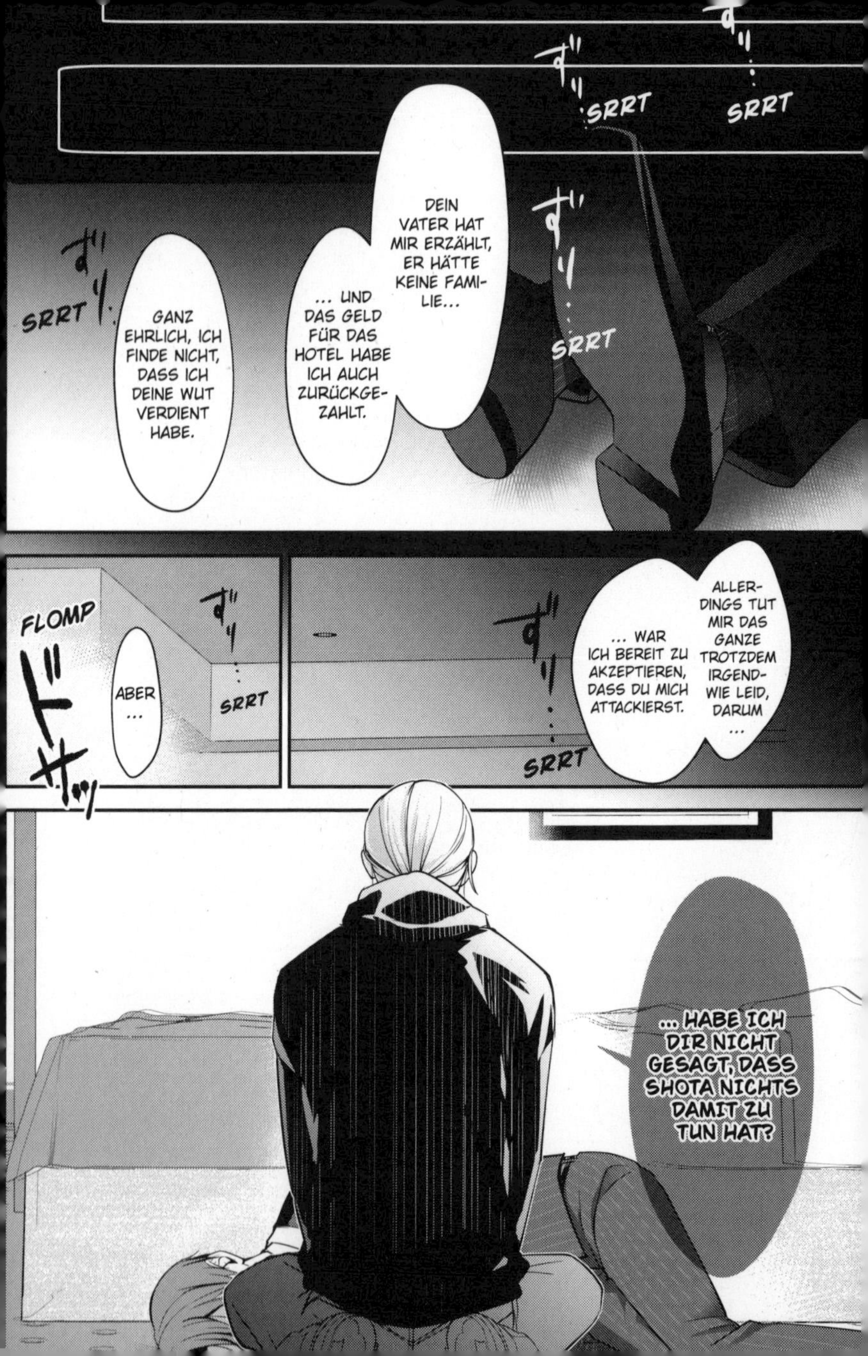
SRRT
SRRT
DEIN VATER HAT MIR ERZÄHLT, ER HÄTTE KEINE FAMI-LIE…
… UND DAS GELD FÜR DAS HOTEL HABE ICH AUCH ZURÜCKGE-ZAHLT.
SRRT
GANZ EHRLICH, ICH FINDE NICHT, DASS ICH DEINE WUT VERDIENT HABE.
SRRT
ALLER-DINGS TUT MIR DAS GANZE TROTZDEM IRGEND-WIE LEID, DARUM …
… WAR ICH BEREIT ZU AKZEPTIEREN, DASS DU MICH ATTACKIERST.
SRRT
SRRT
ABER …
FLOMP
… HABE ICH DIR NICHT GESAGT, DASS SHOTA NICHTS DAMIT ZU TUN HAT?

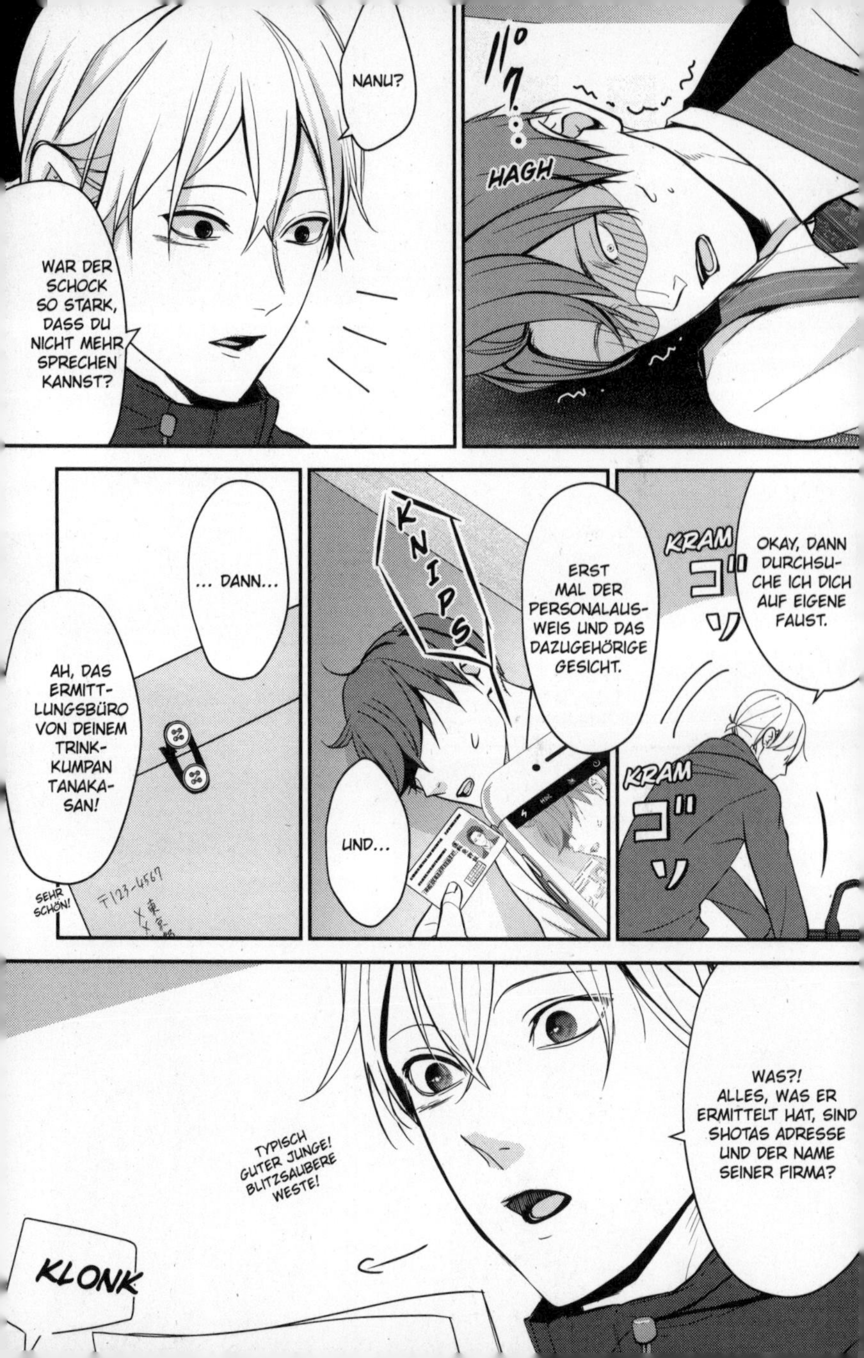
HAGH
NANU?
WAR DER SCHOCK SO STARK, DASS DU NICHT MEHR SPRECHEN KANNST?
KRAM
OKAY, DANN DURCHSUCHE ICH DICH AUF EIGENE FAUST.
KRAM
ERST MAL DER PERSONALAUSWEIS UND DAS DAZUGEHÖRIGE GESICHT.
KNIPS
UND…
… DANN…
AH, DAS ERMITTLUNGSBÜRO VON DEINEM TRINKKUMPAN TANAKA-SAN!
SEHR SCHÖN!
WAS?! ALLES, WAS ER ERMITTELT HAT, SIND SHOTAS ADRESSE UND DER NAME SEINER FIRMA?
TYPISCH GUTER JUNGE! BLITZSAUBERE WESTE!
KLONK

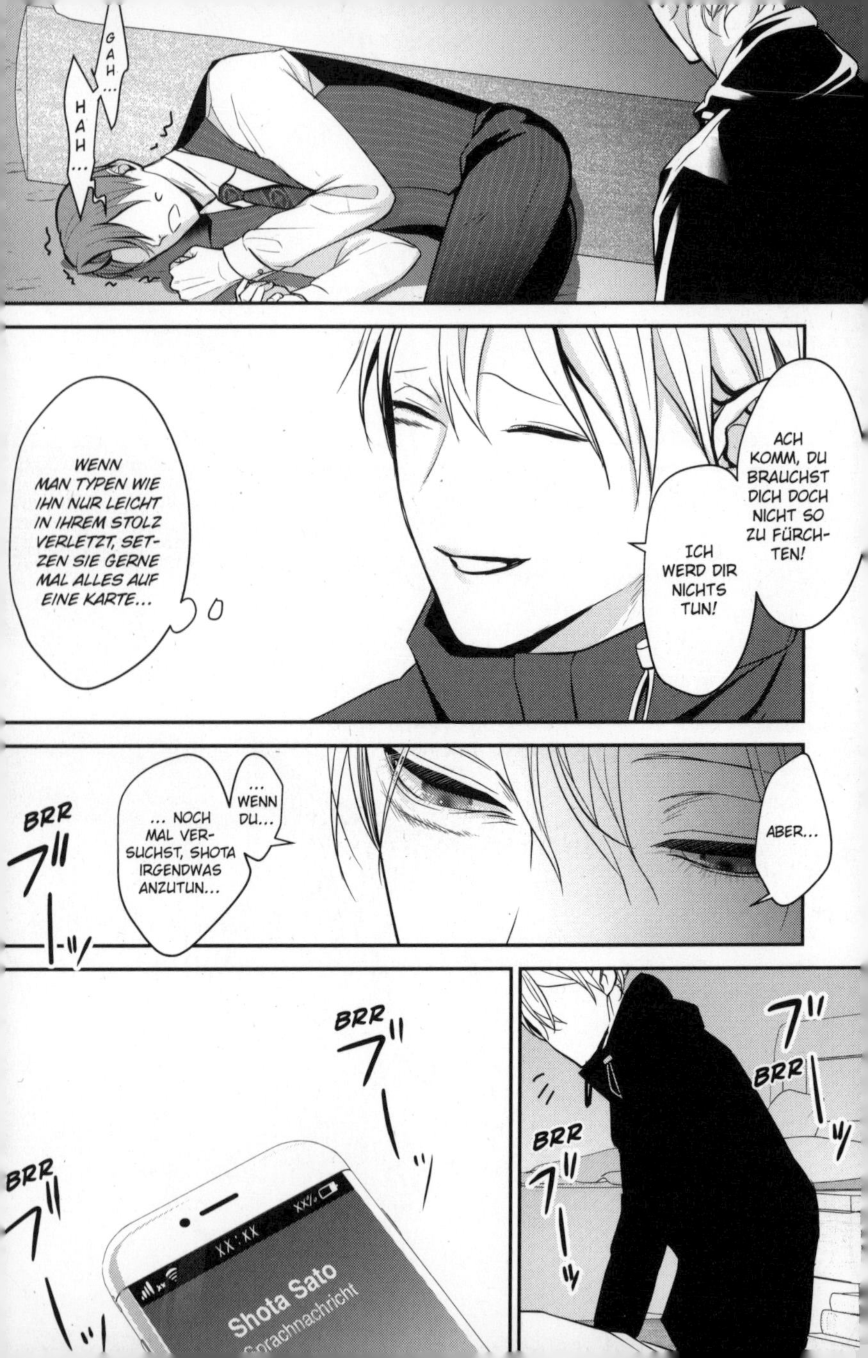
GAH...
HAH...
ACH KOMM, DU BRAUCHST DICH DOCH NICHT SO ZU FÜRCH-TEN!
ICH WERD DIR NICHTS TUN!
WENN MAN TYPEN WIE IHN NUR LEICHT IN IHREM STOLZ VERLETZT, SET-ZEN SIE GERNE MAL ALLES AUF EINE KARTE...
ABER...
... WENN DU...
... NOCH MAL VER-SUCHST, SHOTA IRGENDWAS ANZUTUN...
BRR
BRR
BRR
BRR
BRR
XX:XX
XX%
Shota Sato
Sprachnachricht

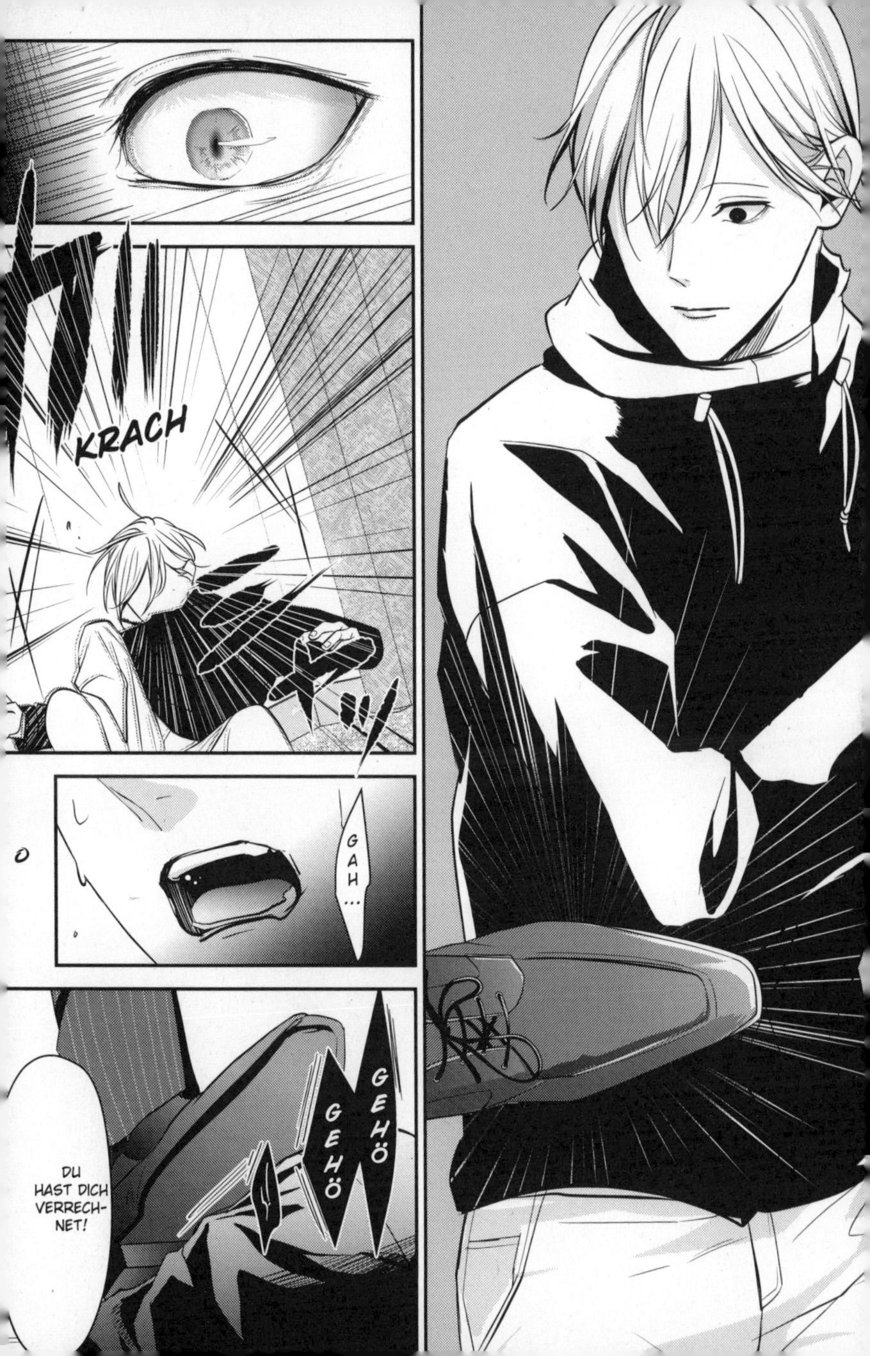
KRACH
GAH ...
GEHÖ GEHÖ
DU HAST DICH VERRECH-NET!

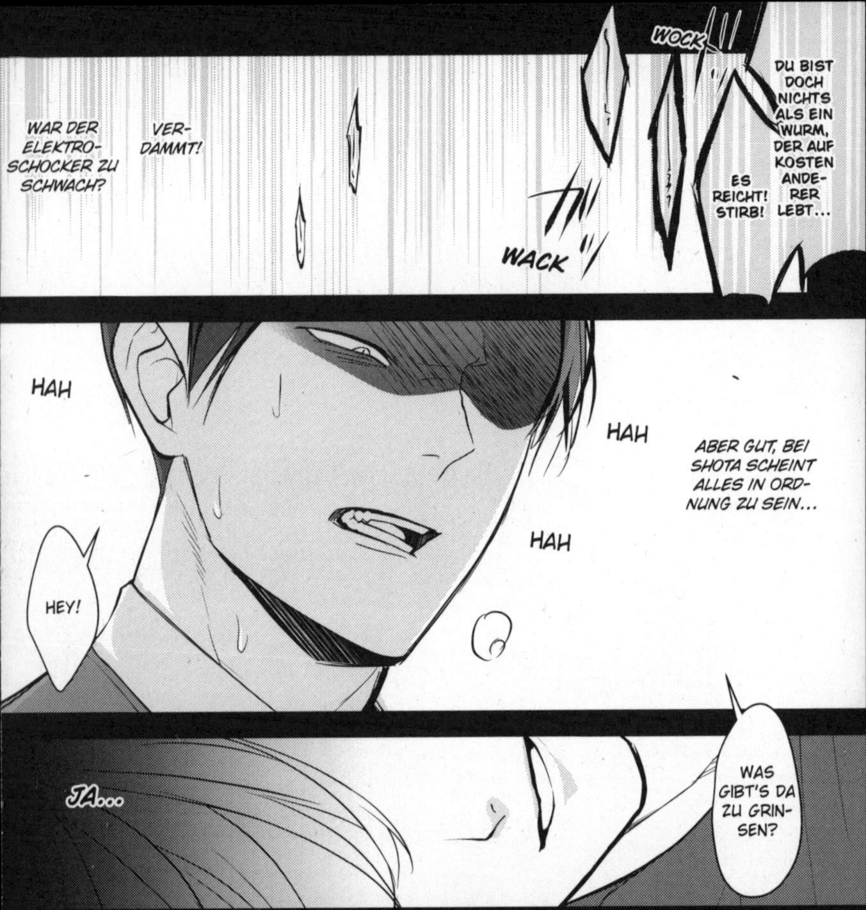
WOCK
DU BIST DOCH NICHTS ALS EIN WURM, DER AUF KOSTEN ANDERER LEBT…
ES REICHT! STIRB!
WACK
VER-DAMMT!
WAR DER ELEKTRO-SCHOCKER ZU SCHWACH?
ABER GUT, BEI SHOTA SCHEINT ALLES IN ORDNUNG ZU SEIN…
HAH
HAH
HAH
HEY!
WAS GIBT'S DA ZU GRINSEN?
JA…

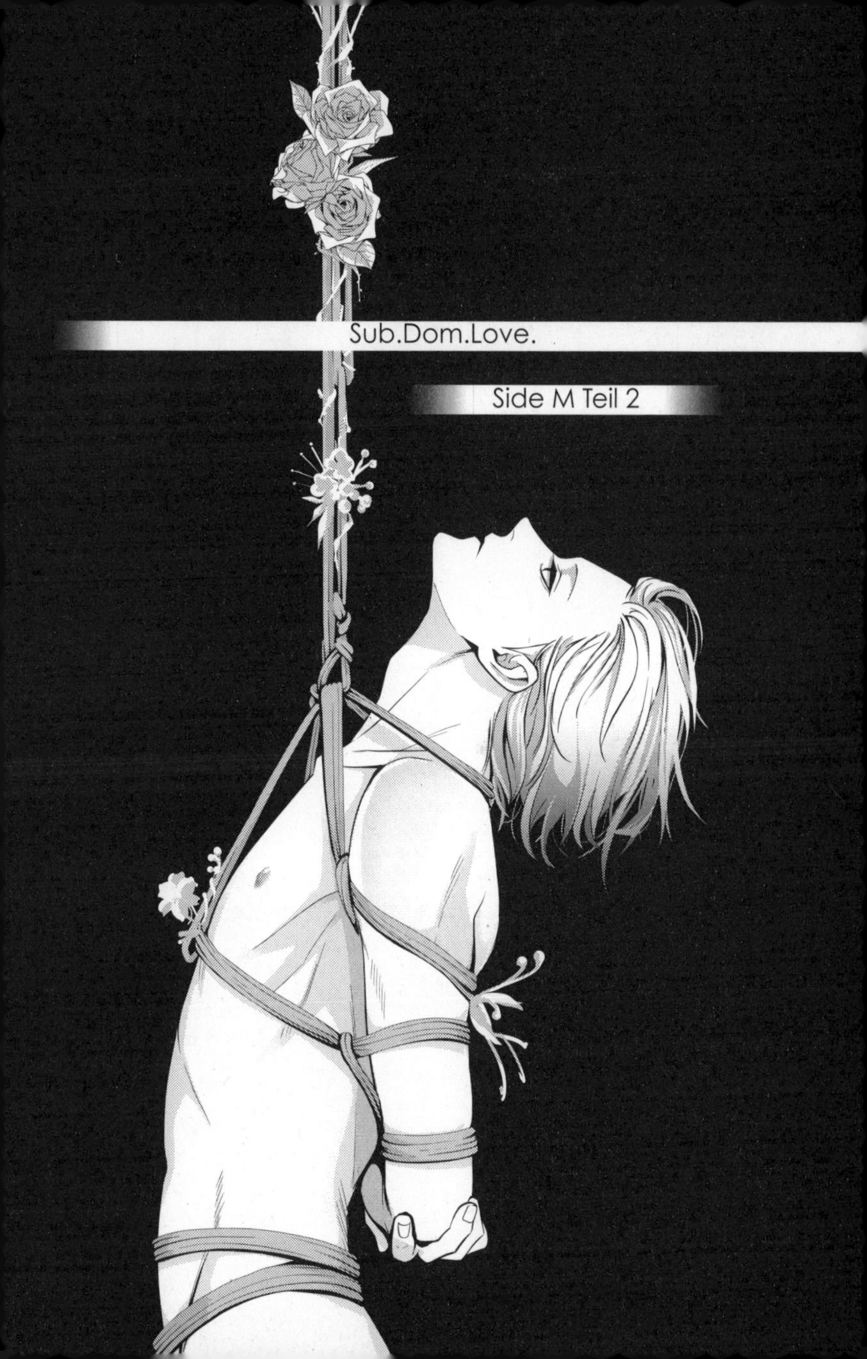
Sub.Dom.Love.
Side M Teil 2

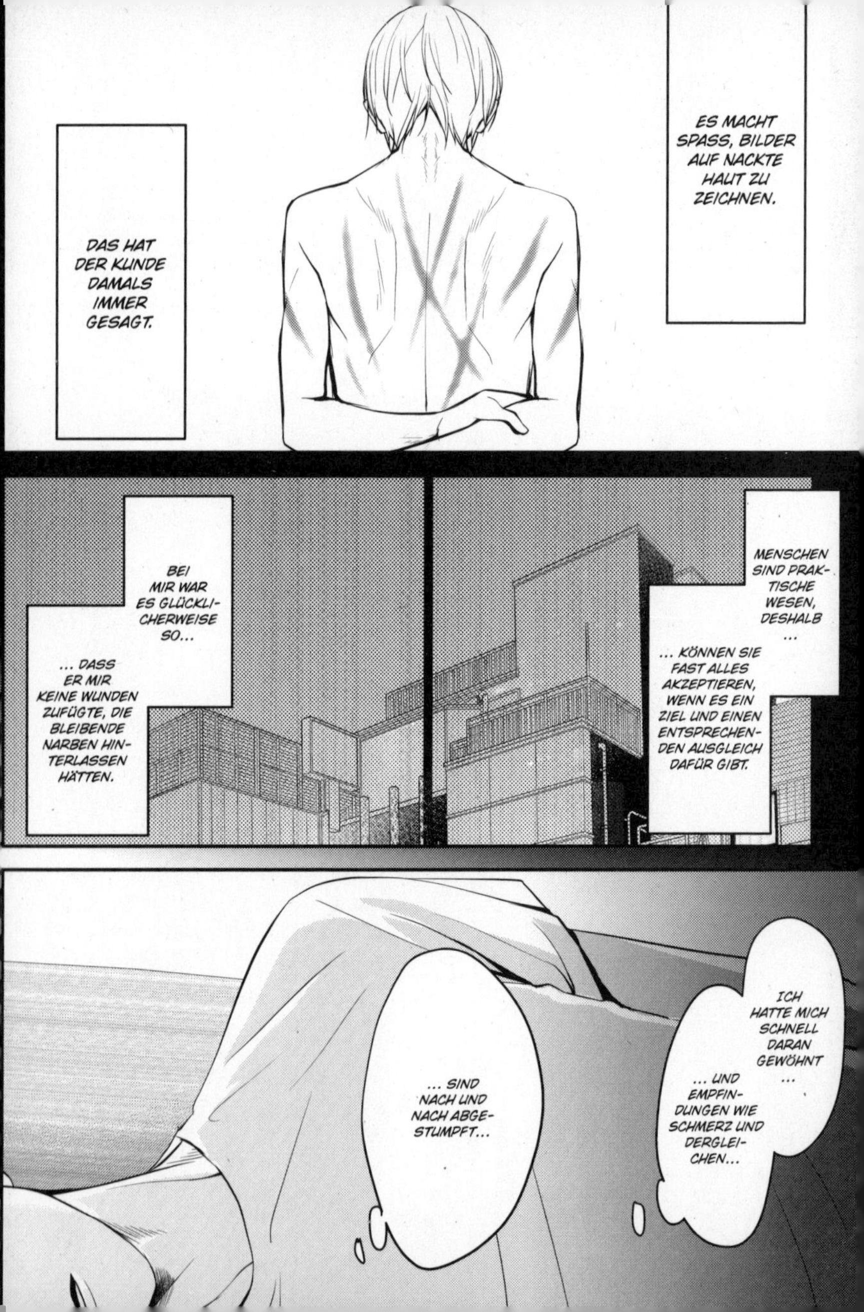
ES MACHT SPASS, BILDER AUF NACKTE HAUT ZU ZEICHNEN.
DAS HAT DER KUNDE DAMALS IMMER GESAGT.
MENSCHEN SIND PRAKTISCHE WESEN, DESHALB ...
... KÖNNEN SIE FAST ALLES AKZEPTIEREN, WENN ES EIN ZIEL UND EINEN ENTSPRECHENDEN AUSGLEICH DAFÜR GIBT.
BEI MIR WAR ES GLÜCKLICHERWEISE SO...
... DASS ER MIR KEINE WUNDEN ZUFÜGTE, DIE BLEIBENDE NARBEN HINTERLASSEN HÄTTEN.
ICH HATTE MICH SCHNELL DARAN GEWÖHNT ...
... UND EMPFINDUNGEN WIE SCHMERZ UND DERGLEICHEN...
... SIND NACH UND NACH ABGESTUMPFT...

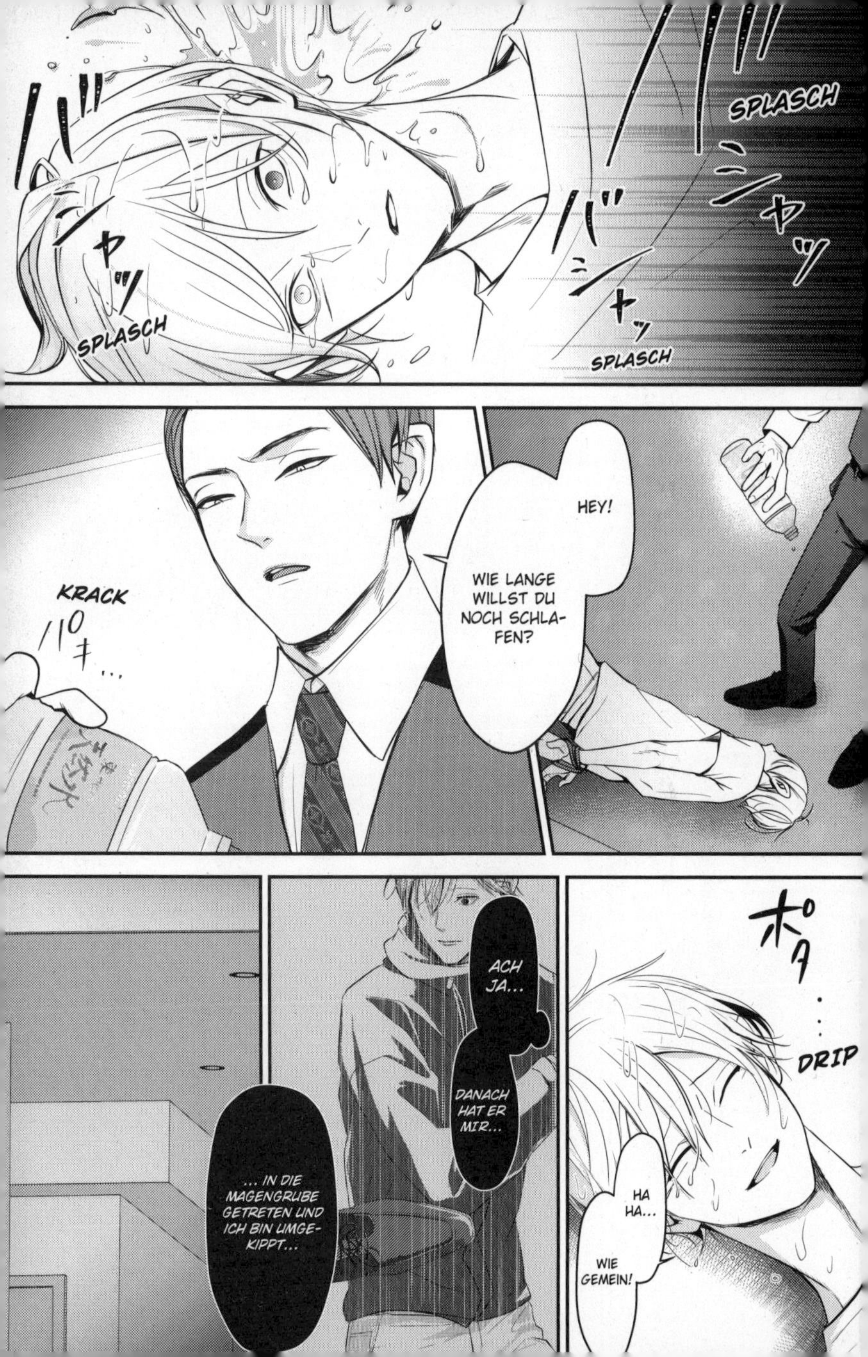

SPLASCH
SPLASCH
SPLASCH
HEY!
WIE LANGE WILLST DU NOCH SCHLAFEN?
KRACK
DRIP
HA HA...
WIE GEMEIN!
ACH JA...
DANACH HAT ER MIR...
... IN DIE MAGENGRUBE GETRETEN UND ICH BIN UMGEKIPPT...

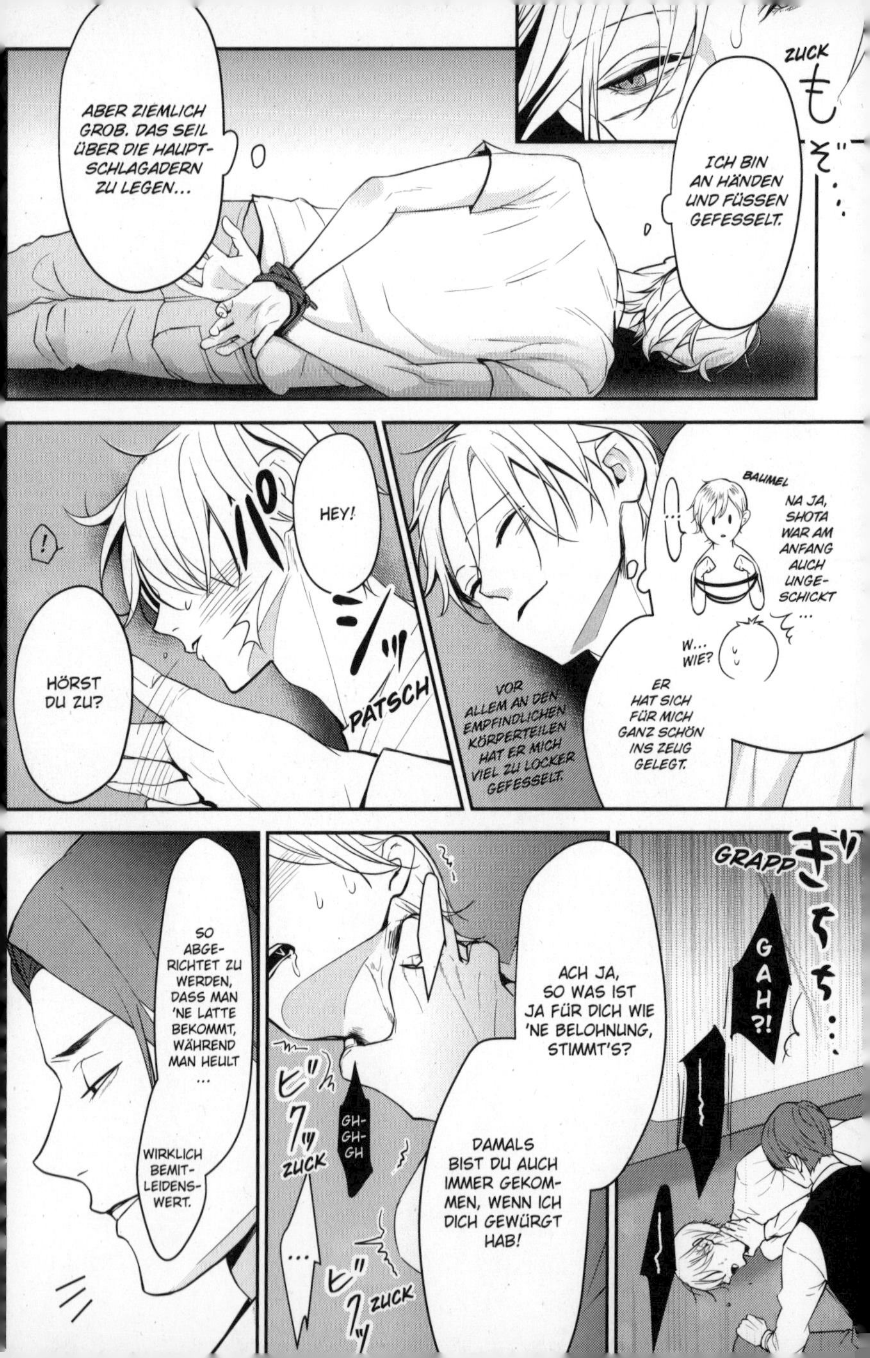
ZUCK
ICH BIN AN HÄNDEN UND FÜSSEN GEFESSELT.
ABER ZIEMLICH GROB. DAS SEIL ÜBER DIE HAUPT-SCHLAGADERN ZU LEGEN…
BAUMEL
NA JA, SHOTA WAR AM ANFANG AUCH UNGE-SCHICKT …
W… WIE?
ER HAT SICH FÜR MICH GANZ SCHÖN INS ZEUG GELEGT.
VOR ALLEM AN DEN EMPFINDLICHEN KÖRPERTEILEN HAT ER MICH VIEL ZU LOCKER GEFESSELT.
HEY!
PATSCH
HÖRST DU ZU?
GRAPP
GAH?!
ACH JA, SO WAS IST JA FÜR DICH WIE 'NE BELOHNUNG, STIMMT'S?
DAMALS BIST DU AUCH IMMER GEKOM-MEN, WENN ICH DICH GEWÜRGT HAB!
GH-GH-GH
ZUCK
ZUCK
SO ABGE-RICHTET ZU WERDEN, DASS MAN 'NE LATTE BEKOMMT, WÄHREND MAN HEULT …
WIRKLICH BEMIT-LEIDENS-WERT.

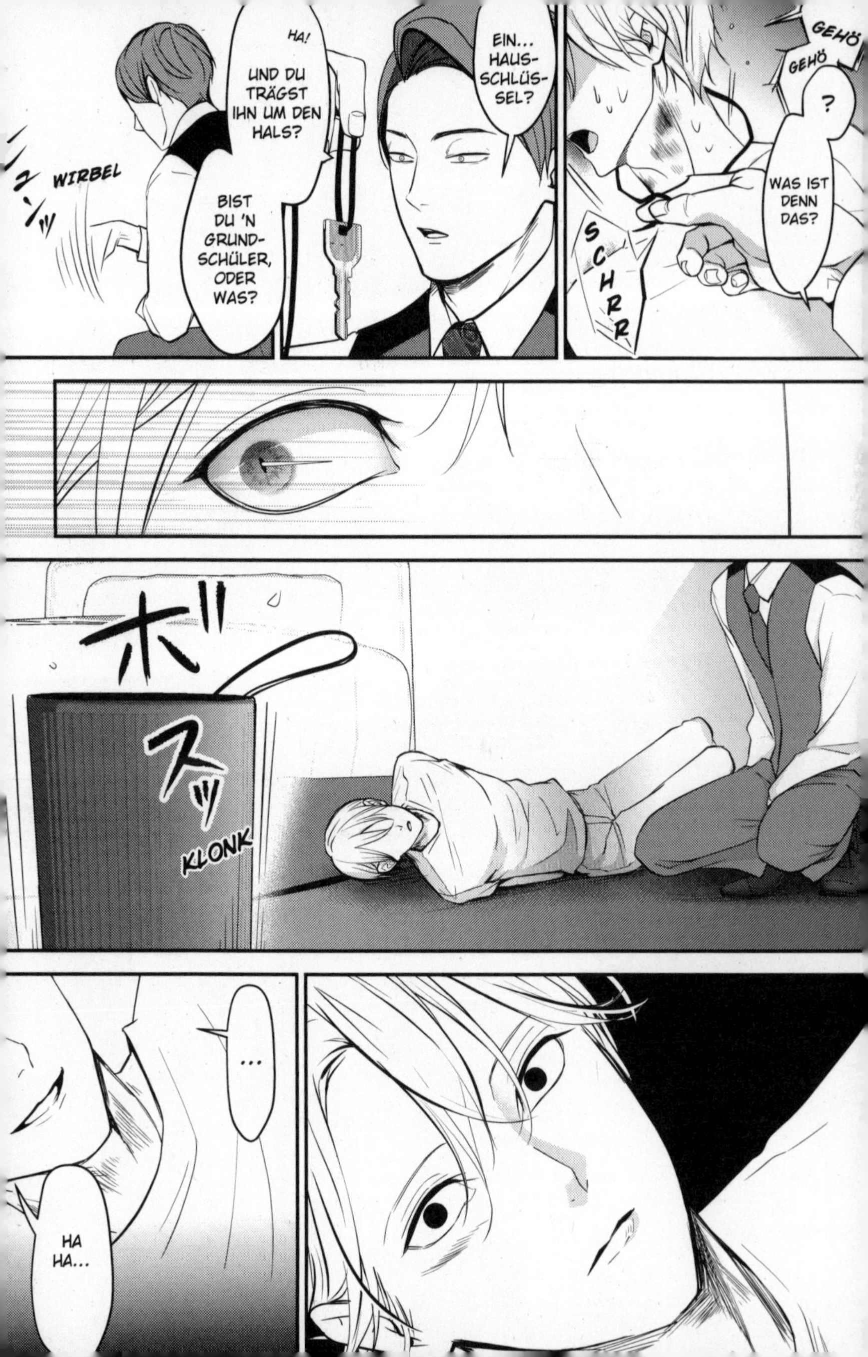
GEHÖ
GEHÖ
?
WAS IST DENN DAS?
SCHRR
EIN... HAUS-SCHLÜS-SEL?
HA!
UND DU TRÄGST IHN UM DEN HALS?
BIST DU 'N GRUND-SCHÜLER, ODER WAS?
WIRBEL
KLONK
...
HA HA...

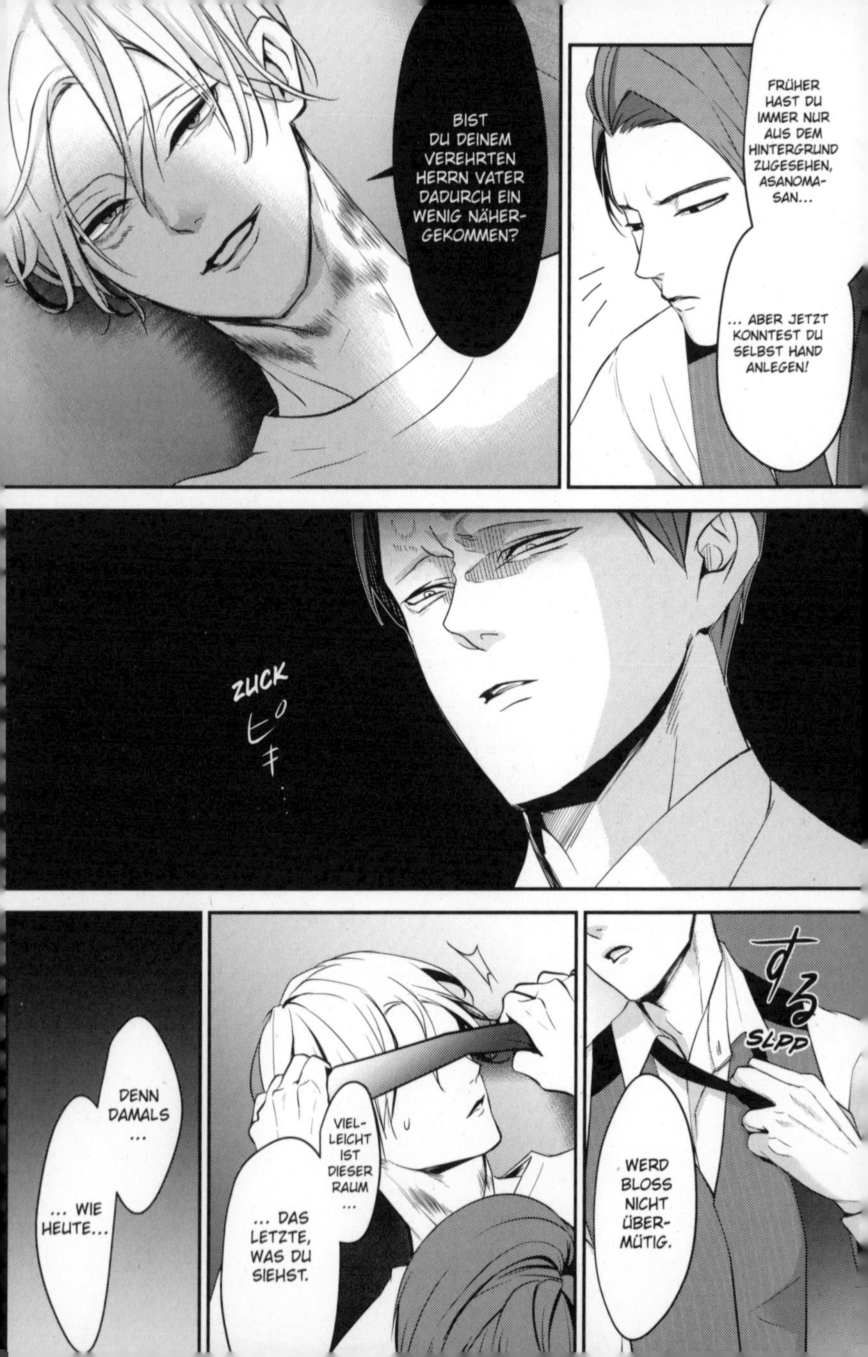
FRÜHER HAST DU IMMER NUR AUS DEM HINTERGRUND ZUGESEHEN, ASANOMA-SAN…
… ABER JETZT KONNTEST DU SELBST HAND ANLEGEN!
BIST DU DEINEM VEREHRTEN HERRN VATER DADURCH EIN WENIG NÄHER-GEKOMMEN?
ZUCK
ピクッ
する
SLPP
WERD BLOSS NICHT ÜBER-MÜTIG.
VIEL-LEICHT IST DIESER RAUM …
… DAS LETZTE, WAS DU SIEHST.
DENN DAMALS …
… WIE HEUTE…

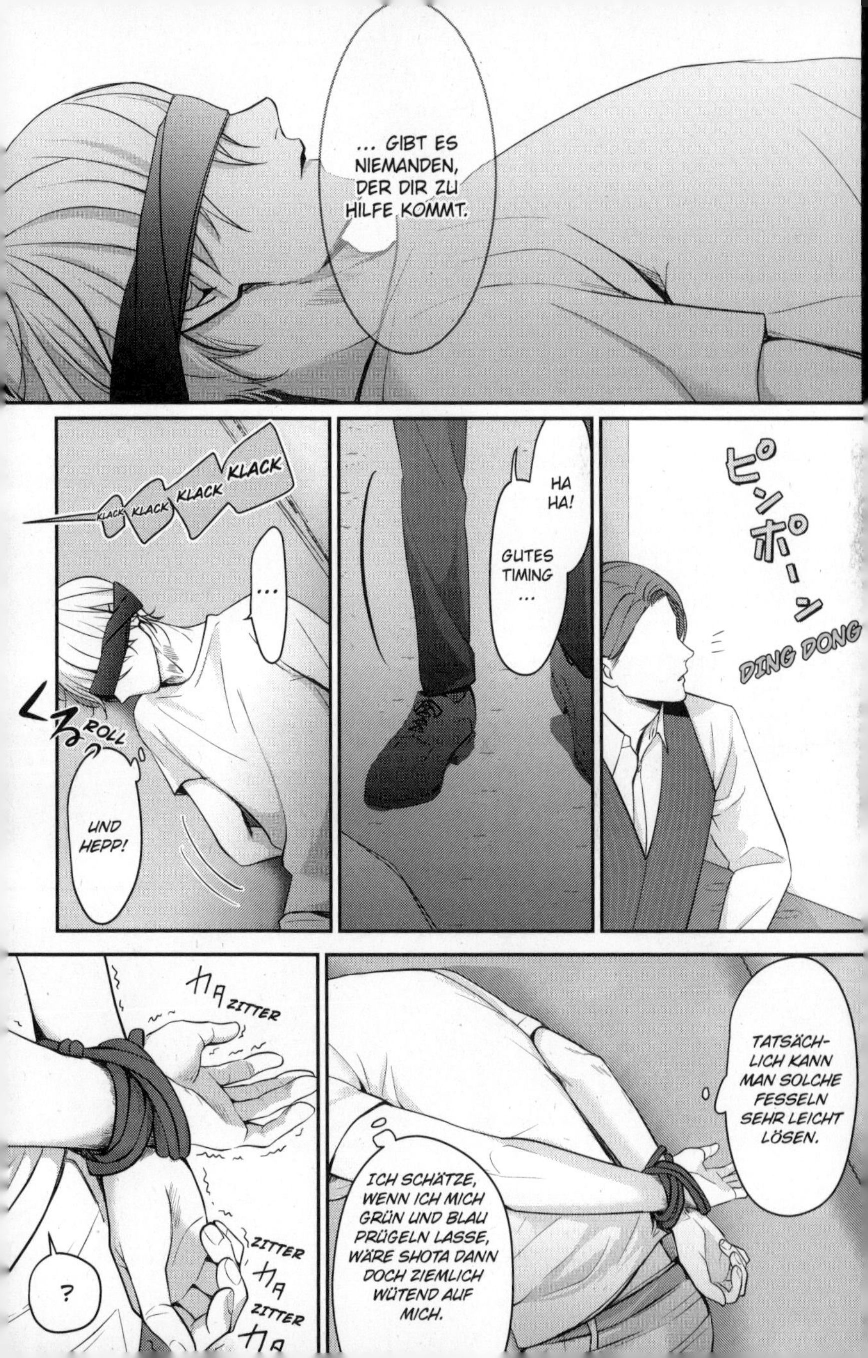
... GIBT ES NIEMANDEN, DER DIR ZU HILFE KOMMT.
ピンポーン
DING DONG
HA HA!
GUTES TIMING ...
KLACK KLACK KLACK KLACK
...
くるっ
ROLL
UND HEPP!
TATSÄCH-LICH KANN MAN SOLCHE FESSELN SEHR LEICHT LÖSEN.
ICH SCHÄTZE, WENN ICH MICH GRÜN UND BLAU PRÜGELN LASSE, WÄRE SHOTA DANN DOCH ZIEMLICH WÜTEND AUF MICH.
カタ
ZITTER
ZITTER
カタ
ZITTER
カタ
?

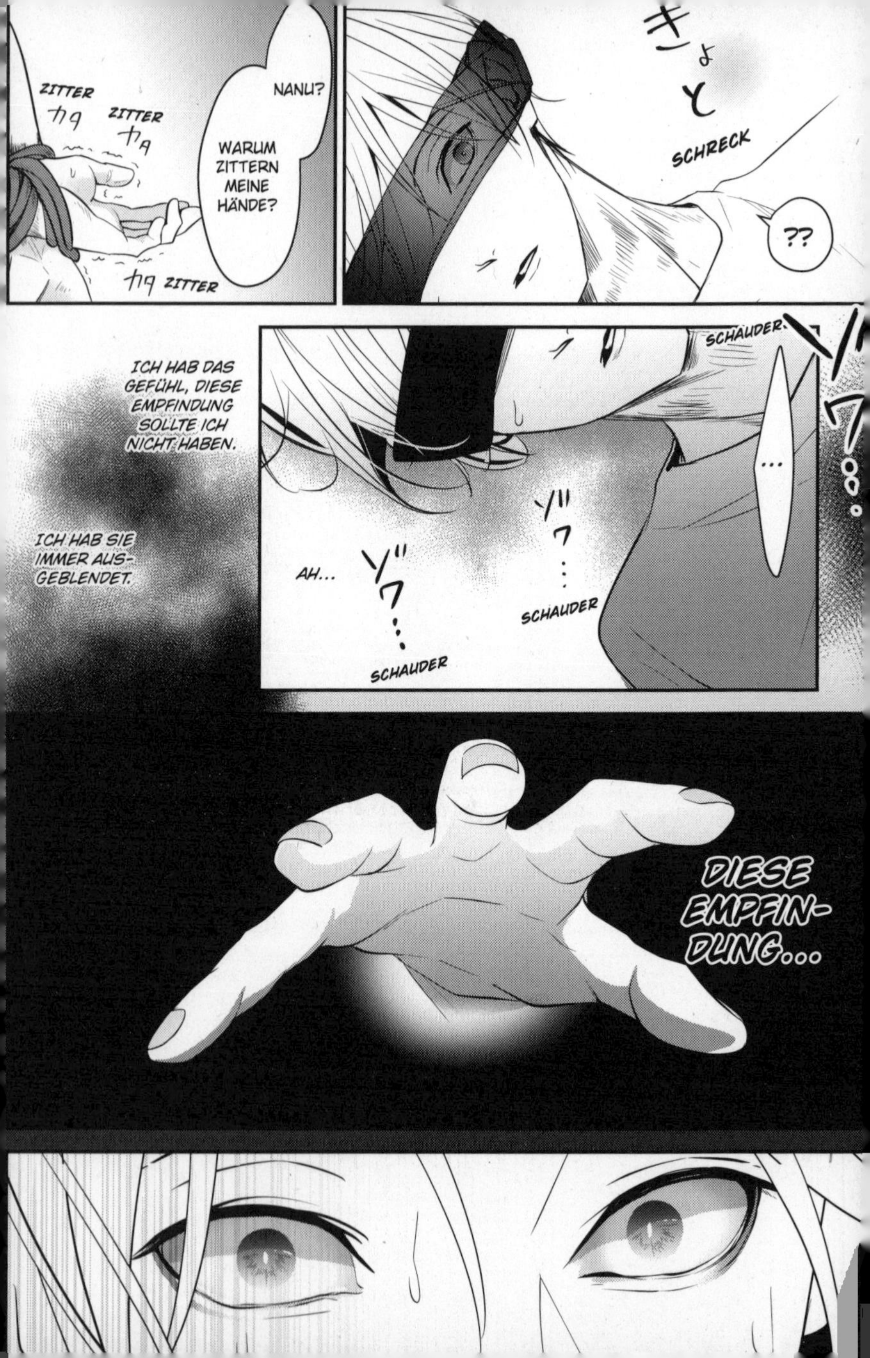

きょと
SCHRECK
??
NANU?
WARUM ZITTERN MEINE HÄNDE?
ZITTER
カタ
ZITTER
カタ
カタ ZITTER
SCHAUDER
...
ICH HAB DAS GEFÜHL, DIESE EMPFINDUNG SOLLTE ICH NICHT HABEN.
ゾク
SCHAUDER
AH...
ゾク
SCHAUDER
ICH HAB SIE IMMER AUS-GEBLENDET.
DIESE EMPFIN-DUNG...

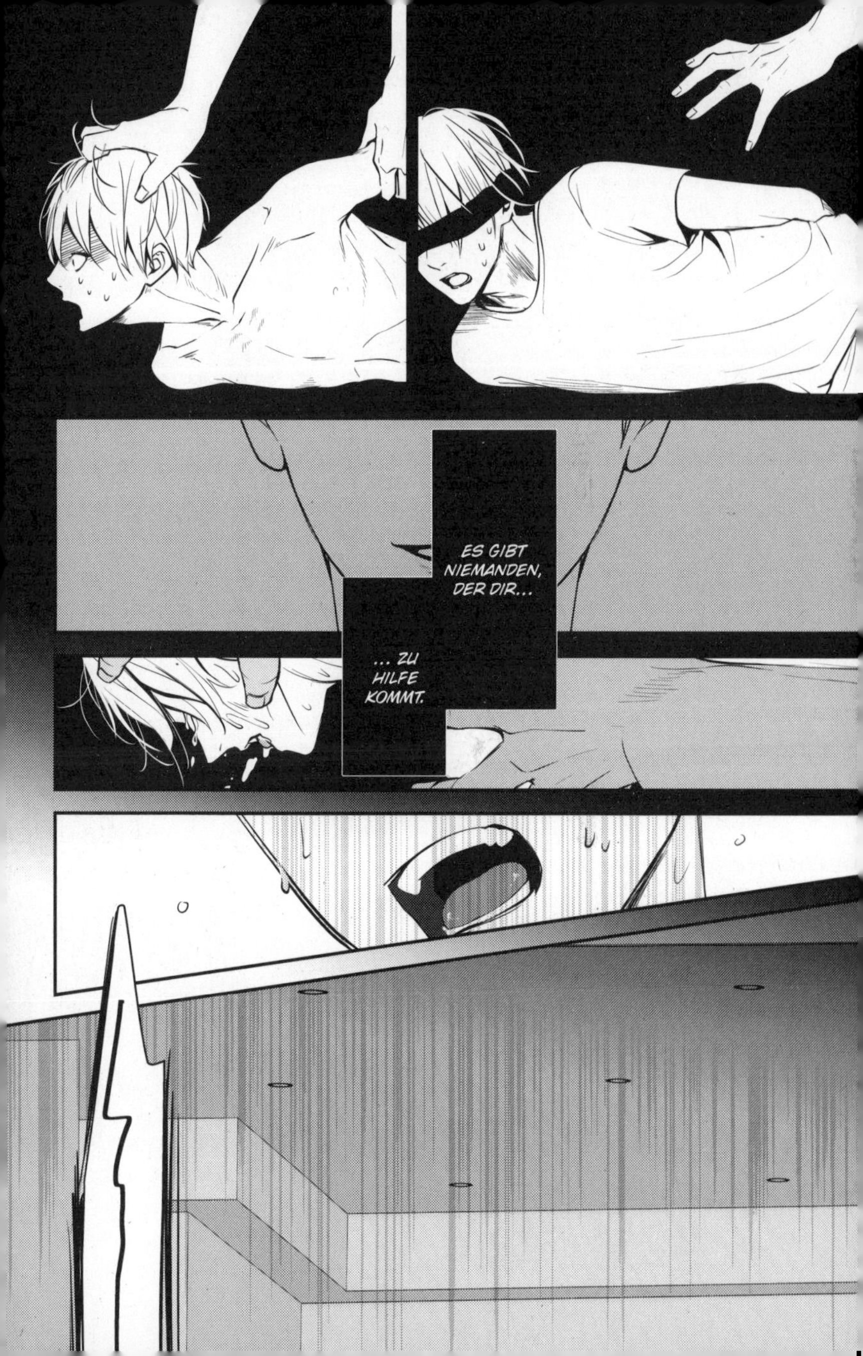
ES GIBT NIEMANDEN, DER DIR…
… ZU HILFE KOMMT.

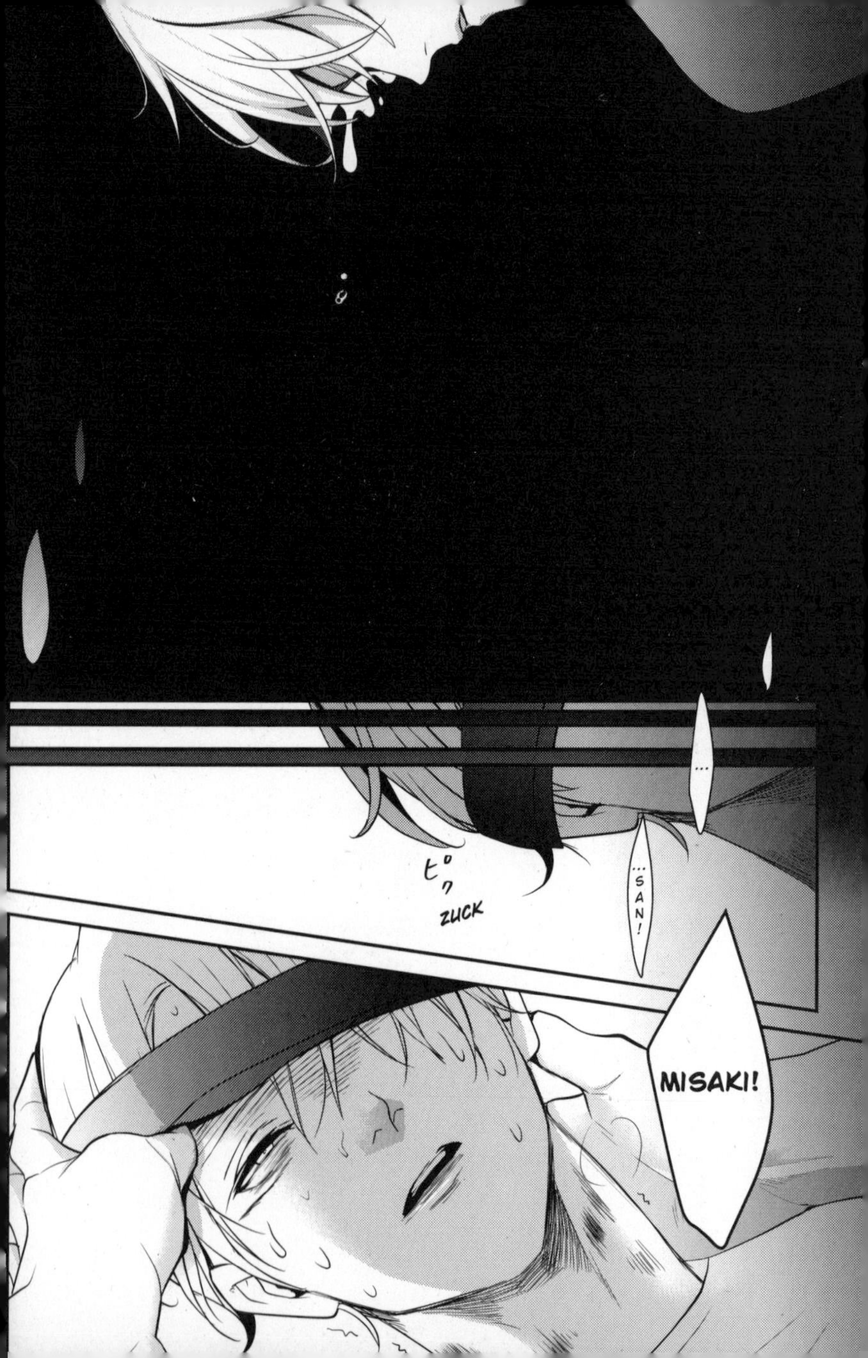
...
...SAN!
ピク
ZUCK
MISAKI!

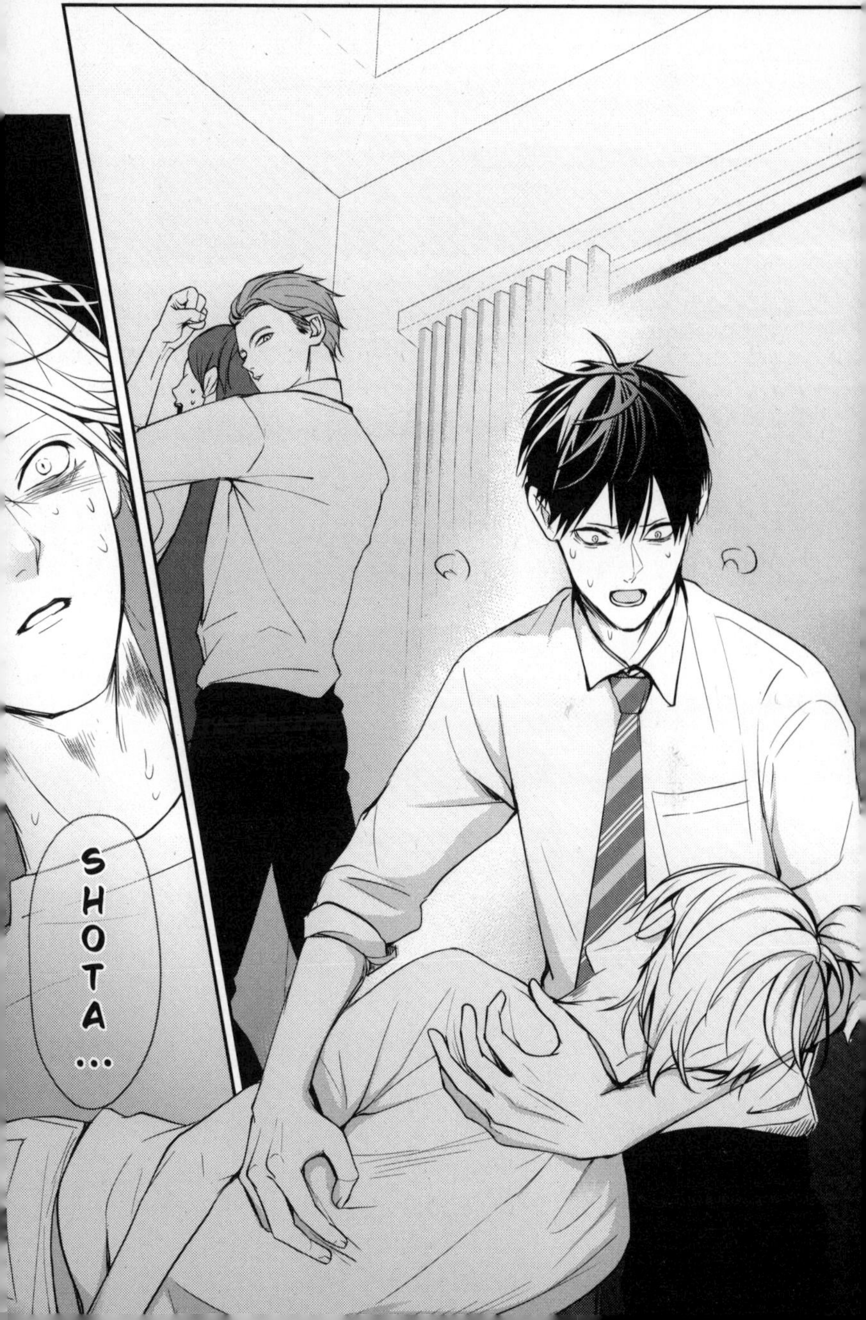
SHOTA ...

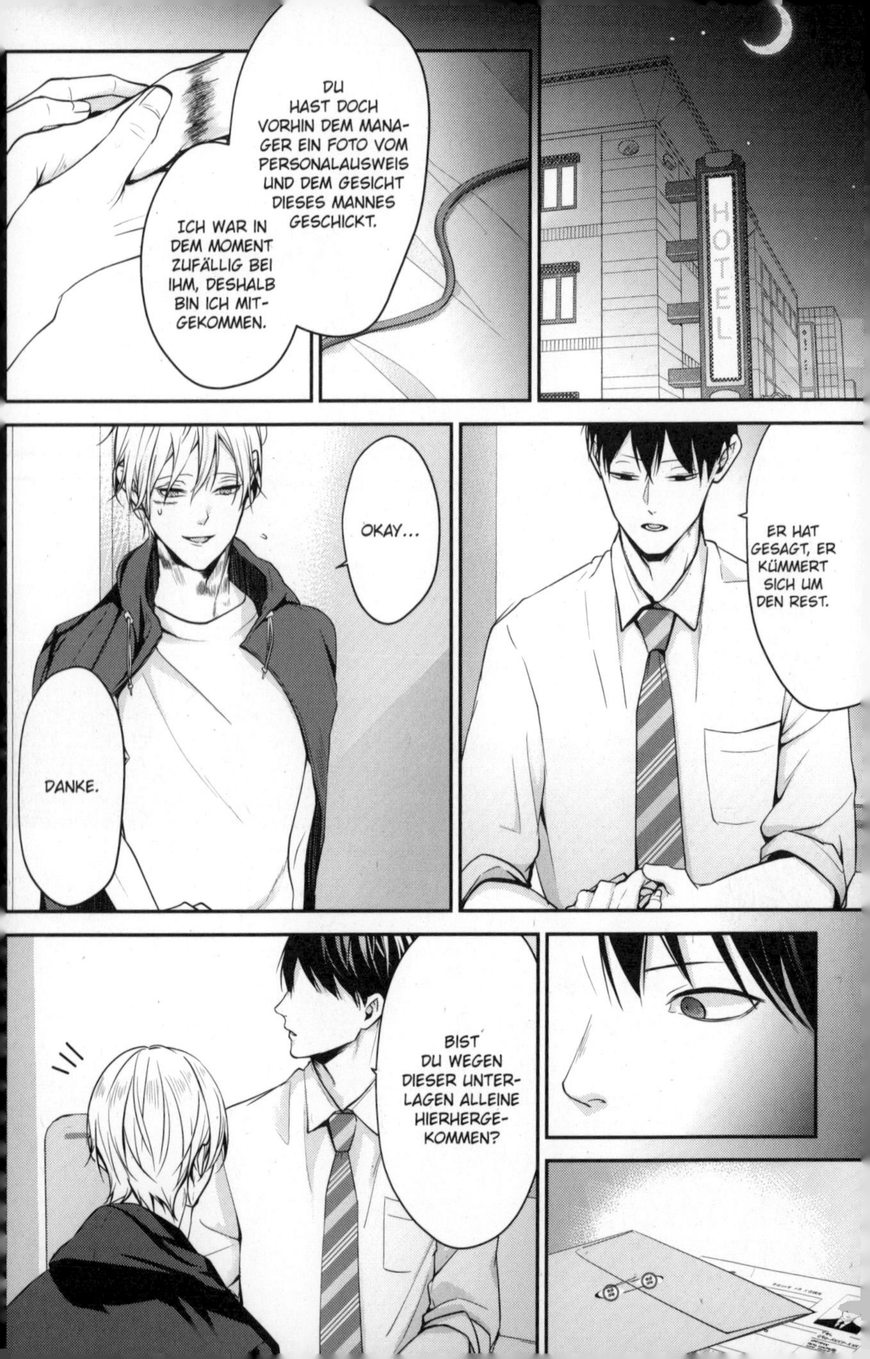
HOTEL
DU HAST DOCH VORHIN DEM MANAGER EIN FOTO VOM PERSONALAUSWEIS UND DEM GESICHT DIESES MANNES GESCHICKT.
ICH WAR IN DEM MOMENT ZUFÄLLIG BEI IHM, DESHALB BIN ICH MITGEKOMMEN.
ER HAT GESAGT, ER KÜMMERT SICH UM DEN REST.
OKAY…
DANKE.
BIST DU WEGEN DIESER UNTERLAGEN ALLEINE HIERHERGEKOMMEN?

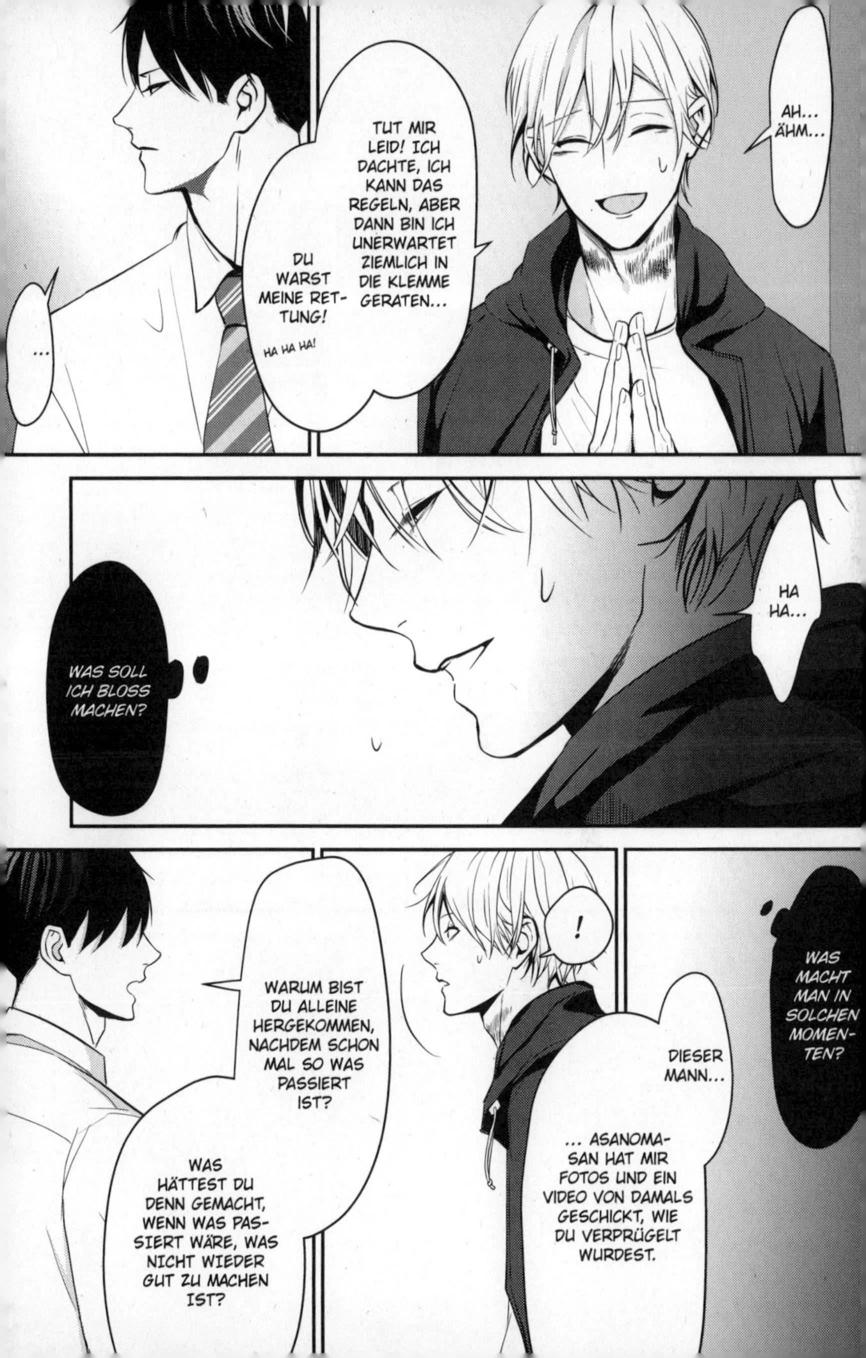
AH… ÄHM…
TUT MIR LEID! ICH DACHTE, ICH KANN DAS REGELN, ABER DANN BIN ICH UNERWARTET ZIEMLICH IN DIE KLEMME GERATEN…
DU WARST MEINE RETTUNG!
HA HA HA!
…
HA HA…
WAS SOLL ICH BLOSS MACHEN?
WAS MACHT MAN IN SOLCHEN MOMENTEN?
!
DIESER MANN…
… ASANOMA-SAN HAT MIR FOTOS UND EIN VIDEO VON DAMALS GESCHICKT, WIE DU VERPRÜGELT WURDEST.
WARUM BIST DU ALLEINE HERGEKOMMEN, NACHDEM SCHON MAL SO WAS PASSIERT IST?
WAS HÄTTEST DU DENN GEMACHT, WENN WAS PASSIERT WÄRE, WAS NICHT WIEDER GUT ZU MACHEN IST?

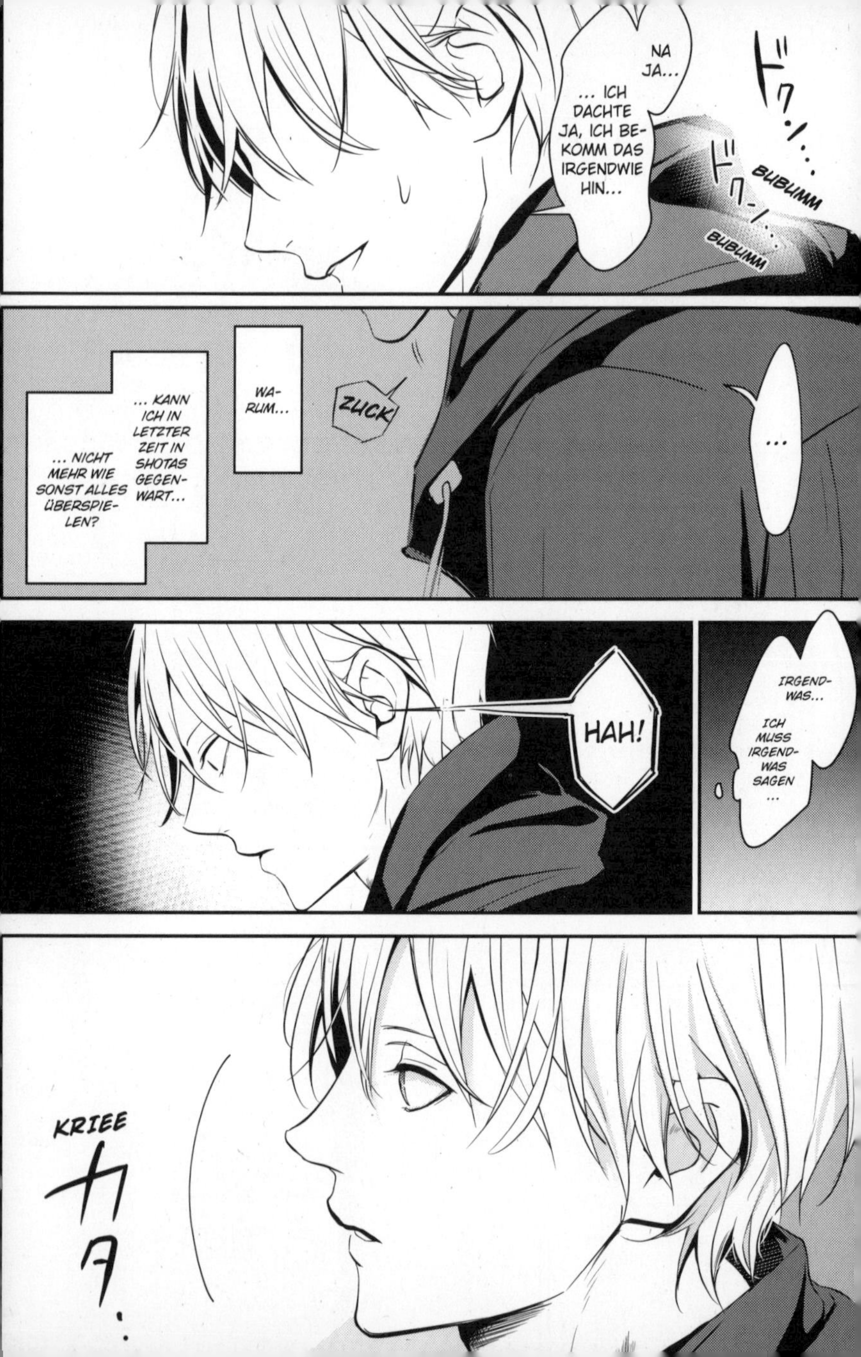
NA JA…
… ICH DACHTE JA, ICH BEKOMM DAS IRGENDWIE HIN…
BUBUMM
BUBUMM
…
ZUCK
WARUM…
… KANN ICH IN LETZTER ZEIT IN SHOTAS GEGENWART…
… NICHT MEHR WIE SONST ALLES ÜBERSPIELEN?
IRGENDWAS…
ICH MUSS IRGENDWAS SAGEN …
HAH!
KRIEE

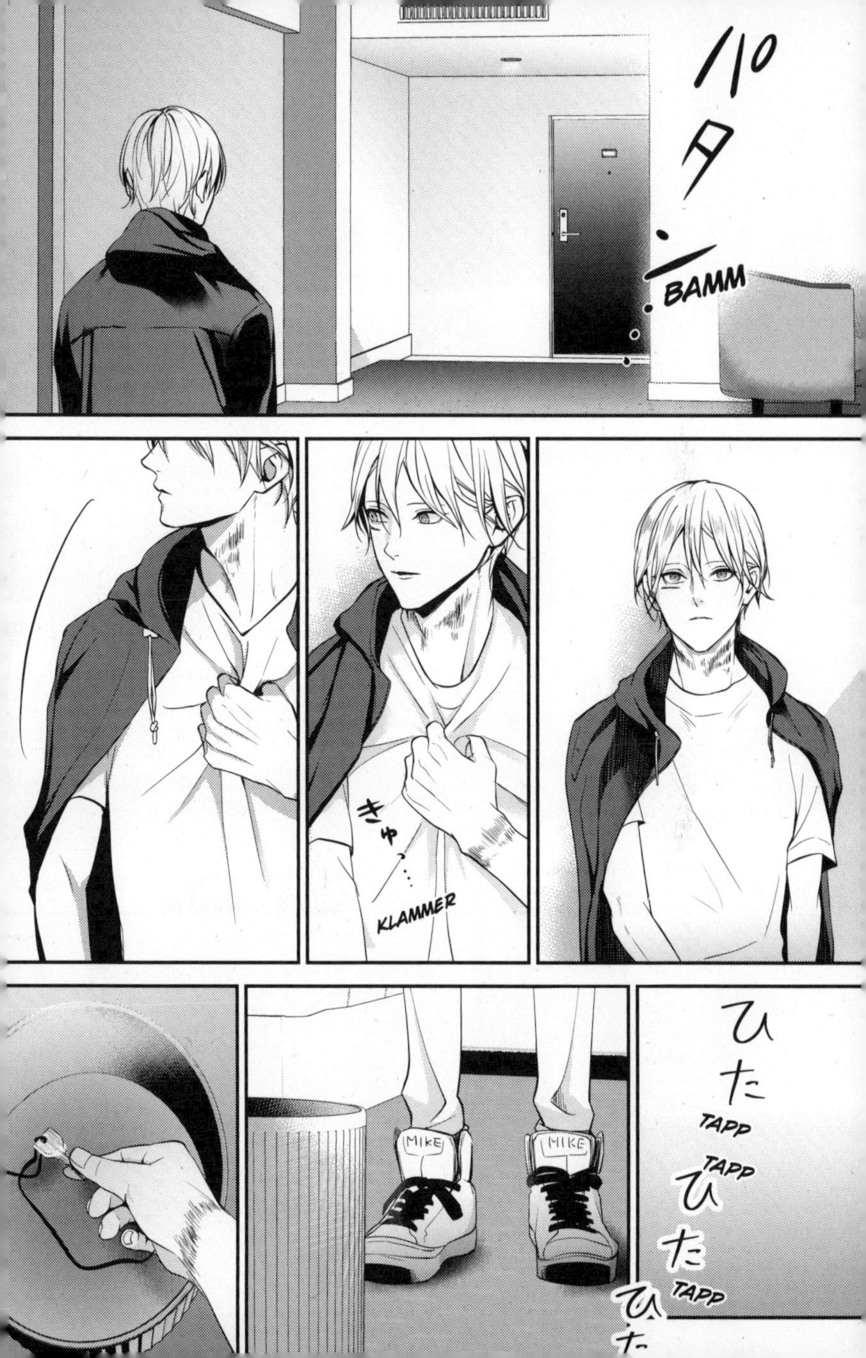
パタ…
BAMM
きゅっ…
KLAMMER
ひたひたひた
TAPP
TAPP
TAPP

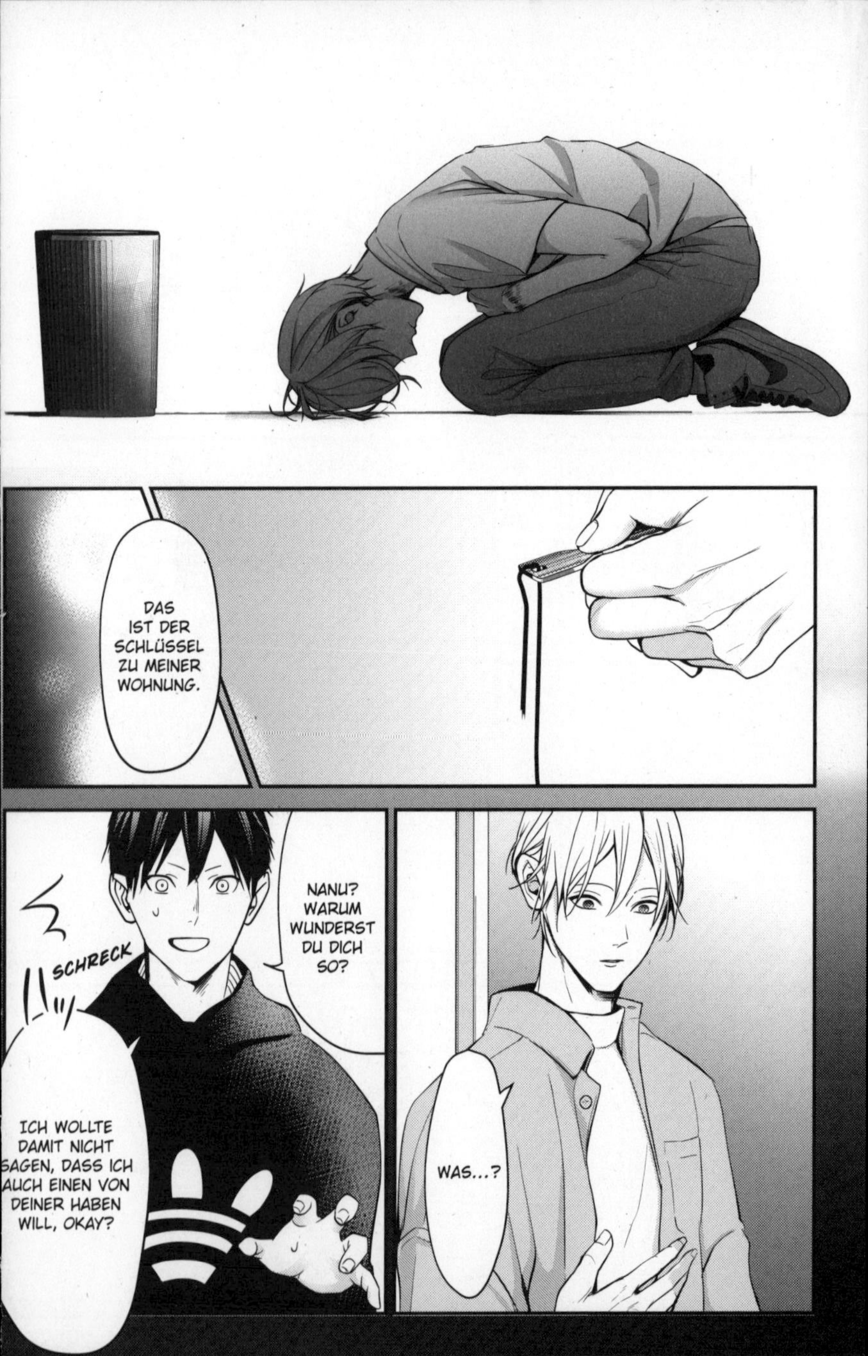
DAS IST DER SCHLÜSSEL ZU MEINER WOHNUNG.
NANU? WARUM WUNDERST DU DICH SO?
SCHRECK
ICH WOLLTE DAMIT NICHT SAGEN, DASS ICH AUCH EINEN VON DEINER HABEN WILL, OKAY?
WAS…?

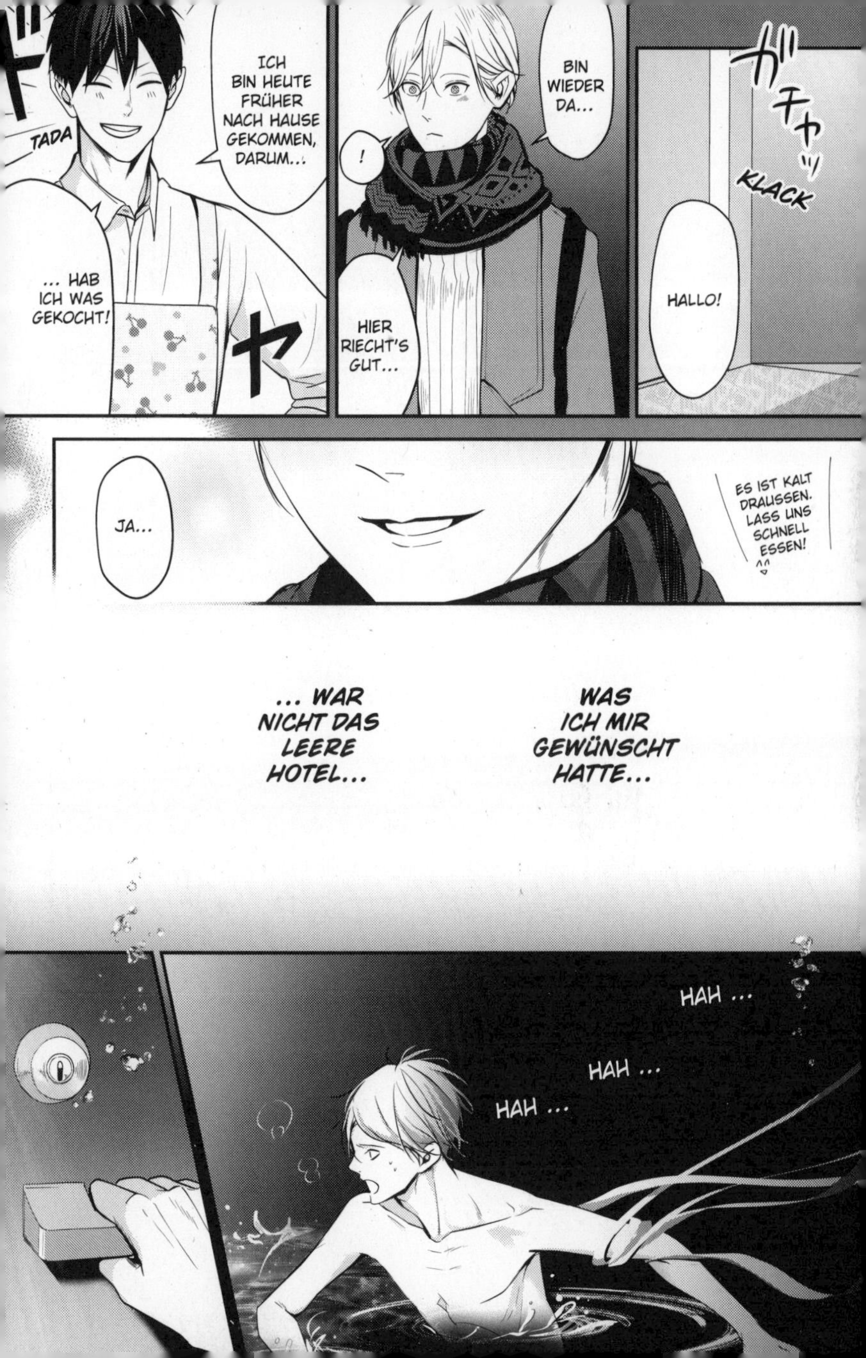

ガチャッ
KLACK
HALLO!
BIN WIEDER DA...
!
HIER RIECHT'S GUT...
ド
ヤ
TADA
ICH BIN HEUTE FRÜHER NACH HAUSE GEKOMMEN, DARUM...
... HAB ICH WAS GEKOCHT!
ES IST KALT DRAUSSEN. LASS UNS SCHNELL ESSEN! ^^
JA...
WAS ICH MIR GEWÜNSCHT HATTE...
... WAR NICHT DAS LEERE HOTEL...
HAH ...
HAH ...
HAH ...

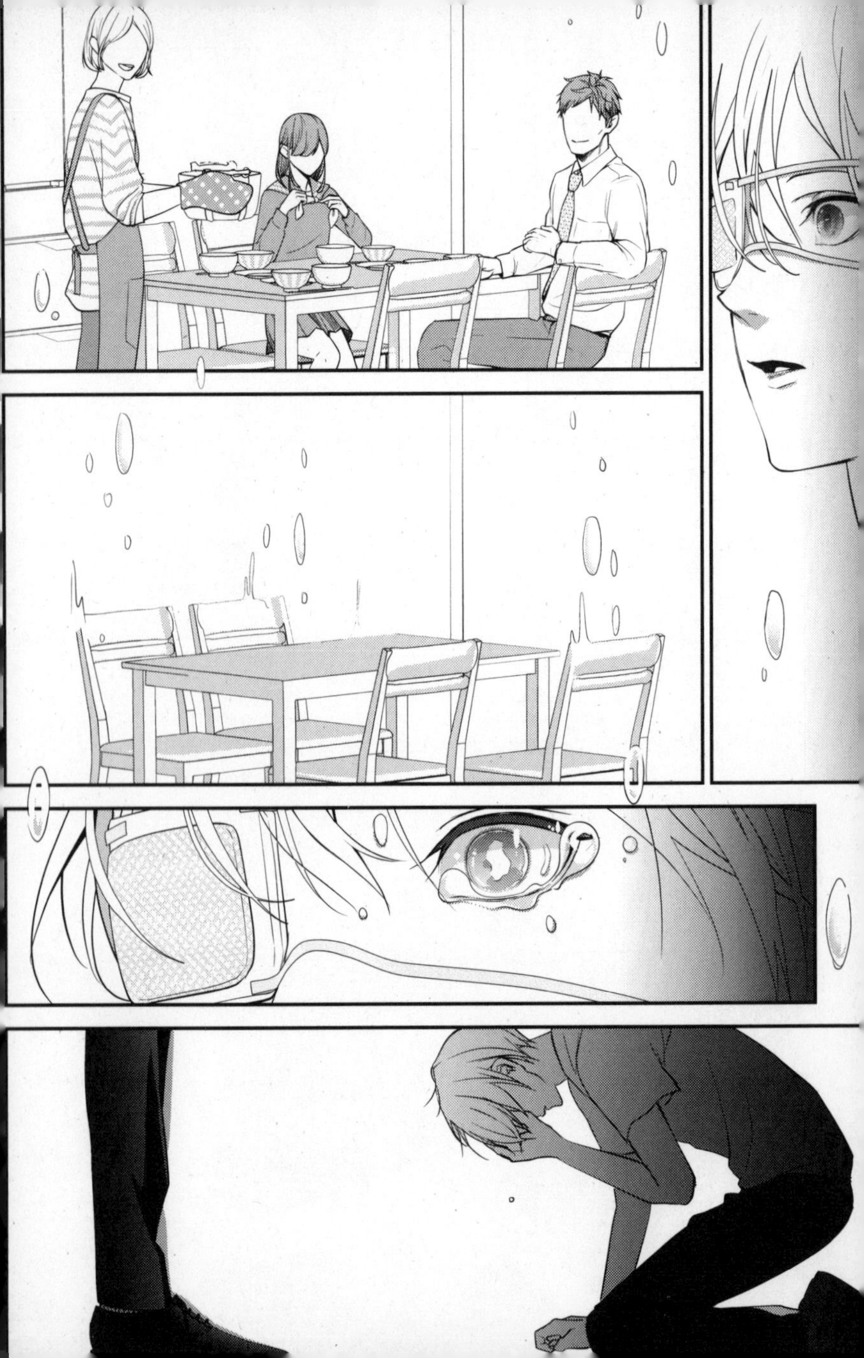

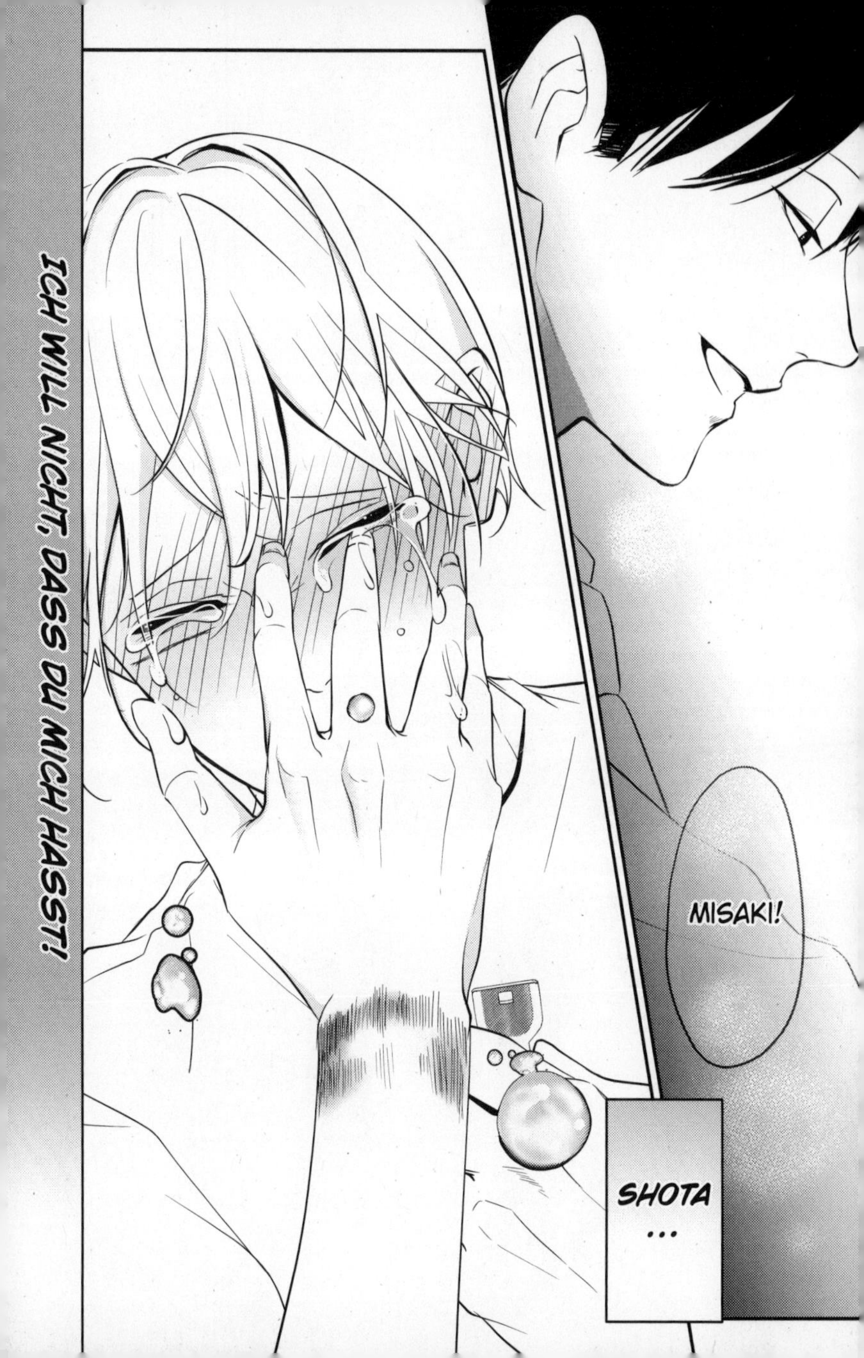
MISAKI!
SHOTA …
ICH WILL NICHT, DASS DU MICH HASST!

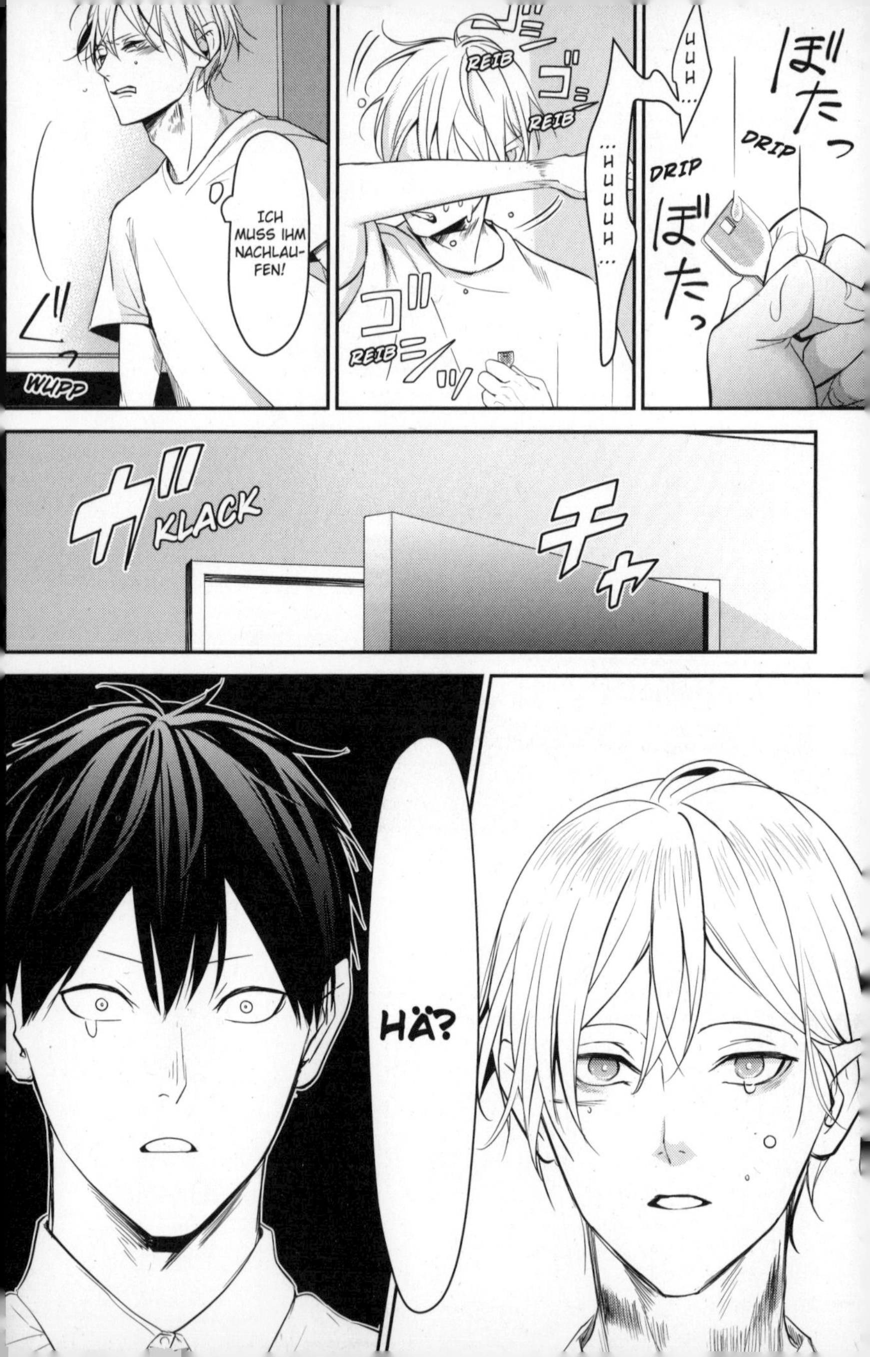
ぼたっ
DRIP
ぼたっ
DRIP
UUH …
… HUUUUH …
ゴシ
REIB
ゴシ
REIB
ゴシ
REIB
ICH MUSS IHM NACHLAUFEN!
WUPP
ガ
KLACK
チャ
HÄ?

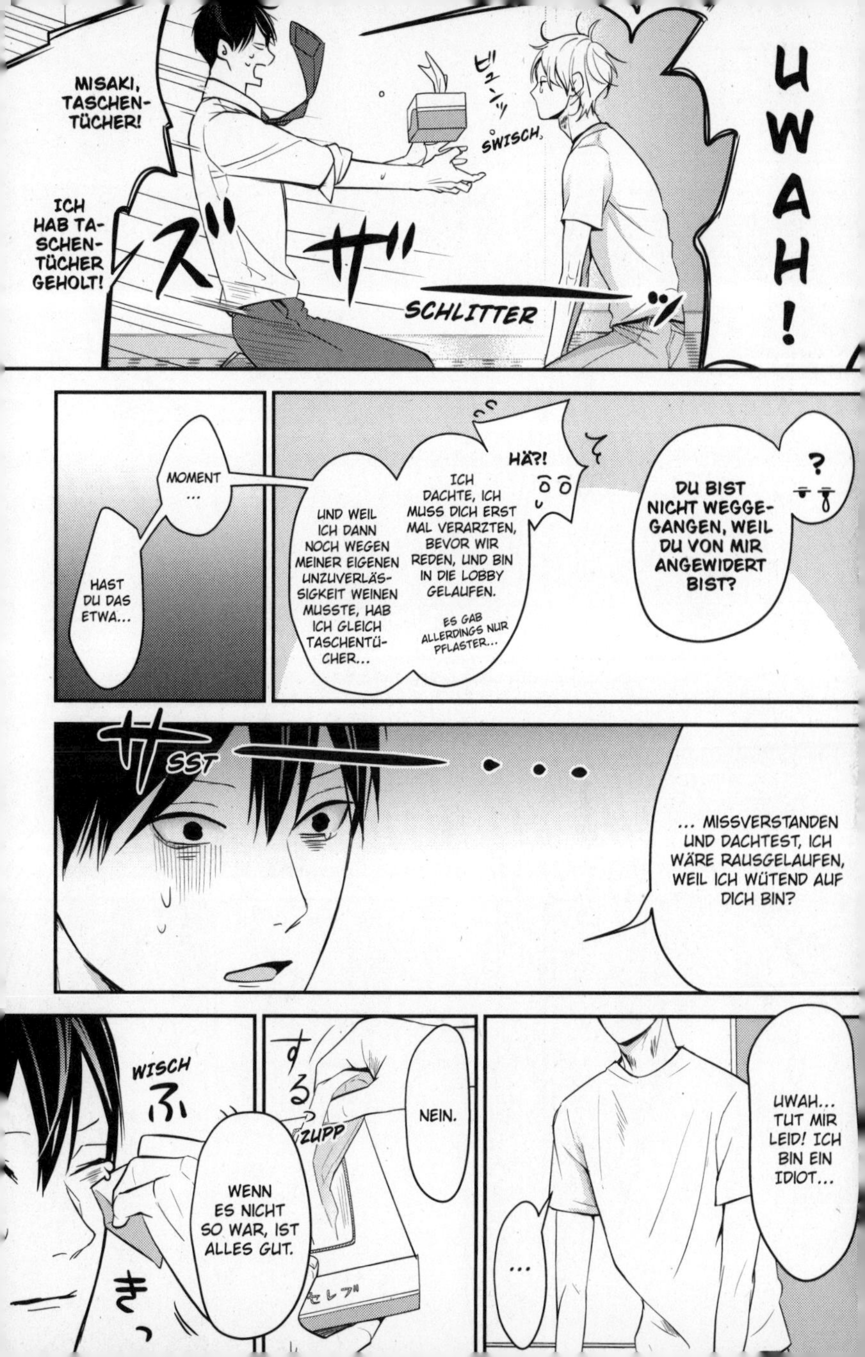
UWAH!
SCHLITTER
SWISCH
MISAKI, TASCHENTÜCHER!
ICH HAB TASCHENTÜCHER GEHOLT!
?
DU BIST NICHT WEGGEGANGEN, WEIL DU VON MIR ANGEWIDERT BIST?
HÄ?!
ICH DACHTE, ICH MUSS DICH ERST MAL VERARZTEN, BEVOR WIR REDEN, UND BIN IN DIE LOBBY GELAUFEN.
ES GAB ALLERDINGS NUR PFLASTER...
UND WEIL ICH DANN NOCH WEGEN MEINER EIGENEN UNZUVERLÄSSIGKEIT WEINEN MUSSTE, HAB ICH GLEICH TASCHENTÜCHER...
MOMENT ...
HAST DU DAS ETWA...
...
... MISSVERSTANDEN UND DACHTEST, ICH WÄRE RAUSGELAUFEN, WEIL ICH WÜTEND AUF DICH BIN?
SST
UWAH... TUT MIR LEID! ICH BIN EIN IDIOT...
...
NEIN.
ZUPP
WENN ES NICHT SO WAR, IST ALLES GUT.
WISCH

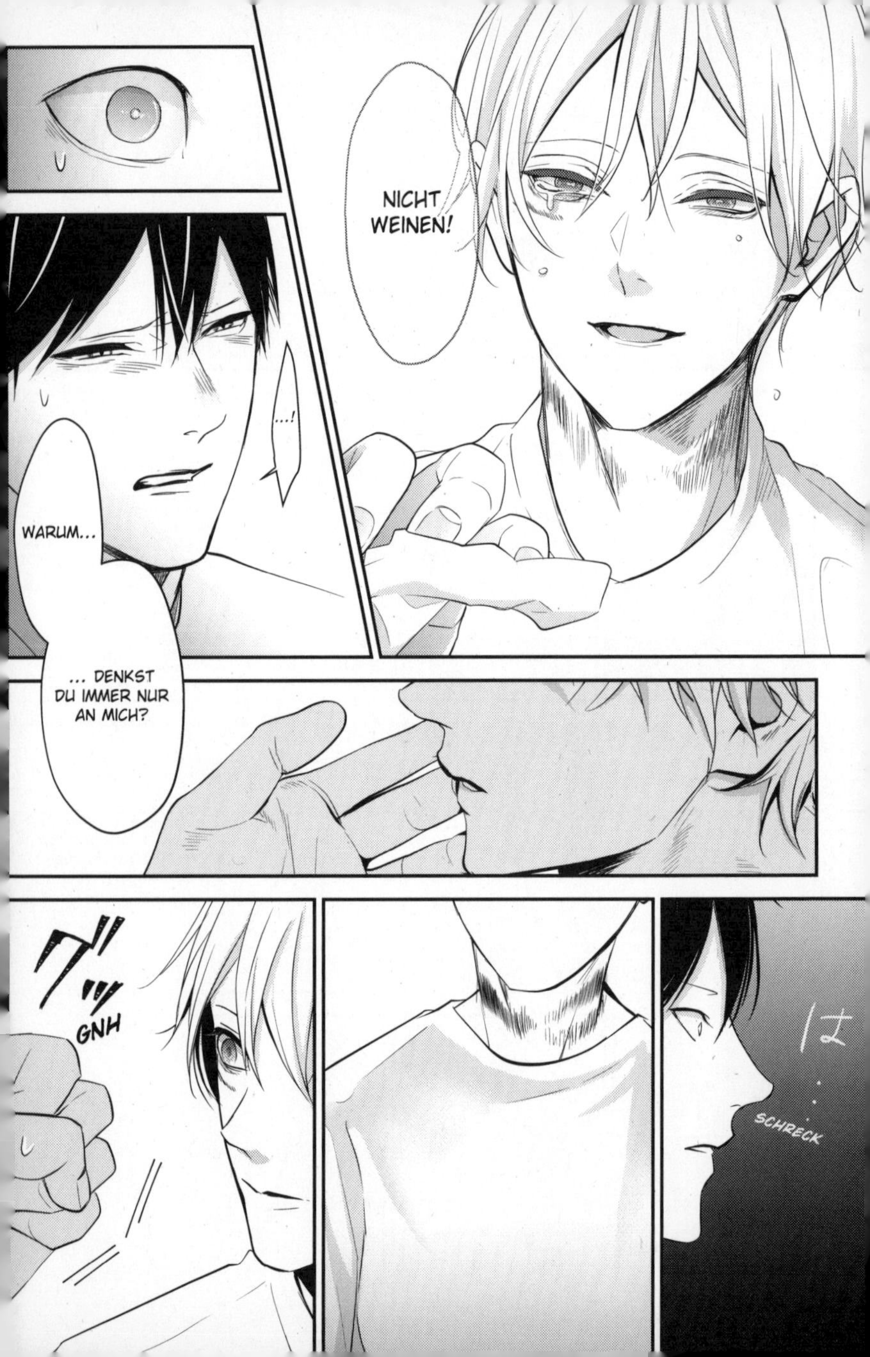
NICHT WEINEN!
...!
WARUM...
... DENKST DU IMMER NUR AN MICH?
GNH
SCHRECK

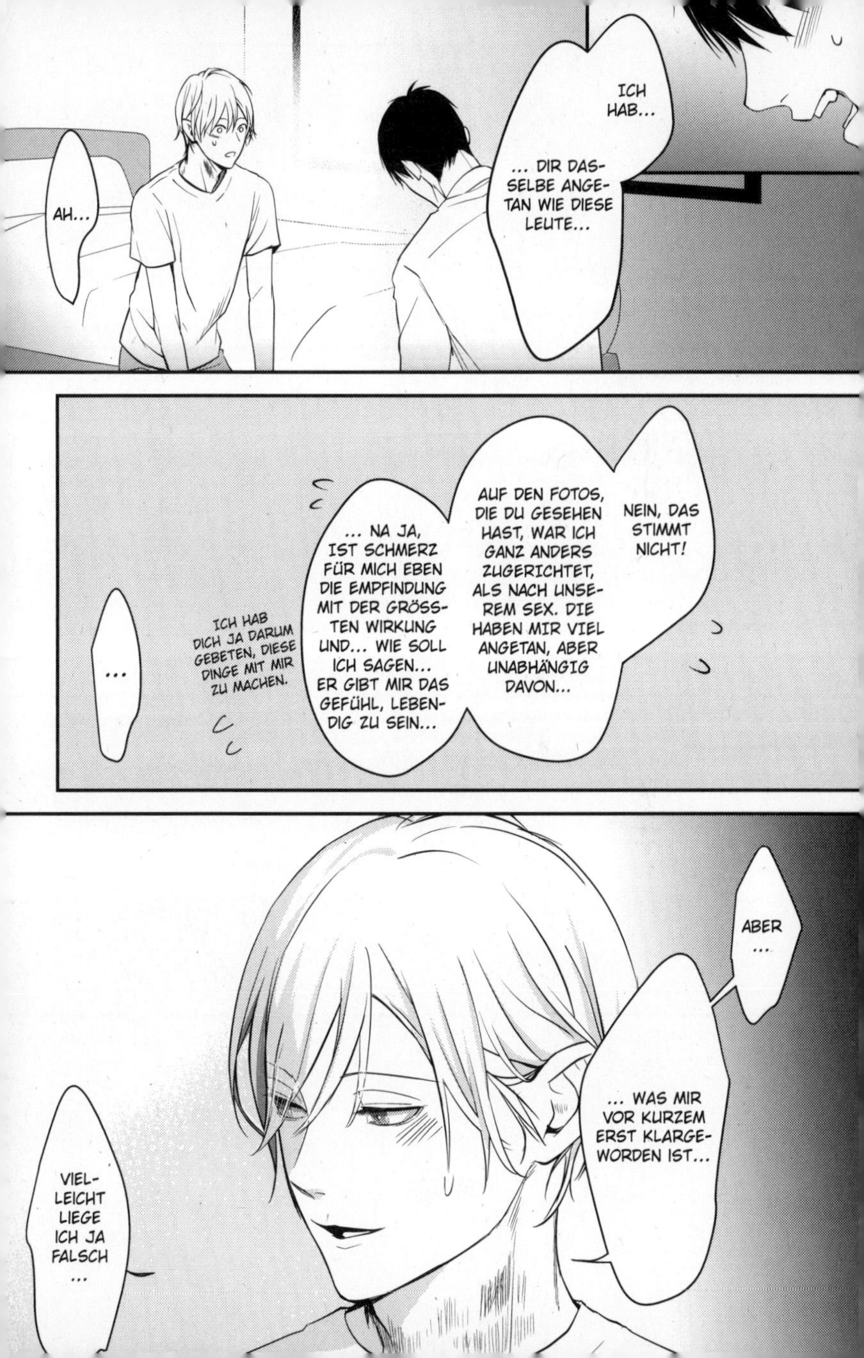
ICH HAB…
… DIR DASSELBE ANGETAN WIE DIESE LEUTE…
AH…
NEIN, DAS STIMMT NICHT!
AUF DEN FOTOS, DIE DU GESEHEN HAST, WAR ICH GANZ ANDERS ZUGERICHTET, ALS NACH UNSEREM SEX. DIE HABEN MIR VIEL ANGETAN, ABER UNABHÄNGIG DAVON…
… NA JA, IST SCHMERZ FÜR MICH EBEN DIE EMPFINDUNG MIT DER GRÖSSTEN WIRKUNG UND… WIE SOLL ICH SAGEN… ER GIBT MIR DAS GEFÜHL, LEBENDIG ZU SEIN…
ICH HAB DICH JA DARUM GEBETEN, DIESE DINGE MIT MIR ZU MACHEN.
…
ABER …
… WAS MIR VOR KURZEM ERST KLARGEWORDEN IST…
VIELLEICHT LIEGE ICH JA FALSCH …

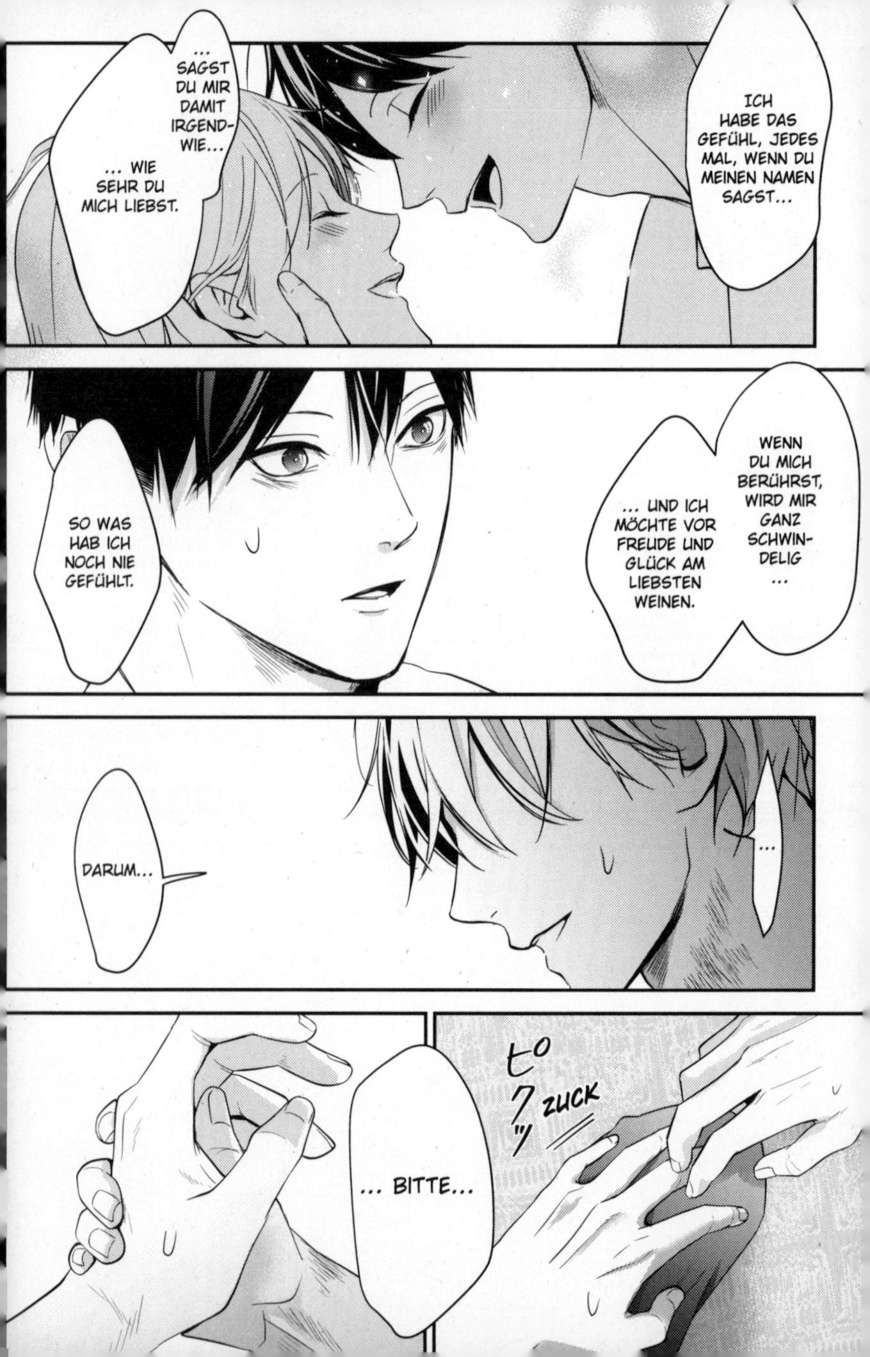
ICH HABE DAS GEFÜHL, JEDES MAL, WENN DU MEINEN NAMEN SAGST…
… SAGST DU MIR DAMIT IRGEND-WIE…
… WIE SEHR DU MICH LIEBST.
WENN DU MICH BERÜHRST, WIRD MIR GANZ SCHWIN-DELIG …
… UND ICH MÖCHTE VOR FREUDE UND GLÜCK AM LIEBSTEN WEINEN.
SO WAS HAB ICH NOCH NIE GEFÜHLT.
…
DARUM…
ピクッ
ZUCK
… BITTE…

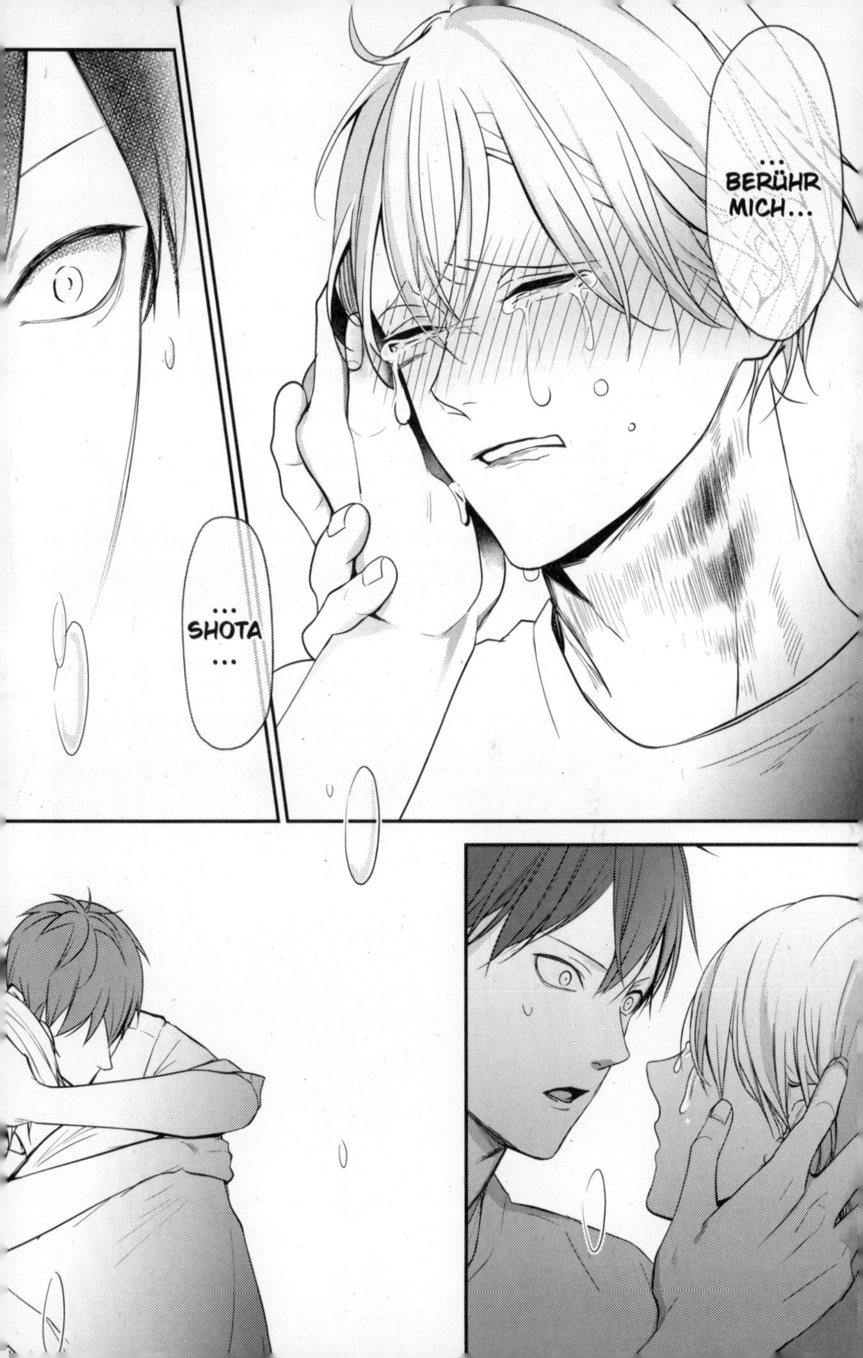
... BERÜHR MICH...
... SHOTA ...

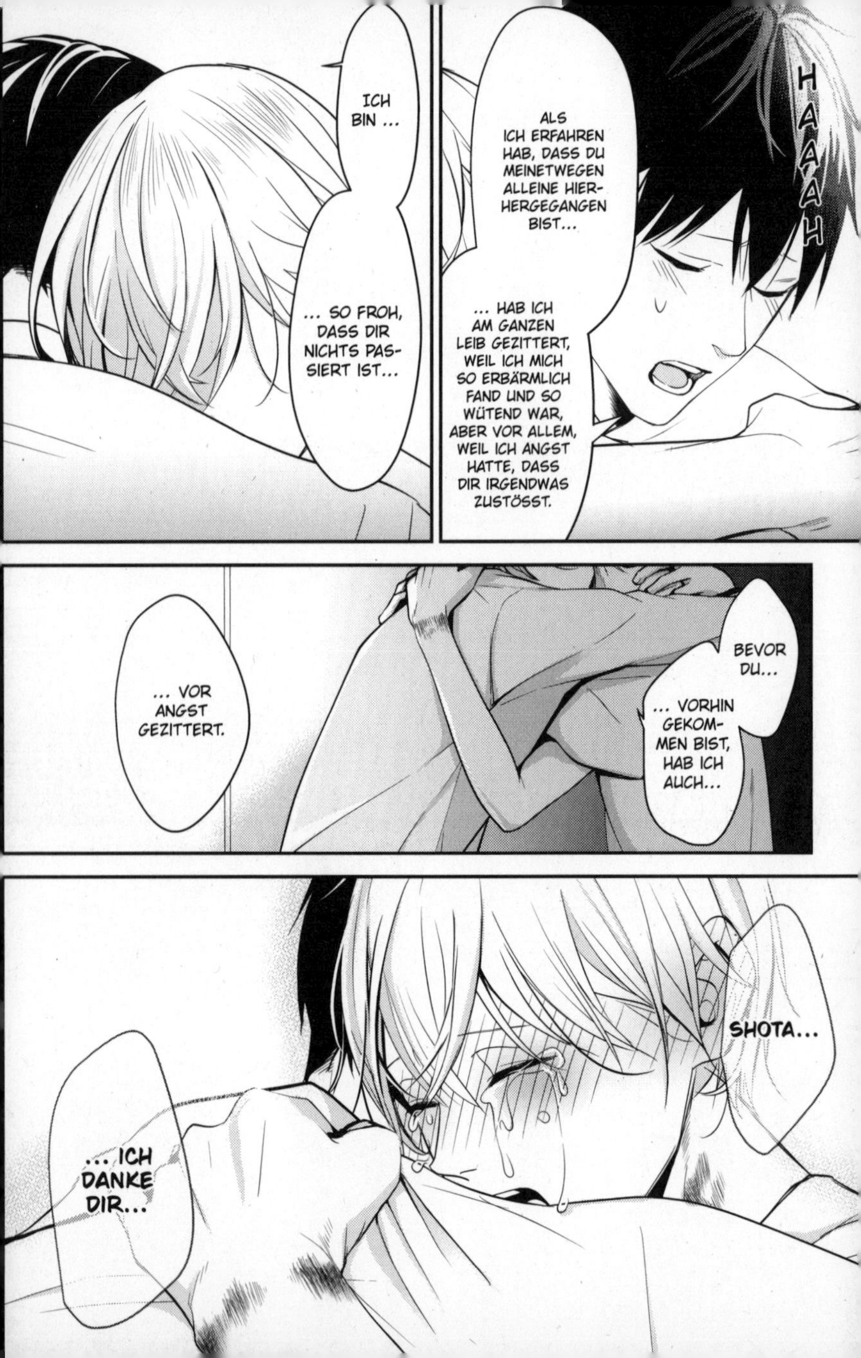
HAAAAH
ALS ICH ERFAHREN HAB, DASS DU MEINETWEGEN ALLEINE HIER-HERGEGANGEN BIST...
... HAB ICH AM GANZEN LEIB GEZITTERT, WEIL ICH MICH SO ERBÄRMLICH FAND UND SO WÜTEND WAR, ABER VOR ALLEM, WEIL ICH ANGST HATTE, DASS DIR IRGENDWAS ZUSTÖSST.
ICH BIN ...
... SO FROH, DASS DIR NICHTS PAS-SIERT IST...
BEVOR DU...
... VORHIN GEKOM-MEN BIST, HAB ICH AUCH...
... VOR ANGST GEZITTERT.
SHOTA...
... ICH DANKE DIR...

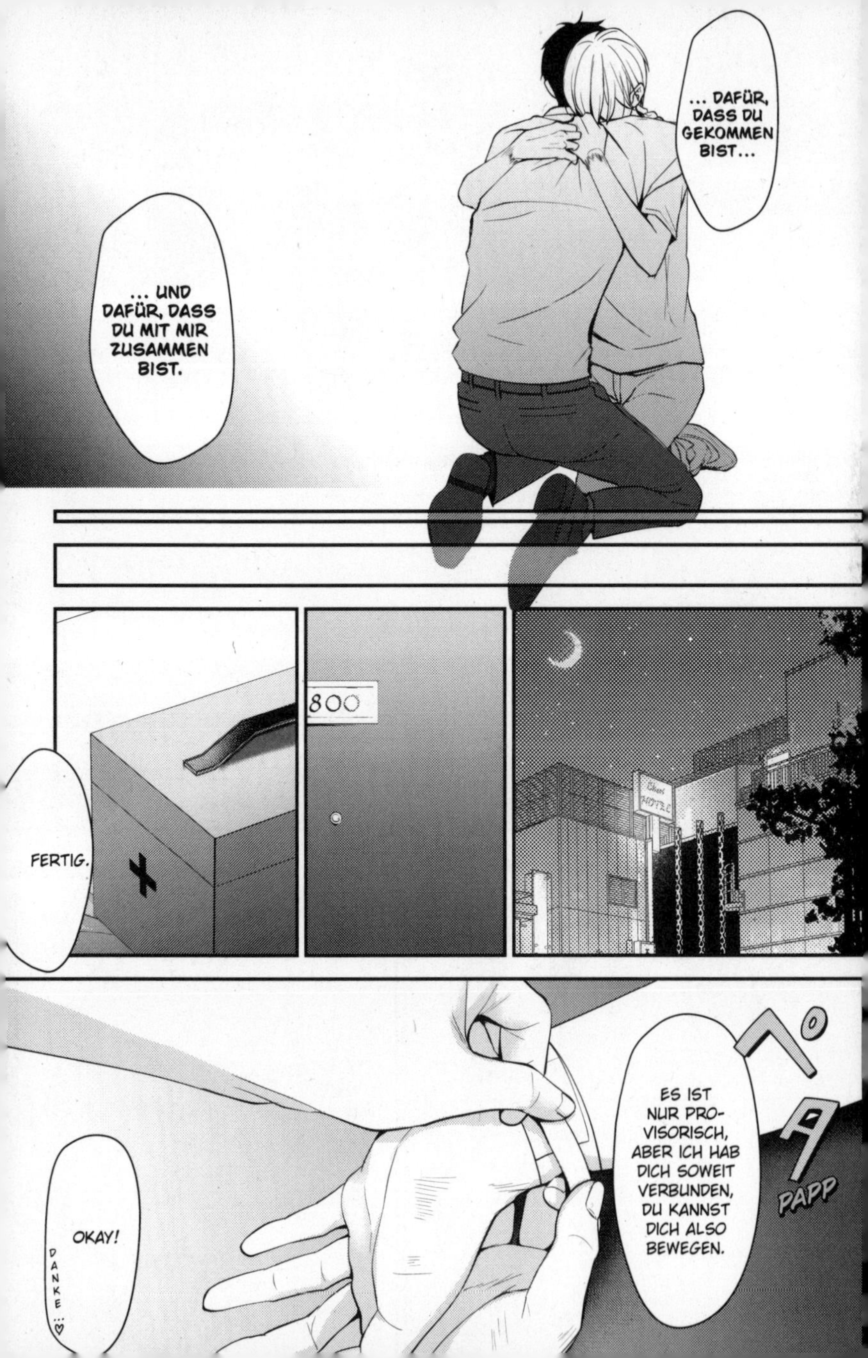
... DAFÜR, DASS DU GEKOMMEN BIST...
... UND DAFÜR, DASS DU MIT MIR ZUSAMMEN BIST.
800
FERTIG.
PAPP
ES IST NUR PROVISORISCH, ABER ICH HAB DICH SOWEIT VERBUNDEN, DU KANNST DICH ALSO BEWEGEN.
OKAY!
DANKE ...♡

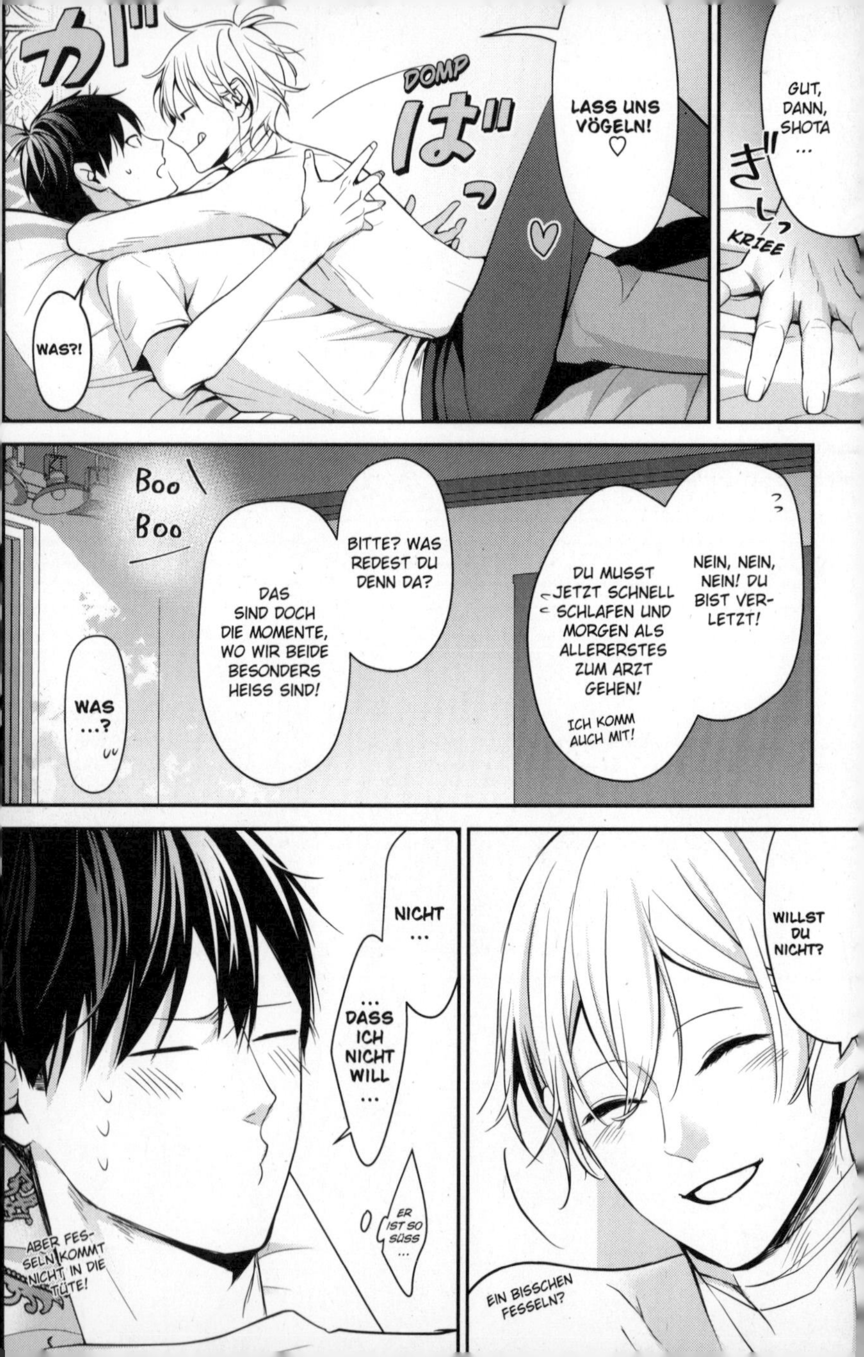
GUT, DANN, SHOTA ...
KRIEE
LASS UNS VÖGELN! ♡
DOMP
WAS?!
NEIN, NEIN, NEIN! DU BIST VERLETZT!
DU MUSST JETZT SCHNELL SCHLAFEN UND MORGEN ALS ALLERERSTES ZUM ARZT GEHEN!
ICH KOMM AUCH MIT!
BITTE? WAS REDEST DU DENN DA?
DAS SIND DOCH DIE MOMENTE, WO WIR BEIDE BESONDERS HEISS SIND!
Boo Boo
WAS ...?
WILLST DU NICHT?
EIN BISSCHEN FESSELN?
NICHT ...
... DASS ICH NICHT WILL ...
ER IST SO SÜSS ...
ABER FESSELN KOMMT NICHT IN DIE TÜTE!

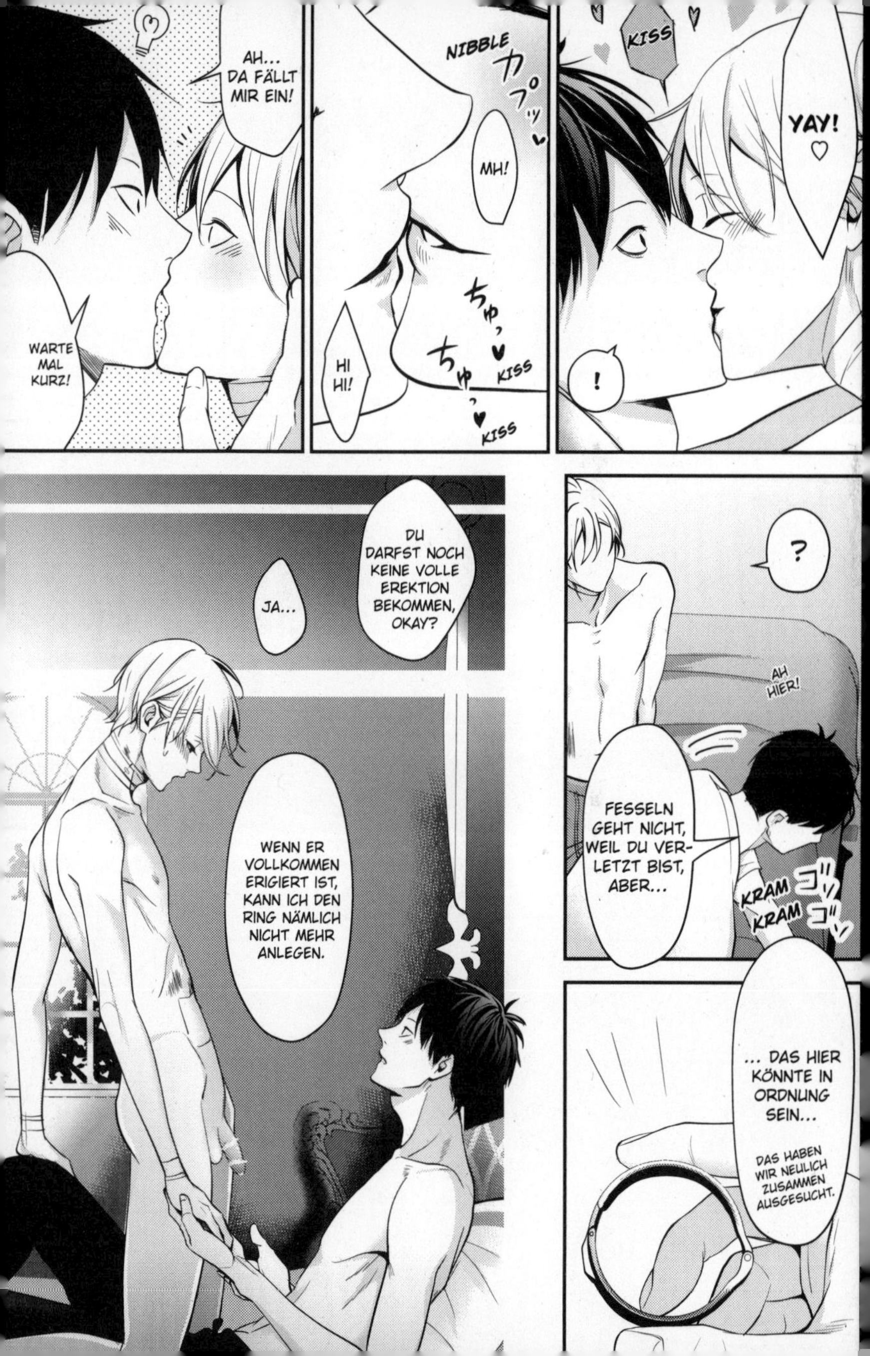
KISS
YAY! ♡
!
NIBBLE
MH!
KISS
KISS
HI HI!
AH... DA FÄLLT MIR EIN!
WARTE MAL KURZ!
?
AH HIER!
FESSELN GEHT NICHT, WEIL DU VERLETZT BIST, ABER...
KRAM KRAM
... DAS HIER KÖNNTE IN ORDNUNG SEIN...
DAS HABEN WIR NEULICH ZUSAMMEN AUSGESUCHT.
DU DARFST NOCH KEINE VOLLE EREKTION BEKOMMEN, OKAY?
JA...
WENN ER VOLLKOMMEN ERIGIERT IST, KANN ICH DEN RING NÄMLICH NICHT MEHR ANLEGEN.

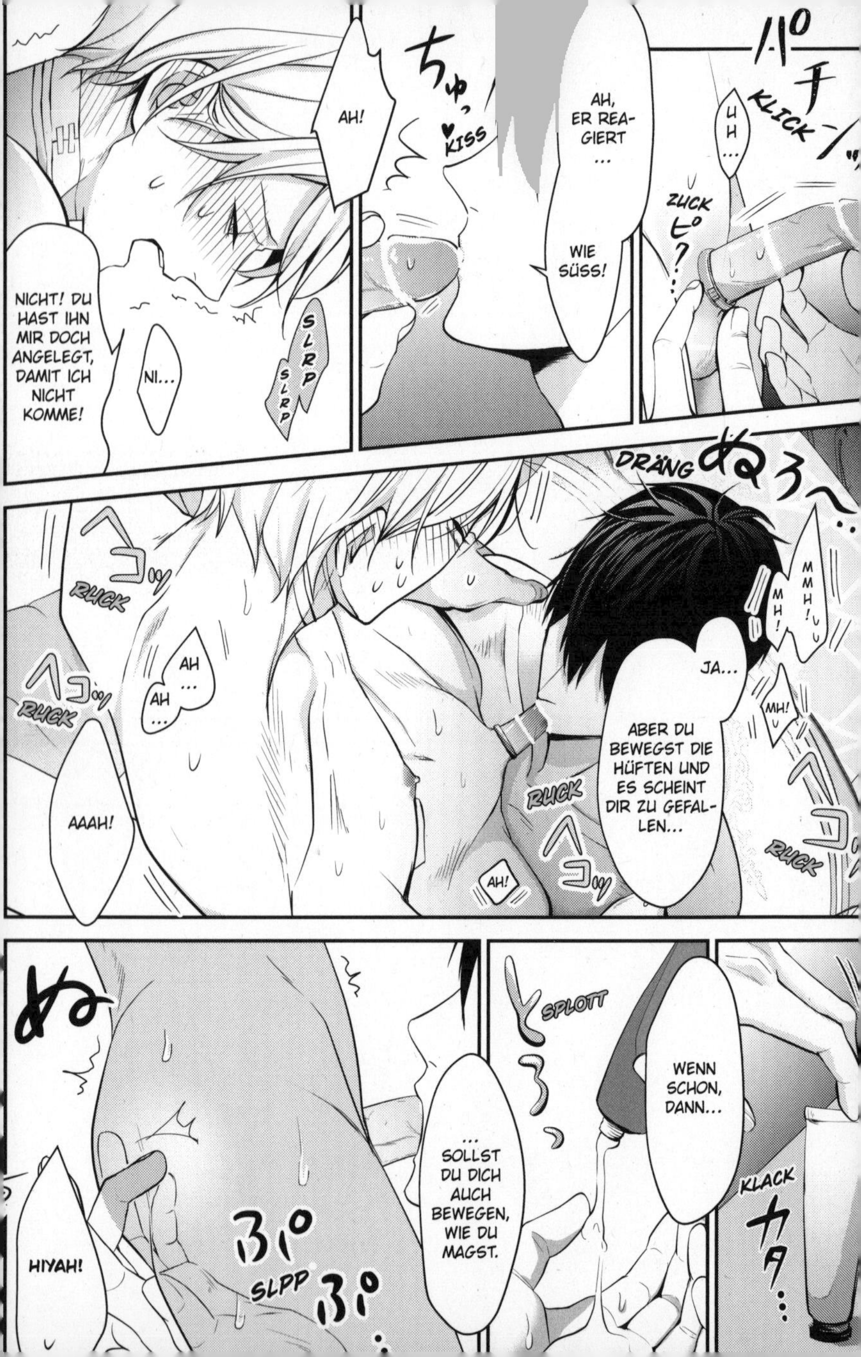

パチン
KLICK
UH...
ピクッ
ZUCK
AH!
ちゅっ
KISS
AH, ER REAGIERT ...
WIE SÜSS!
NICHT! DU HAST IHN MIR DOCH ANGELEGT, DAMIT ICH NICHT KOMME!
NI...
SLRP
SLRP
ぬろ〜
DRÄNG
MMH!
MH!
JA...
ABER DU BEWEGST DIE HÜFTEN UND ES SCHEINT DIR ZU GEFALLEN...
MH!
RUCK
RUCK
AH!
AH ...
AH ...
RUCK
RUCK
AAAH!
WENN SCHON, DANN...
カタ...
KLACK
SPLOTT
... SOLLST DU DICH AUCH BEWEGEN, WIE DU MAGST.
ぬ
ぷぷ
SLPP
HIYAH!

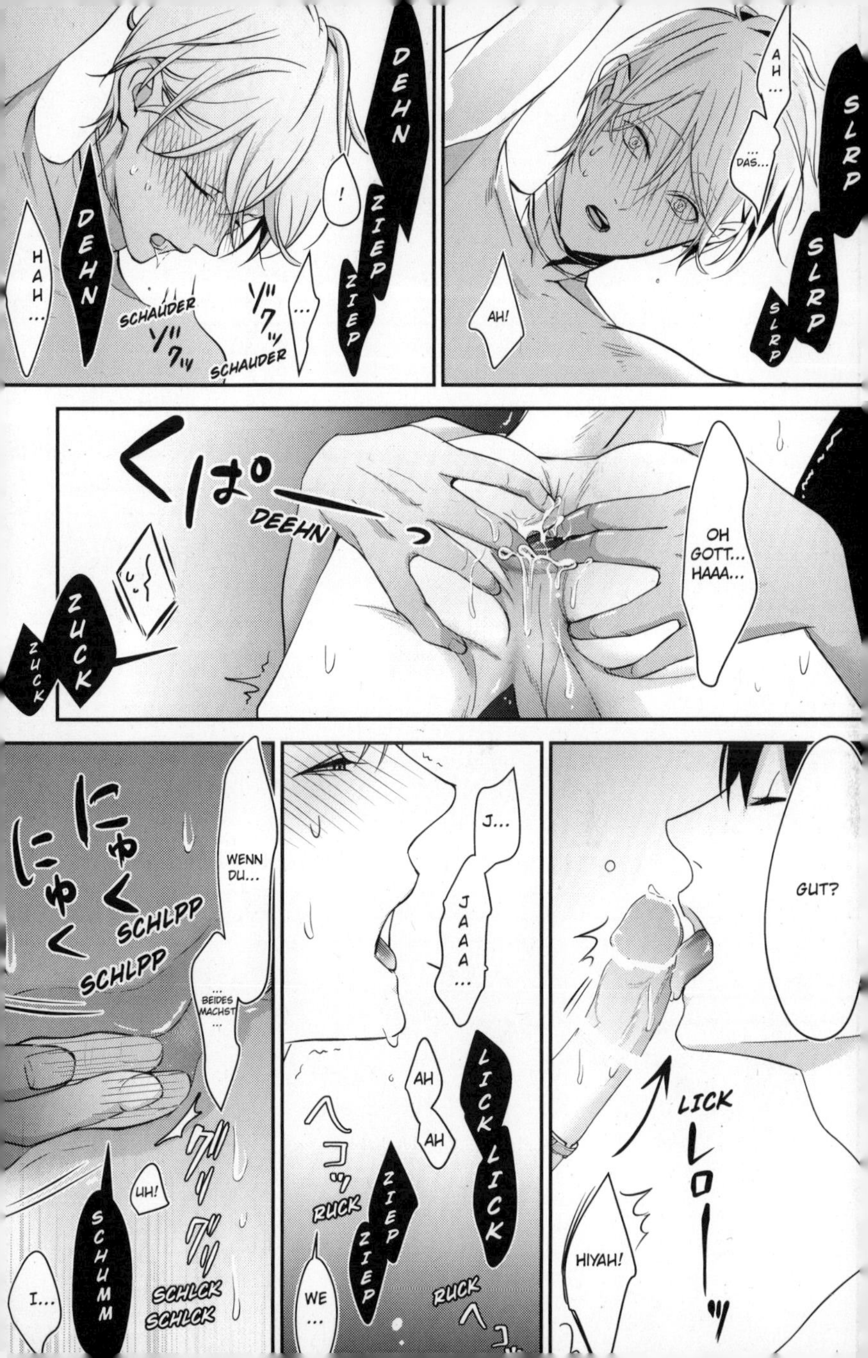

AH...
...DAS...
SLRP
SLRP
SLRP
AH!
DEHN
!
ZIEP
ZIEP
...
DEHN
HAH...
SCHAUDER
SCHAUDER
OH GOTT... HAAA...
DEEHN
ZUCK
ZUCK
GUT?
LICK
HIYAH!
J...
JAAA...
AH
AH
LICK LICK
ZIEP
ZIEP
RUCK
WE...
RUCK
WENN DU...
...BEIDES MACHST...
SCHLPP
SCHLPP
UH!
SCHUMM
SCHLCK
SCHLCK
I...

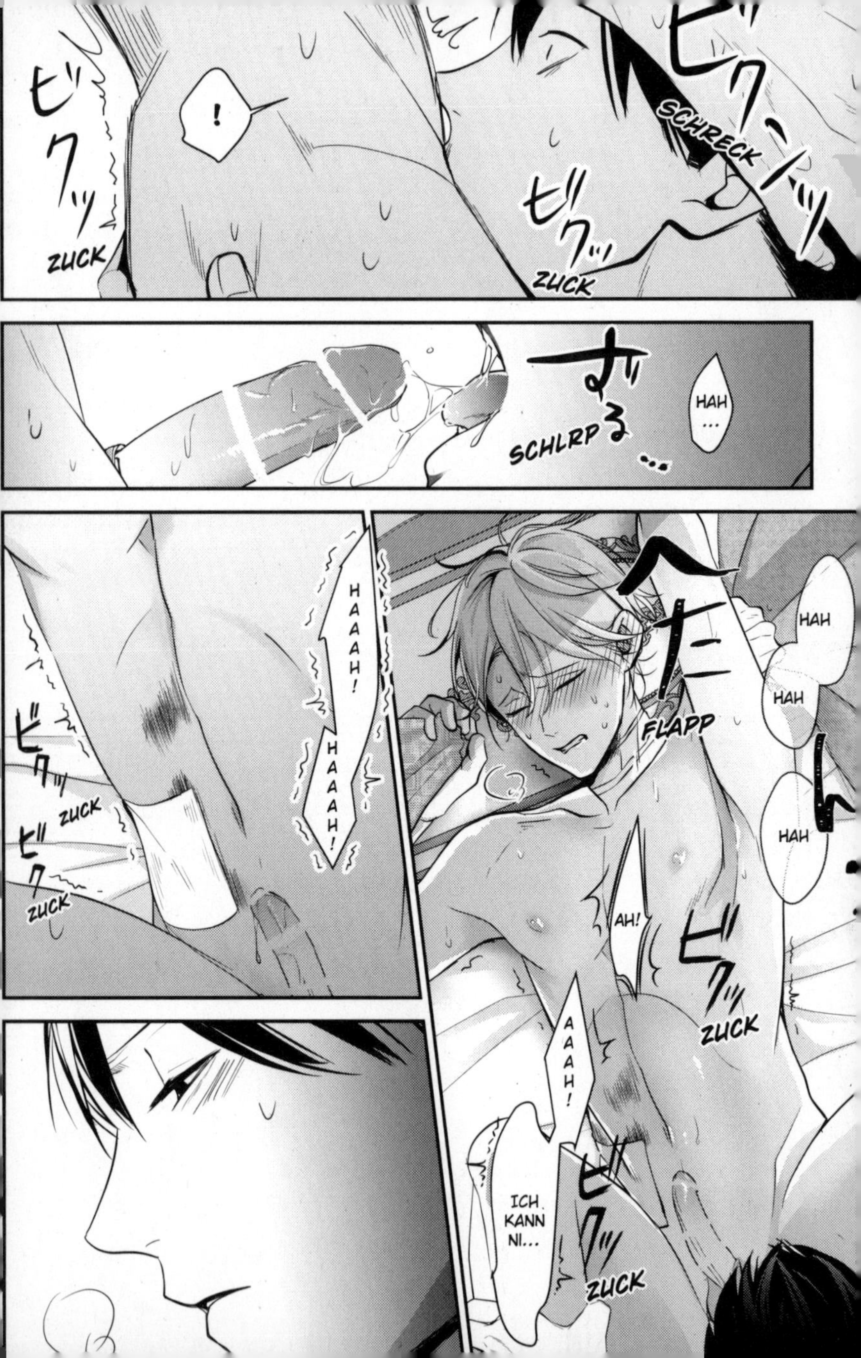

ビクーッ
SCHRECK
ビクッ
ZUCK
!
ビクッ
ZUCK
HAH ...
ずる
SCHLRP
HAH
HAH
HAH
へたー
FLAPP
AH!
ビクッ
ZUCK
AAAAH!
ICH KANN NI...
ビクッ
ZUCK
HAAAAH!
HAAAAH!
ビクッ
ZUCK
ビク
ZUCK

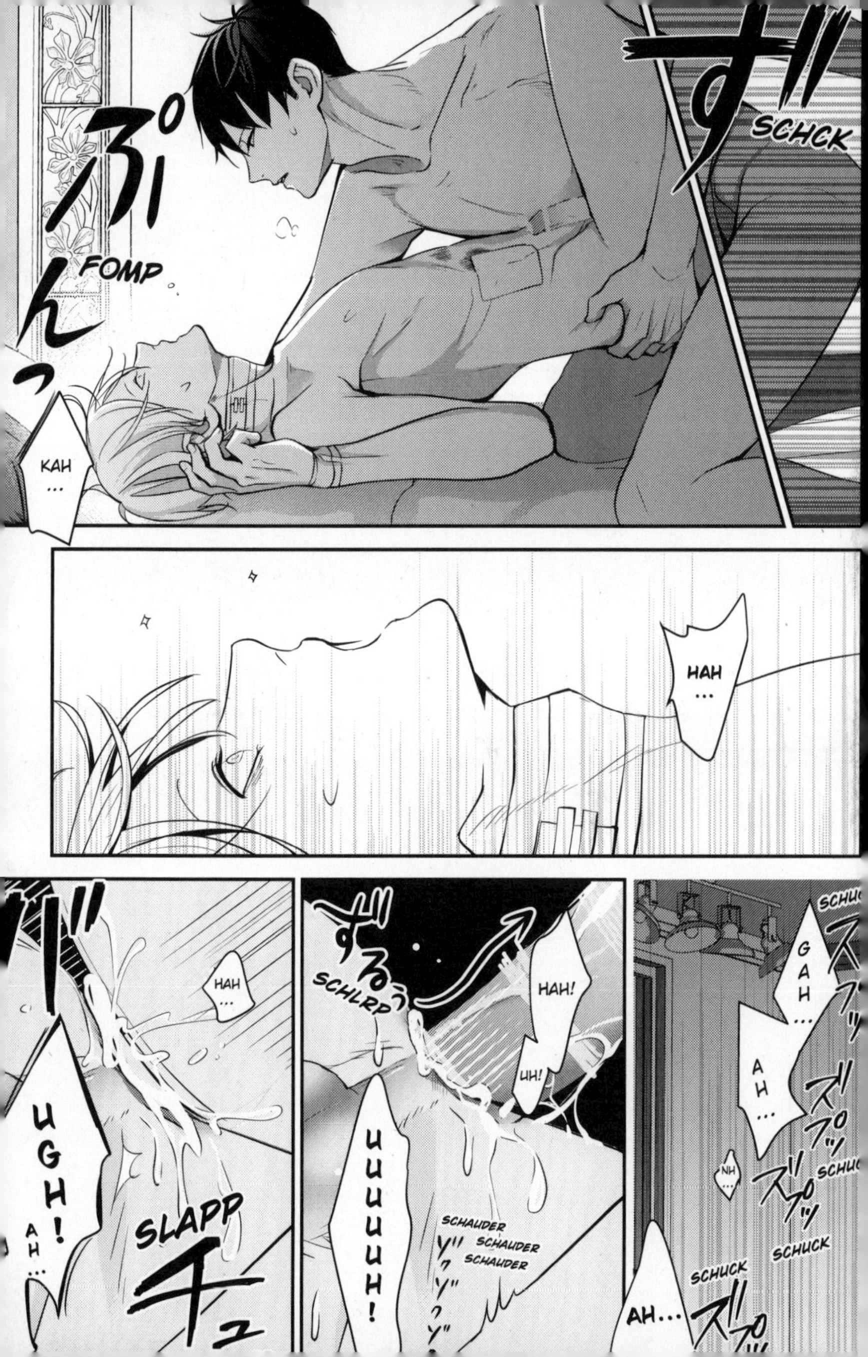

ず
SCHCK
ぷんっ
FOMP
KAH …
HAH …
SCHUCK
GAH …
AH …
NH …
SCHUCK
SCHUCK
SCHUCK
AH…
ずるっ
SCHLRP
HAH!
UH!
UUUUUUH!
SCHAUDER
SCHAUDER
SCHAUDER
HAH …
UGH!
AH …
SLAPP

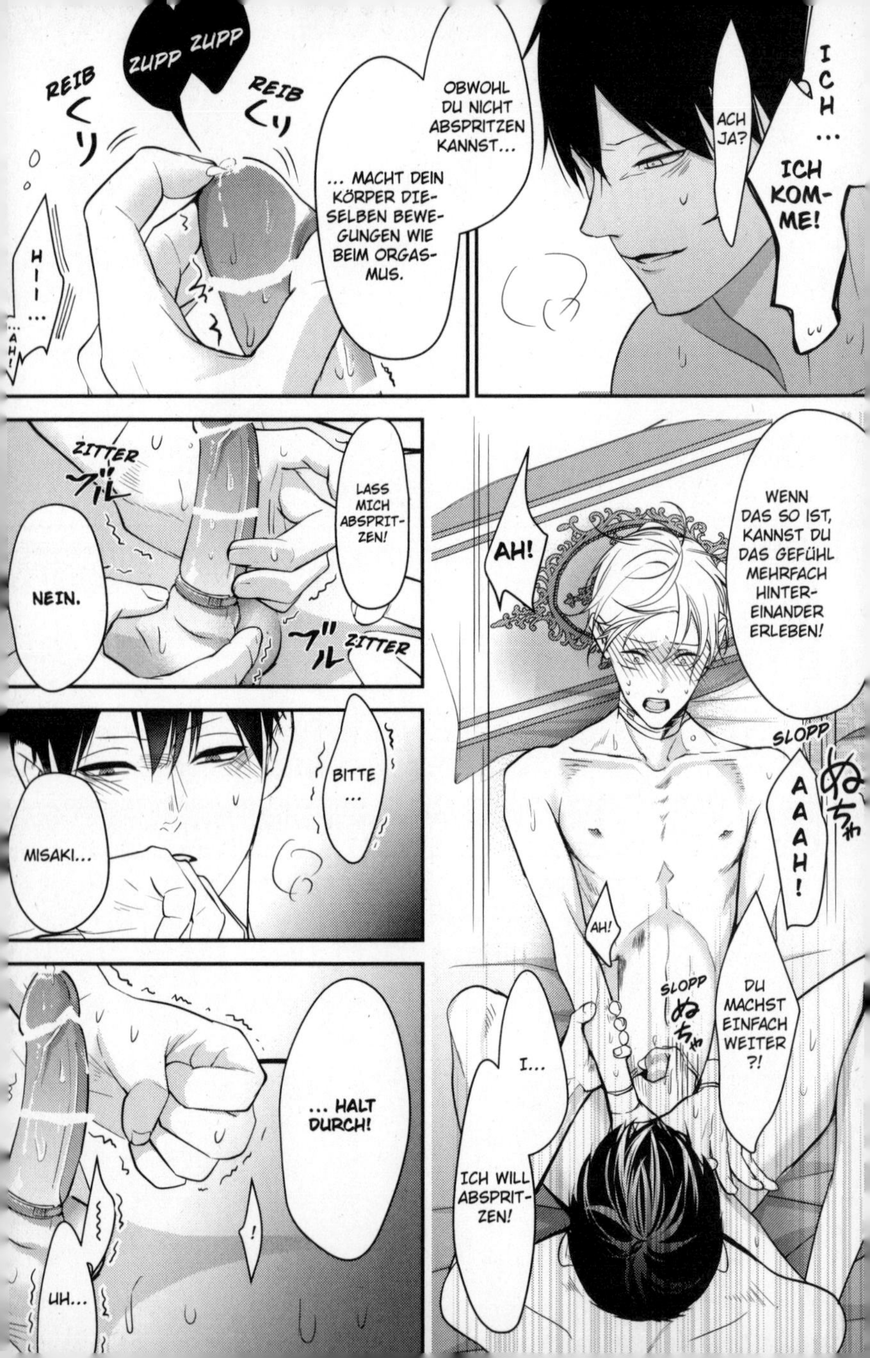
ICH ... ICH KOMME!
ACH JA?
OBWOHL DU NICHT ABSPRITZEN KANNST...
... MACHT DEIN KÖRPER DIESELBEN BEWEGUNGEN WIE BEIM ORGASMUS.
ZUPP ZUPP
REIB くり
REIB くり
H-I-I ...
... AH!
WENN DAS SO IST, KANNST DU DAS GEFÜHL MEHRFACH HINTEREINANDER ERLEBEN!
AH!
LASS MICH ABSPRITZEN!
ZITTER ブル
NEIN.
ZITTER ブル
SLOPP ぬちゃ
AAAAH!
BITTE ...
MISAKI...
AH!
SLOPP ぬちゃ
DU MACHST EINFACH WEITER?!
I... ICH WILL ABSPRITZEN!
... HALT DURCH!
!
UH...

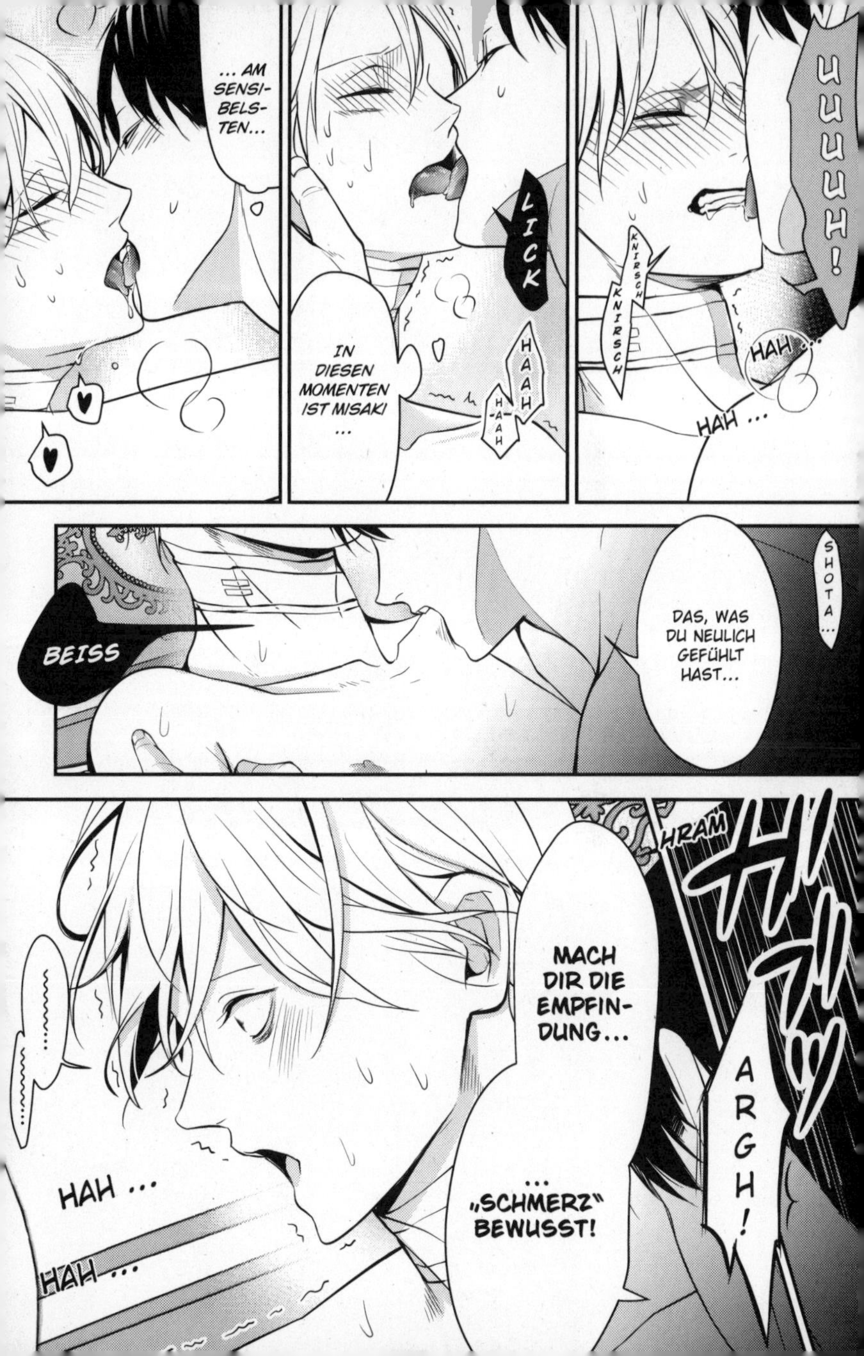
UUUUH!
KNIRSCH KNIRSCH
HAH ...
HAH ...
LICK
HAAH
HAAH
IN DIESEN MOMENTEN IST MISAKI ...
... AM SENSIBELSTEN...
SHOTA ...
DAS, WAS DU NEULICH GEFÜHLT HAST...
BEISS
HRAM
ARGH!
MACH DIR DIE EMPFINDUNG...
... „SCHMERZ" BEWUSST!
HAH ...
HAH ...

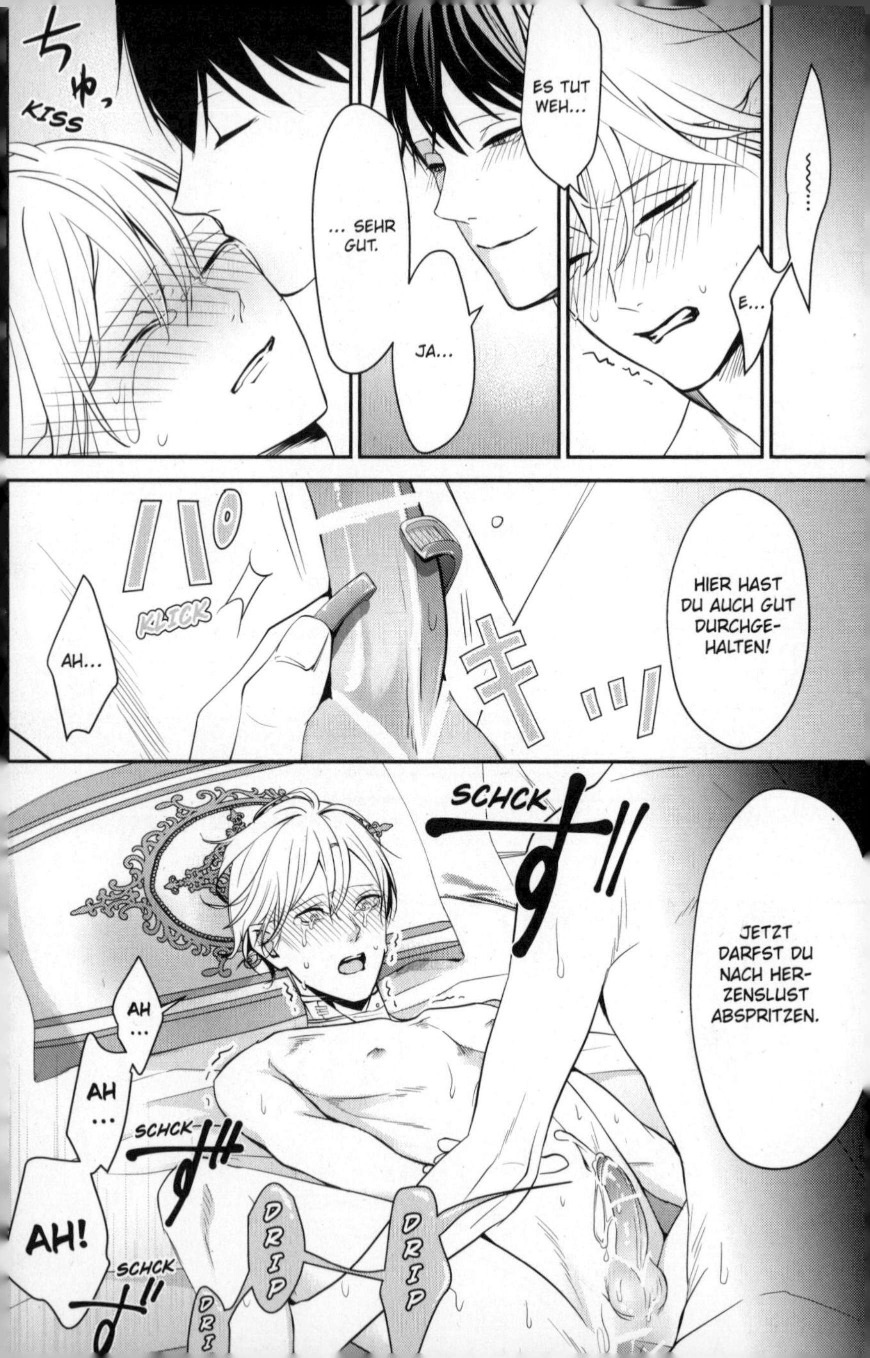
......
E...
ES TUT WEH...
... SEHR GUT.
JA...
KISS
HIER HAST DU AUCH GUT DURCHGE-HALTEN!
KLICK
AH...
SCHCK
JETZT DARFST DU NACH HER-ZENSLUST ABSPRITZEN.
AH ...
AH ...
SCHCK
AH!
SCHCK
DRIP
DRIP
DRI

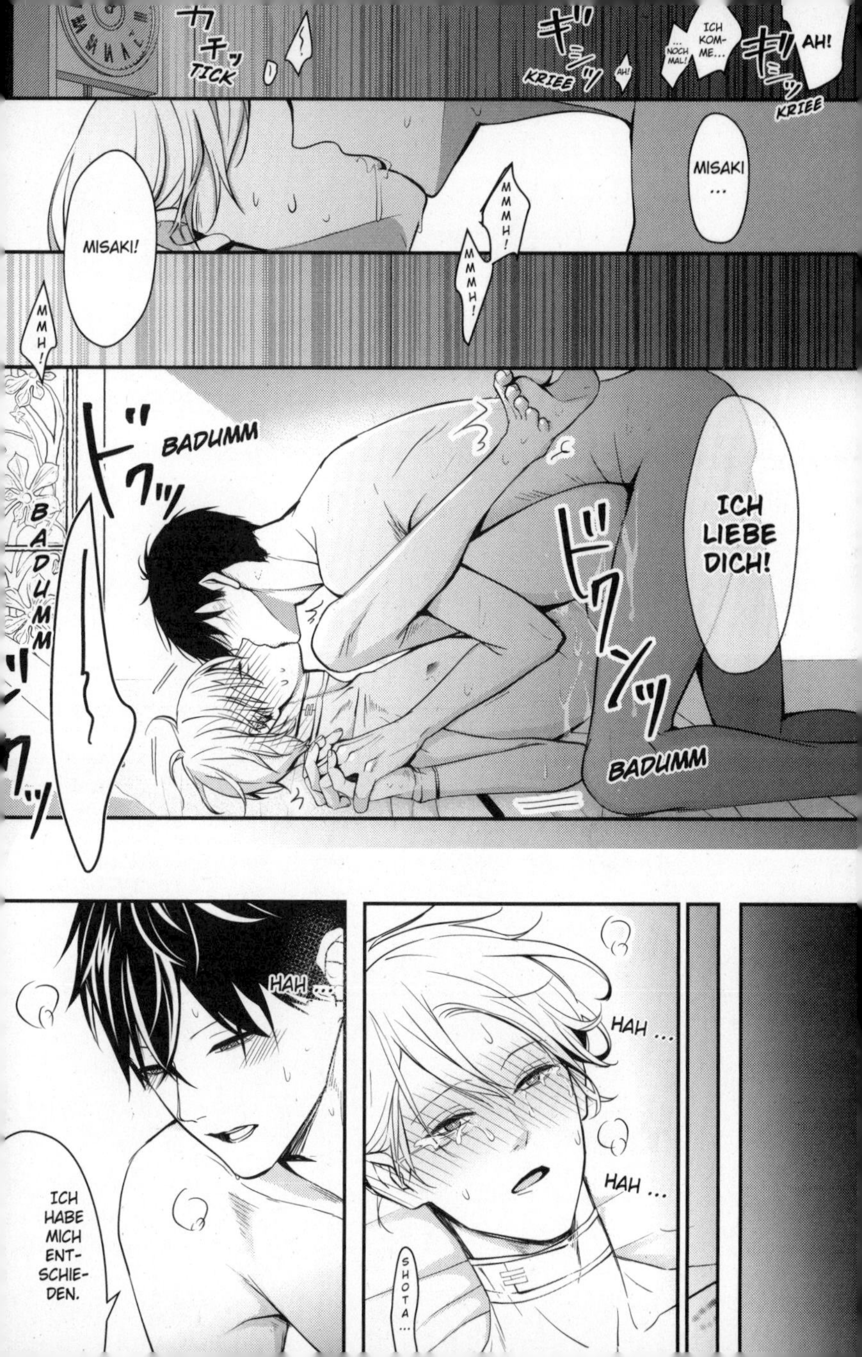
AH!
KRIEE
ICH KOMME ... NOCH MAL!
AH!
KRIEE
TICK
MISAKI ...
MMMH!
MMMH!
MISAKI!
MMH!
ICH LIEBE DICH!
BADUMM
BADUMM
BADUMM
HAH ...
HAH ...
SHOTA ...
HAH ...
ICH HABE MICH ENTSCHIEDEN.

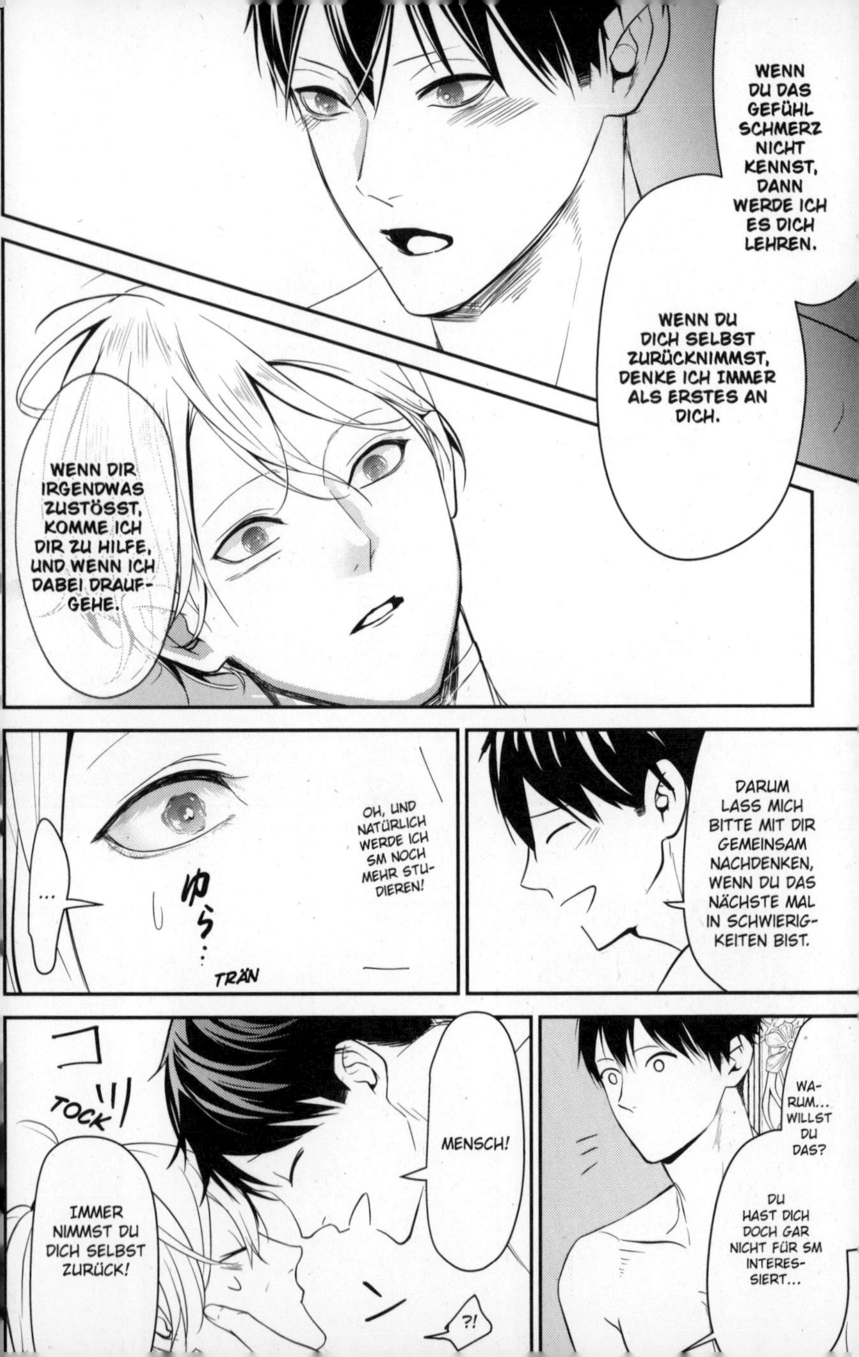
WENN DU DAS GEFÜHL SCHMERZ NICHT KENNST, DANN WERDE ICH ES DICH LEHREN.
WENN DU DICH SELBST ZURÜCKNIMMST, DENKE ICH IMMER ALS ERSTES AN DICH.
WENN DIR IRGENDWAS ZUSTÖSST, KOMME ICH DIR ZU HILFE, UND WENN ICH DABEI DRAUF-GEHE.
DARUM LASS MICH BITTE MIT DIR GEMEINSAM NACHDENKEN, WENN DU DAS NÄCHSTE MAL IN SCHWIERIG-KEITEN BIST.
OH, UND NATÜRLICH WERDE ICH SM NOCH MEHR STU-DIEREN!
...
ゆら…
TRÄN
WA-RUM... WILLST DU DAS?
DU HAST DICH DOCH GAR NICHT FÜR SM INTERES-SIERT...
MENSCH!
TOCK
IMMER NIMMST DU DICH SELBST ZURÜCK!
?!

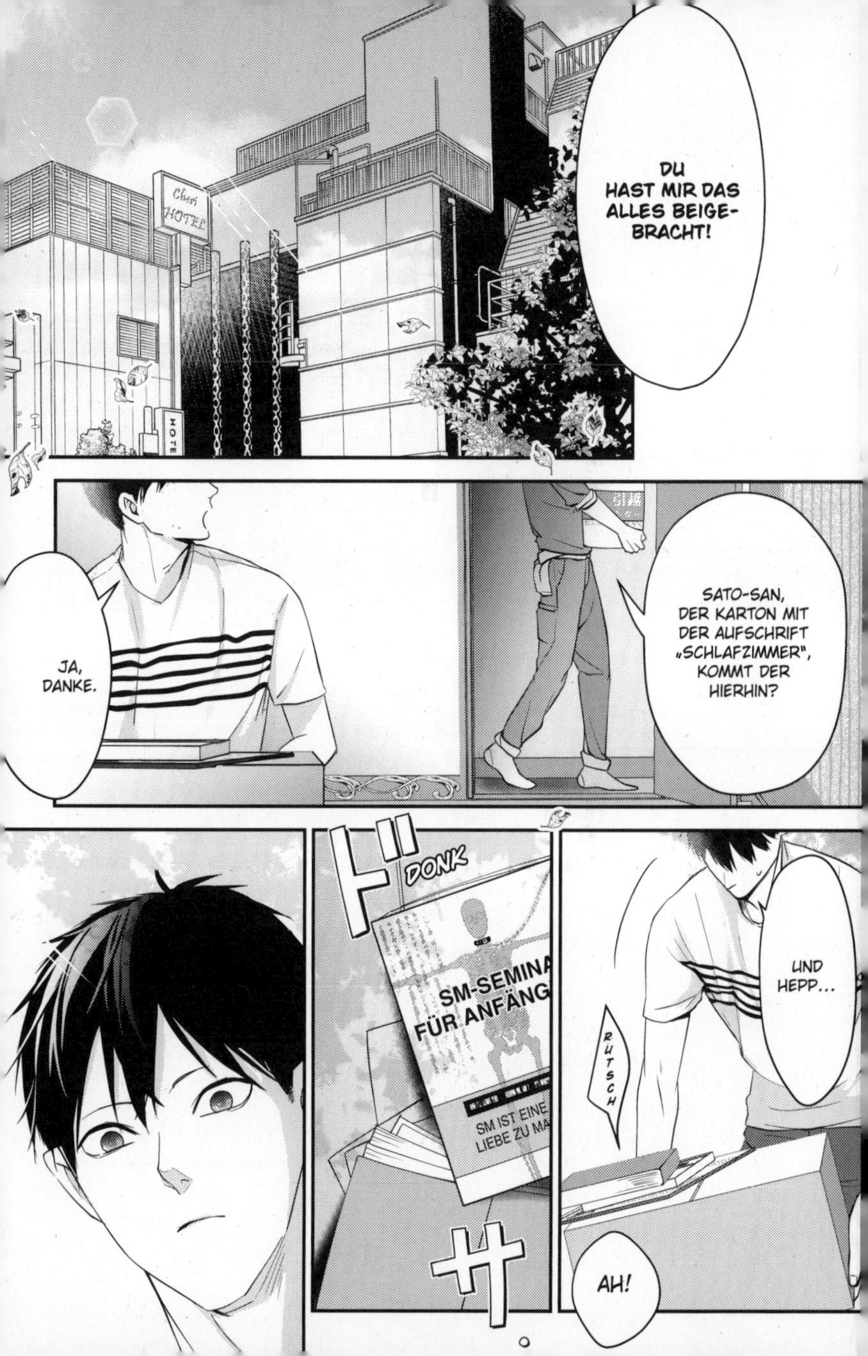
DU HAST MIR DAS ALLES BEIGE-BRACHT!
SATO-SAN, DER KARTON MIT DER AUFSCHRIFT „SCHLAFZIMMER", KOMMT DER HIERHIN?
JA, DANKE.
UND HEPP…
RUTSCH
AH!
DONK
SM-SEMINA
FÜR ANFÄNG
SM IST EINE
LIEBE ZU MA

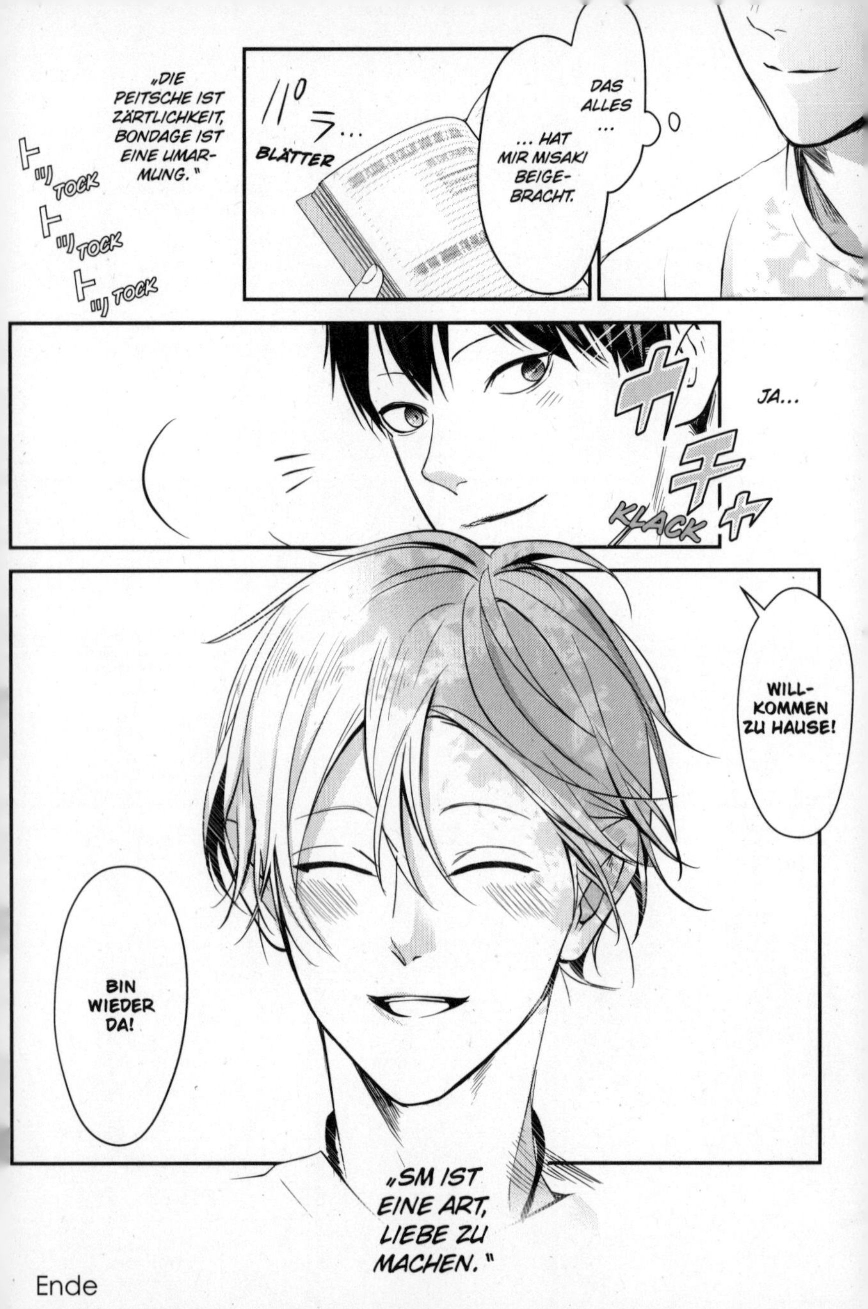
DAS ALLES … … HAT MIR MISAKI BEIGEBRACHT.
BLÄTTER
„DIE PEITSCHE IST ZÄRTLICHKEIT, BONDAGE IST EINE UMARMUNG."
TOCK
TOCK
TOCK
JA…
KLACK
WILLKOMMEN ZU HAUSE!
BIN WIEDER DA!
„SM IST EINE ART, LIEBE ZU MACHEN."

Ende

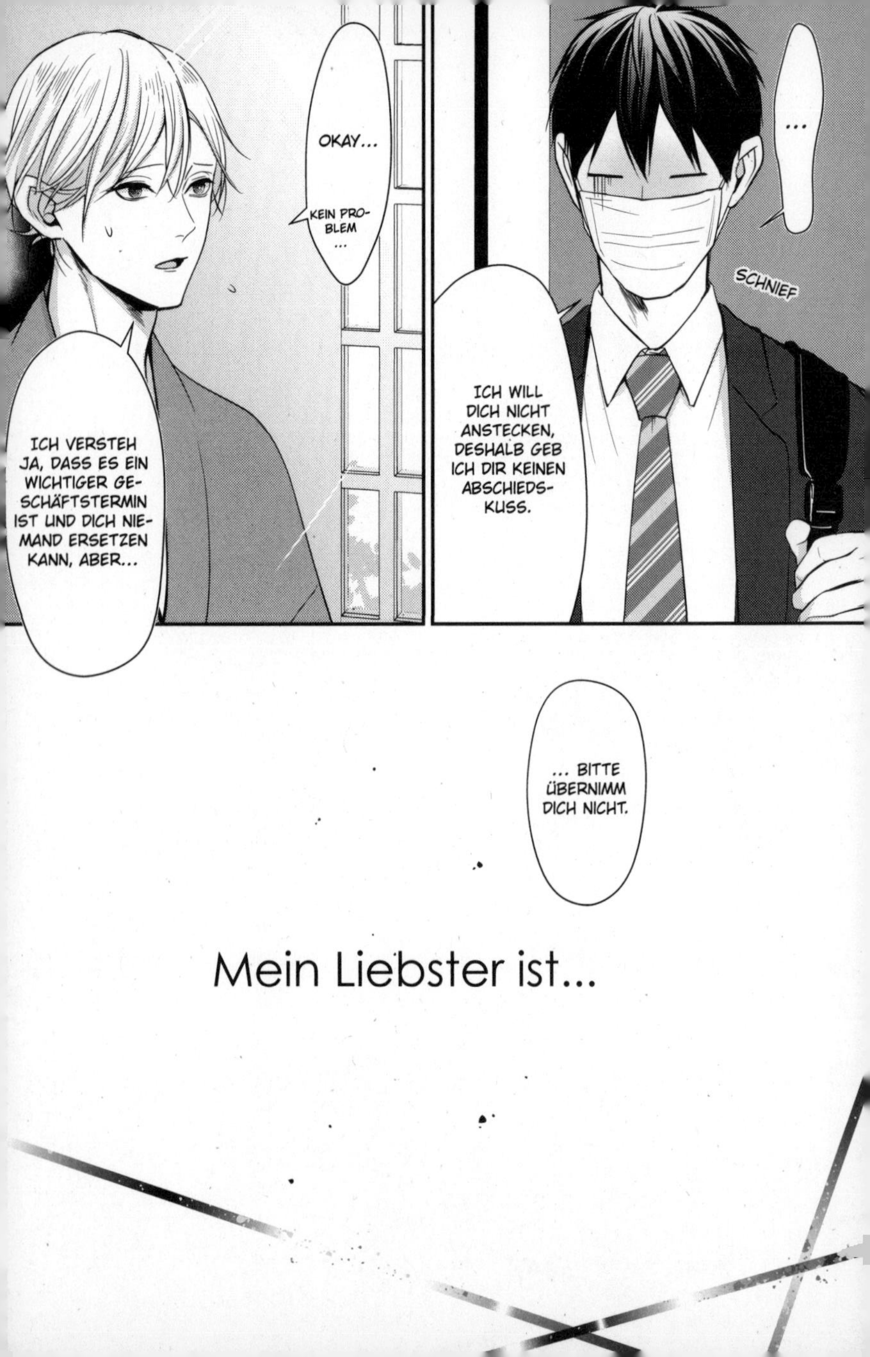
...
SCHNIEF
ICH WILL DICH NICHT ANSTECKEN, DESHALB GEB ICH DIR KEINEN ABSCHIEDS-KUSS.
OKAY...
KEIN PRO-BLEM ...
ICH VERSTEH JA, DASS ES EIN WICHTIGER GE-SCHÄFTSTERMIN IST UND DICH NIE-MAND ERSETZEN KANN, ABER...
... BITTE ÜBERNIMM DICH NICHT.
Mein Liebster ist...

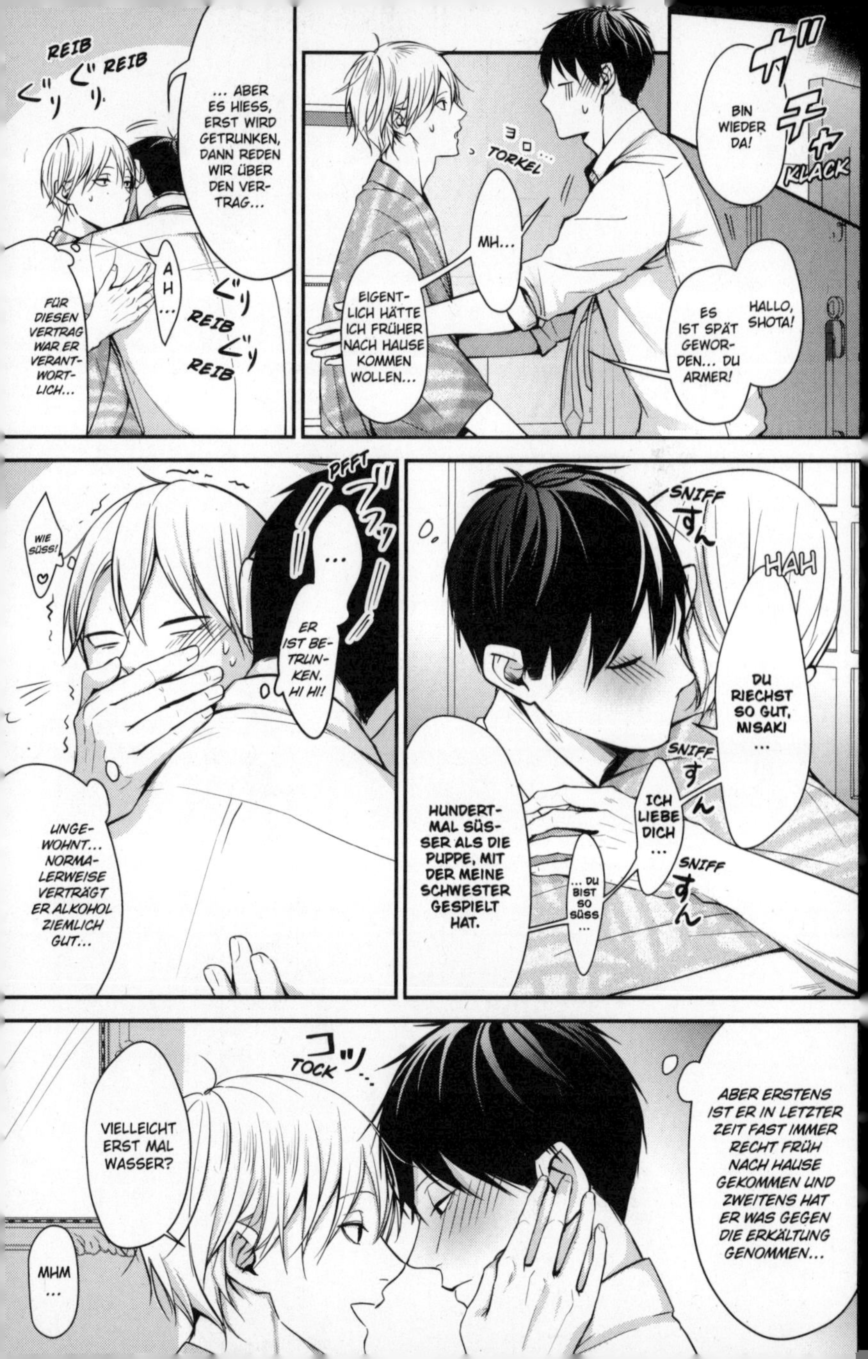

ガチャ
KLACK
BIN WIEDER DA!
HALLO, SHOTA!
ES IST SPÄT GEWORDEN... DU ARMER!
EIGENTLICH HÄTTE ICH FRÜHER NACH HAUSE KOMMEN WOLLEN...
MH...
ヨロ...
TORKEL
... ABER ES HIESS, ERST WIRD GETRUNKEN, DANN REDEN WIR ÜBER DEN VERTRAG...
AH ...
ぐりぐり REIB REIB
ぐりぐり REIB REIB
FÜR DIESEN VERTRAG WAR ER VERANTWORTLICH...
SNIFF すん
HAH
DU RIECHST SO GUT, MISAKI ...
SNIFF すん
ICH LIEBE DICH ...
SNIFF すん
... DU BIST SO SÜSS ...
HUNDERTMAL SÜSSER ALS DIE PUPPE, MIT DER MEINE SCHWESTER GESPIELT HAT.
PFFT
...
ER IST BETRUNKEN. HI HI!
WIE SÜSS! ♥
UNGEWOHNT... NORMALERWEISE VERTRÄGT ER ALKOHOL ZIEMLICH GUT...
ABER ERSTENS IST ER IN LETZTER ZEIT FAST IMMER RECHT FRÜH NACH HAUSE GEKOMMEN UND ZWEITENS HAT ER WAS GEGEN DIE ERKÄLTUNG GENOMMEN...
コツ...
TOCK
VIELLEICHT ERST MAL WASSER?
MHM ...

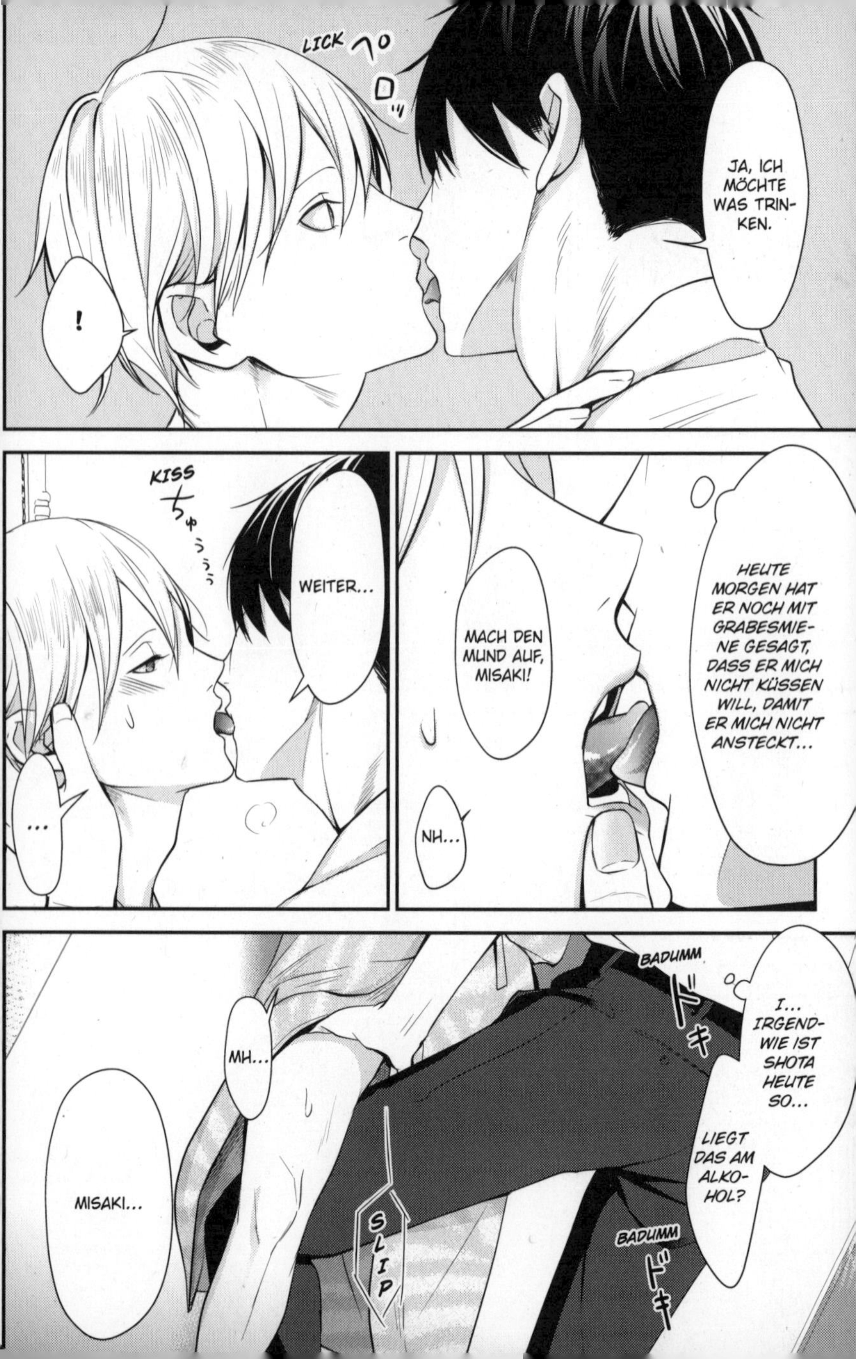
LICK
ペロッ
JA, ICH MÖCHTE WAS TRINKEN.
!
HEUTE MORGEN HAT ER NOCH MIT GRABESMIENE GESAGT, DASS ER MICH NICHT KÜSSEN WILL, DAMIT ER MICH NICHT ANSTECKT…
MACH DEN MUND AUF, MISAKI!
NH…
KISS
ちゅううう
WEITER…
…
BADUMM
ドキ
I… IRGENDWIE IST SHOTA HEUTE SO…
LIEGT DAS AM ALKOHOL?
BADUMM
ドキ
MH…
SLIP
MISAKI…

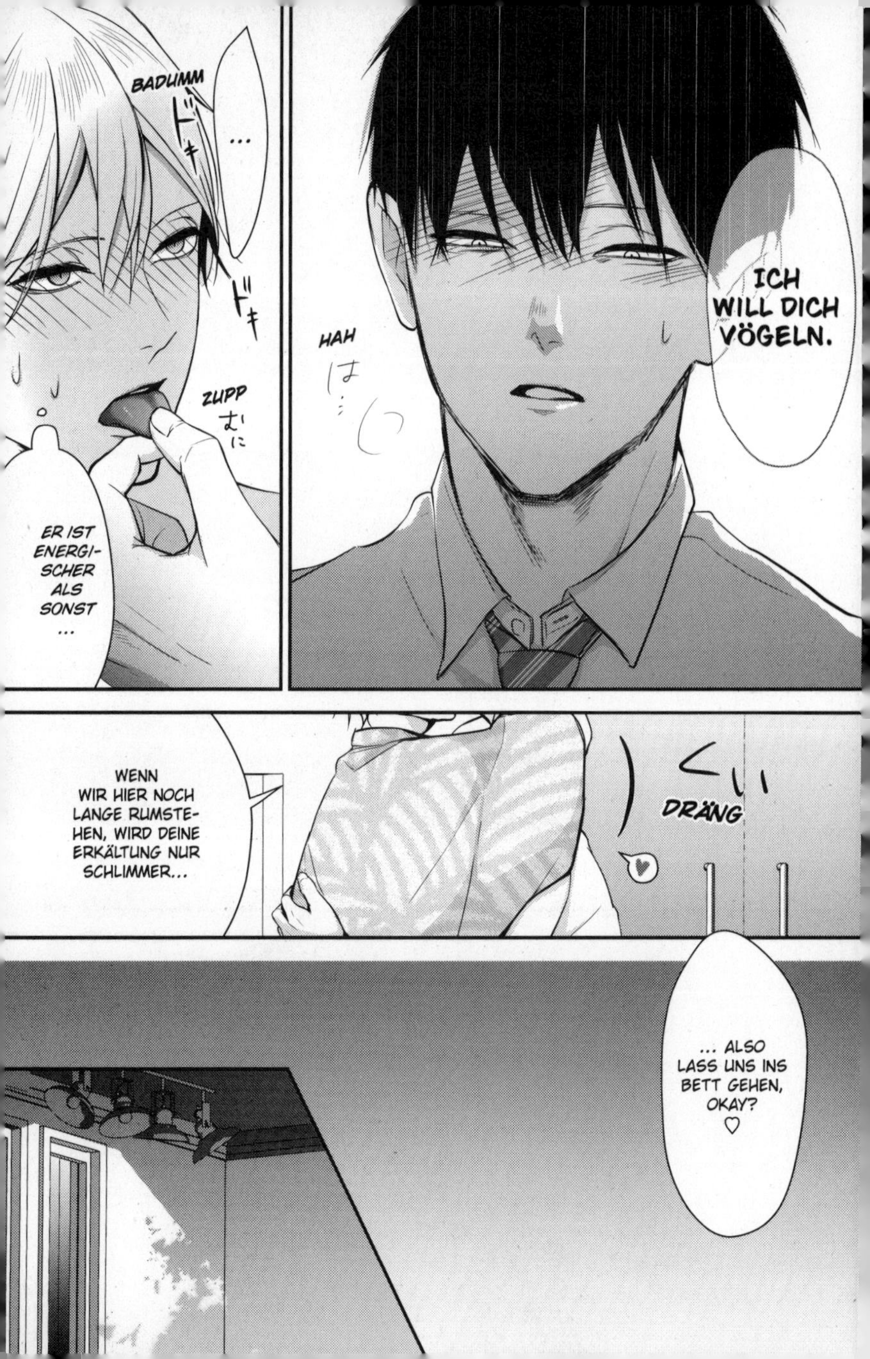
ICH WILL DICH VÖGELN.
HAH
は…
BADUMM
ドキ ドキ
…
ZUPP
むに
ER IST ENERGISCHER ALS SONST …
DRÄNG
くい
♥
WENN WIR HIER NOCH LANGE RUMSTEHEN, WIRD DEINE ERKÄLTUNG NUR SCHLIMMER…
… ALSO LASS UNS INS BETT GEHEN, OKAY? ♡

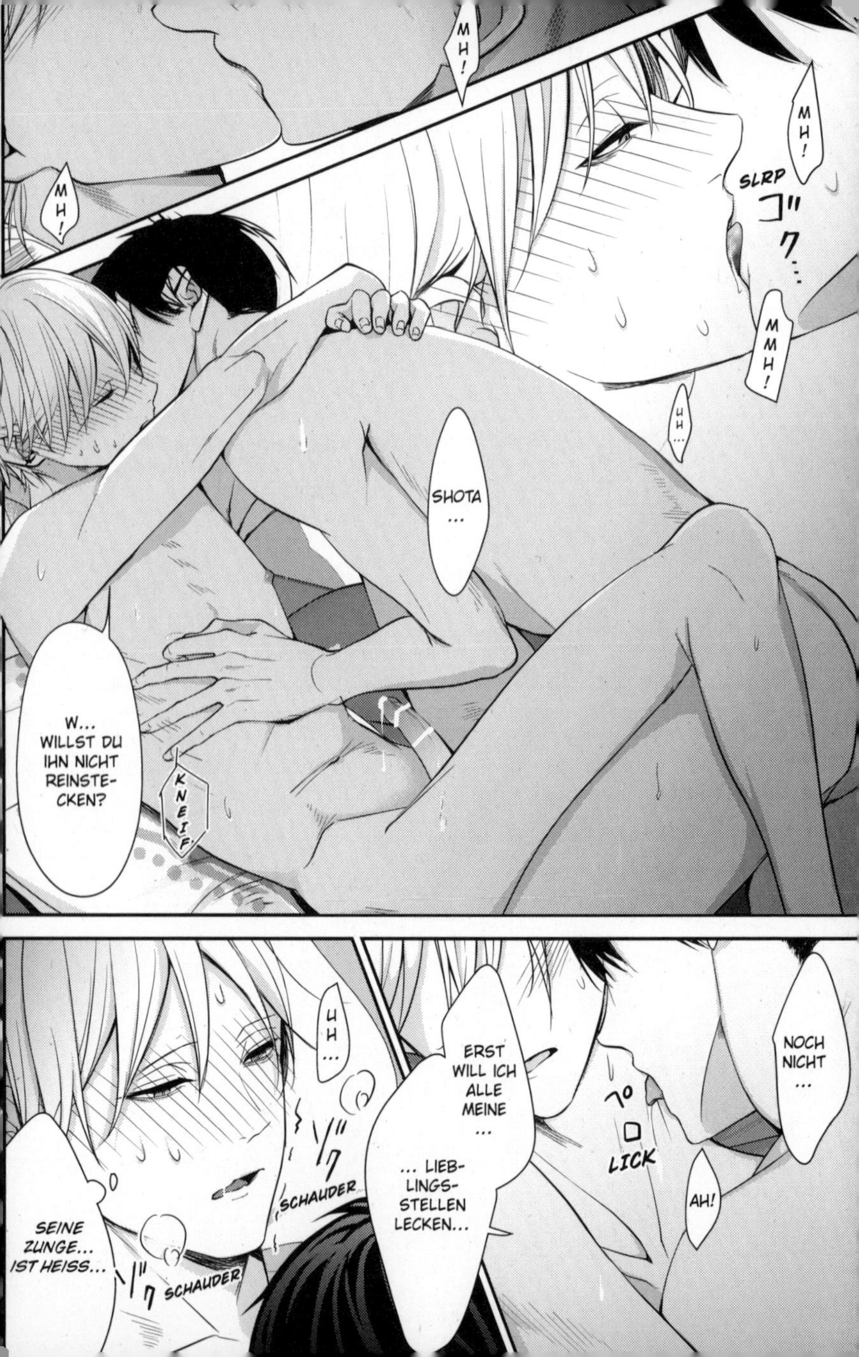
MH!
MH!
SLRP
ゴク…
MH!
MMH!
UH…
SHOTA …
W… WILLST DU IHN NICHT REINSTE-CKEN?
KNEIF
NOCH NICHT …
ペロ
LICK
AH!
ERST WILL ICH ALLE MEINE …
… LIEB-LINGS-STELLEN LECKEN…
UH …
ゾク
SCHAUDER
SEINE ZUNGE… IST HEISS…
ゾク
SCHAUDER

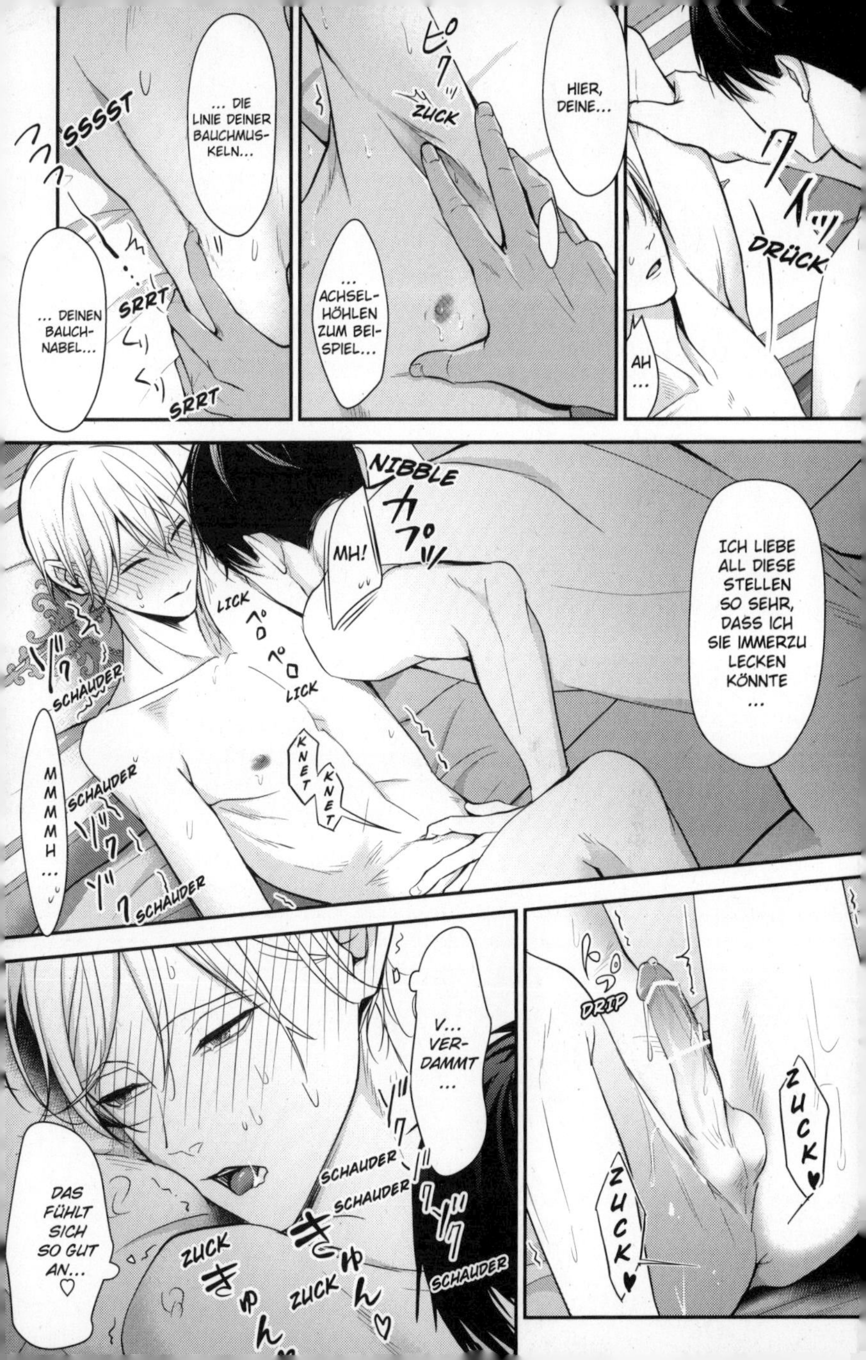
HIER, DEINE…
DRÜCK
AH …
ZUCK
… ACHSEL-HÖHLEN ZUM BEI-SPIEL…
… DIE LINIE DEINER BAUCHMUS-KELN…
SSSST
SRRT
… DEINEN BAUCH-NABEL…
SRRT
NIBBLE
MH!
ICH LIEBE ALL DIESE STELLEN SO SEHR, DASS ICH SIE IMMERZU LECKEN KÖNNTE …
LICK
LICK
KNET
KNET
SCHAUDER
MMMMH …
SCHAUDER
SCHAUDER
DRIP
ZUCK♥
ZUCK♥
V… VER-DAMMT …
SCHAUDER
SCHAUDER
SCHAUDER
DAS FÜHLT SICH SO GUT AN… ♡
ZUCK
ZUCK

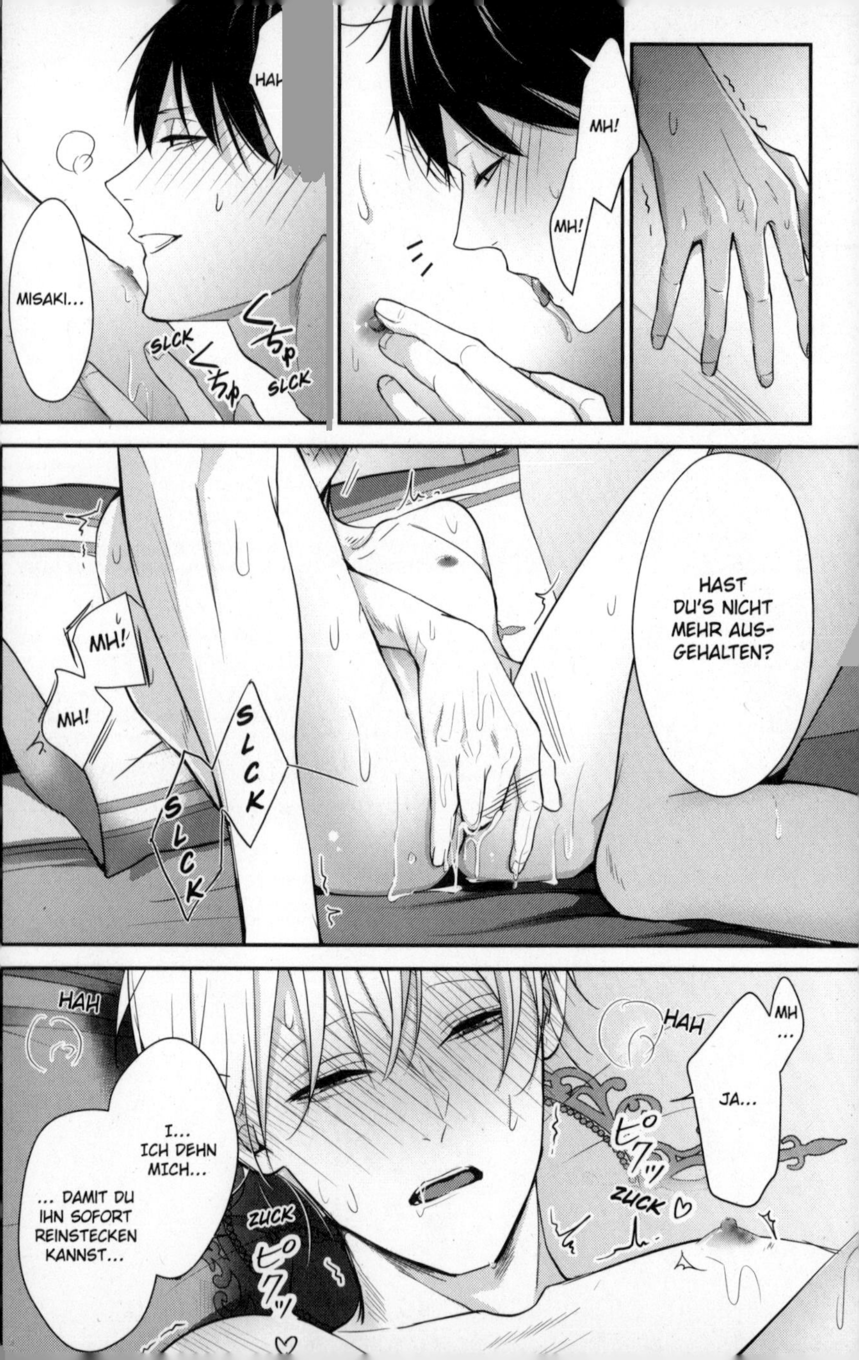
MH!
MH!
HAH
MISAKI...
SLCK
SLCK
HAST DU'S NICHT MEHR AUS-GEHALTEN?
MH!
MH!
SLCK
SLCK
MH ...
JA...
HAH
ZUCK
HAH
I... ICH DEHN MICH...
... DAMIT DU IHN SOFORT REINSTECKEN KANNST...
ZUCK

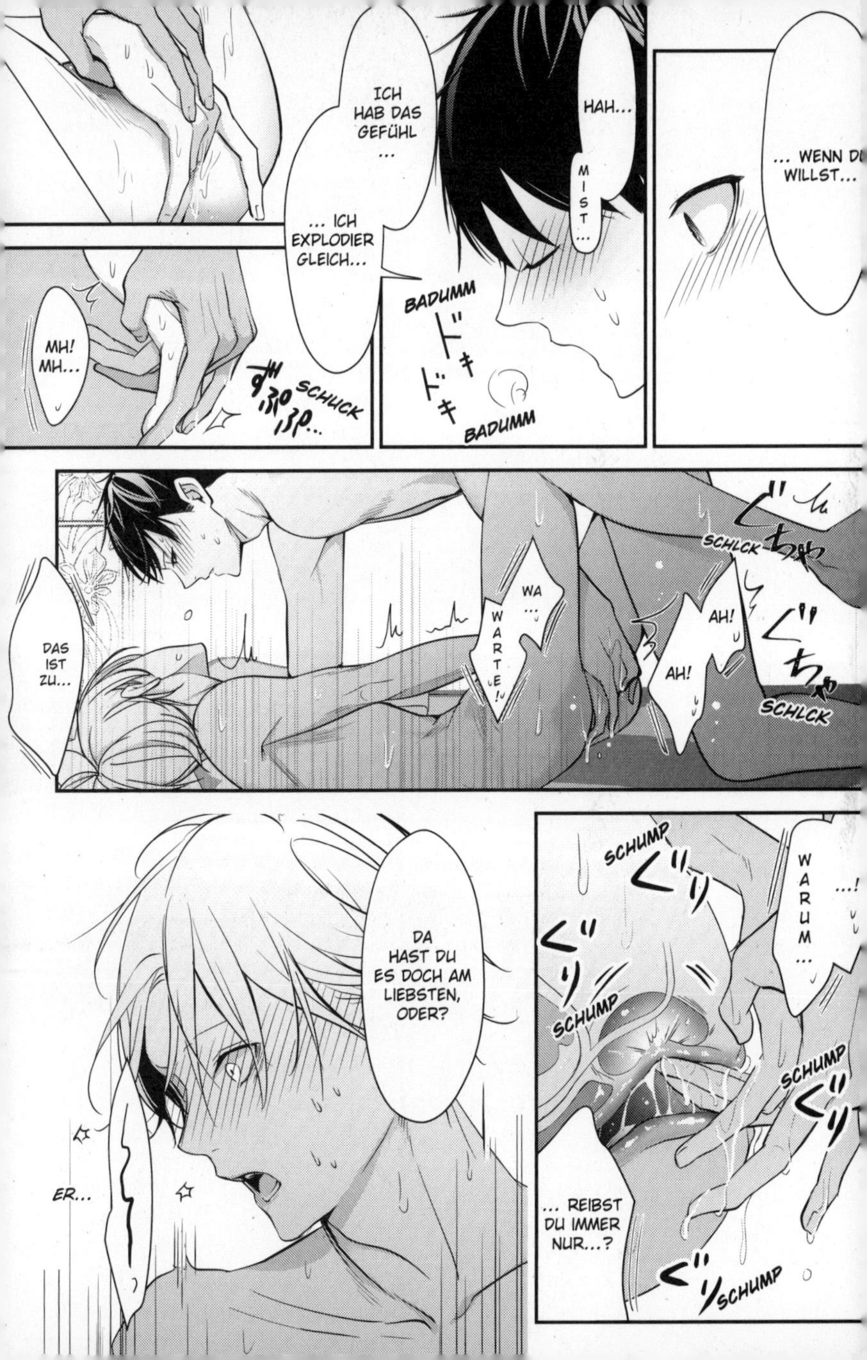
... WENN DU WILLST...
HAH...
MIST...
BADUMM
ドキドキ
BADUMM
ICH HAB DAS GEFÜHL ...
... ICH EXPLODIER GLEICH...
MH! MH...
SCHUCK
ずぷぷ...
SCHLCK
ぐちゃ
ぐちゃ
SCHLCK
AH!
AH!
WA... WARTE!
DAS IST ZU...
WARUM... ...!
SCHUMP
ぐり
ぐり
SCHUMP
SCHUMP
ぐり
... REIBST DU IMMER NUR...?
ぐり
SCHUMP
DA HAST DU ES DOCH AM LIEBSTEN, ODER?
ER...

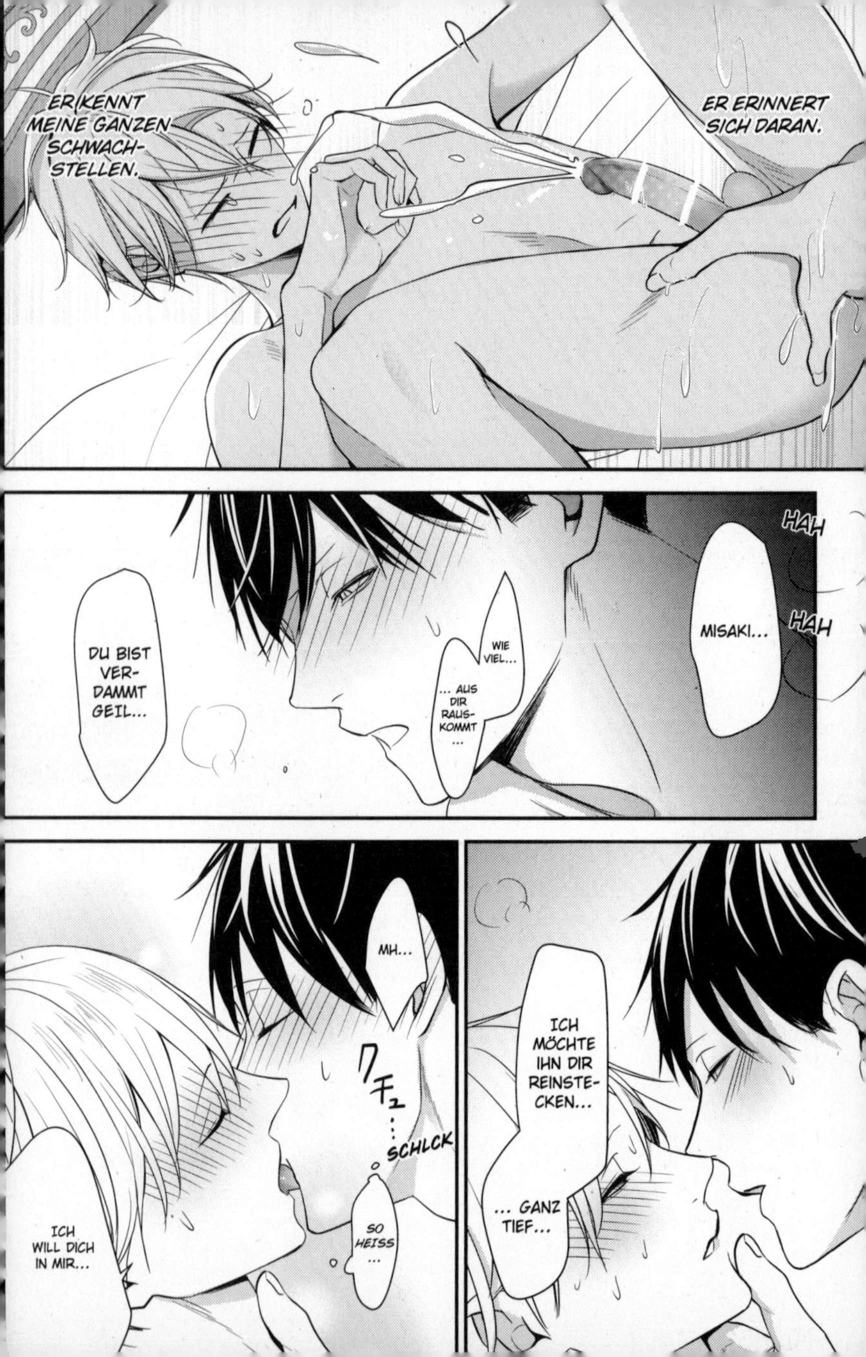
ER ERINNERT SICH DARAN.
ER KENNT MEINE GANZEN SCHWACH-STELLEN.
HAH
HAH
MISAKI...
WIE VIEL...
... AUS DIR RAUS-KOMMT...
DU BIST VER-DAMMT GEIL...
ICH MÖCHTE IHN DIR REINSTE-CKEN...
... GANZ TIEF...
MH...
クチュ... SCHLCK
SO HEISS...
ICH WILL DICH IN MIR...

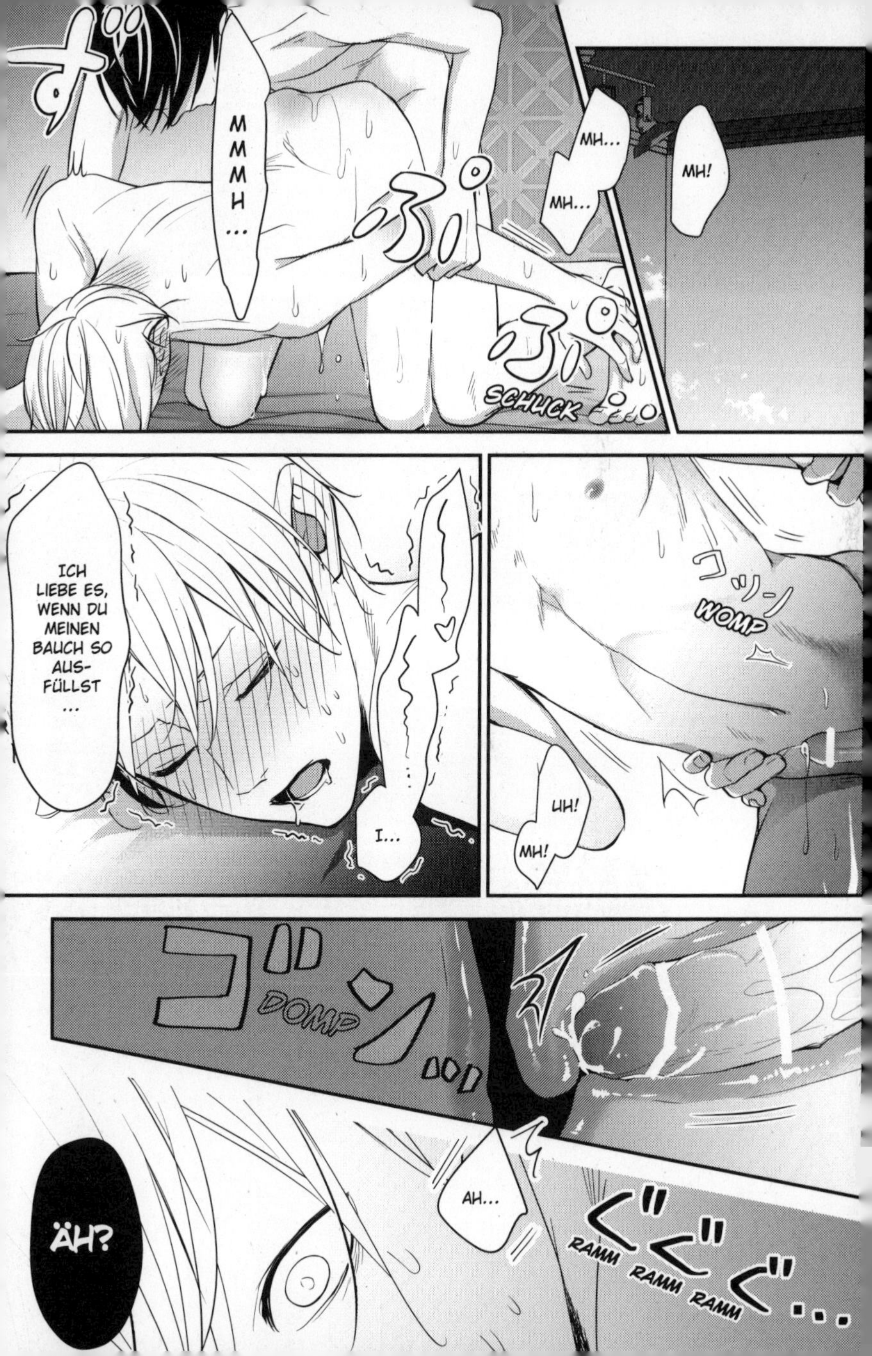
MH!
MH...
MH...
MMMH...
SCHUCK
WOMP
UH!
MH!
ICH LIEBE ES, WENN DU MEINEN BAUCH SO AUSFÜLLST...
I...
DOMP
AH...
RAMM
RAMM
RAMM
ÄH?

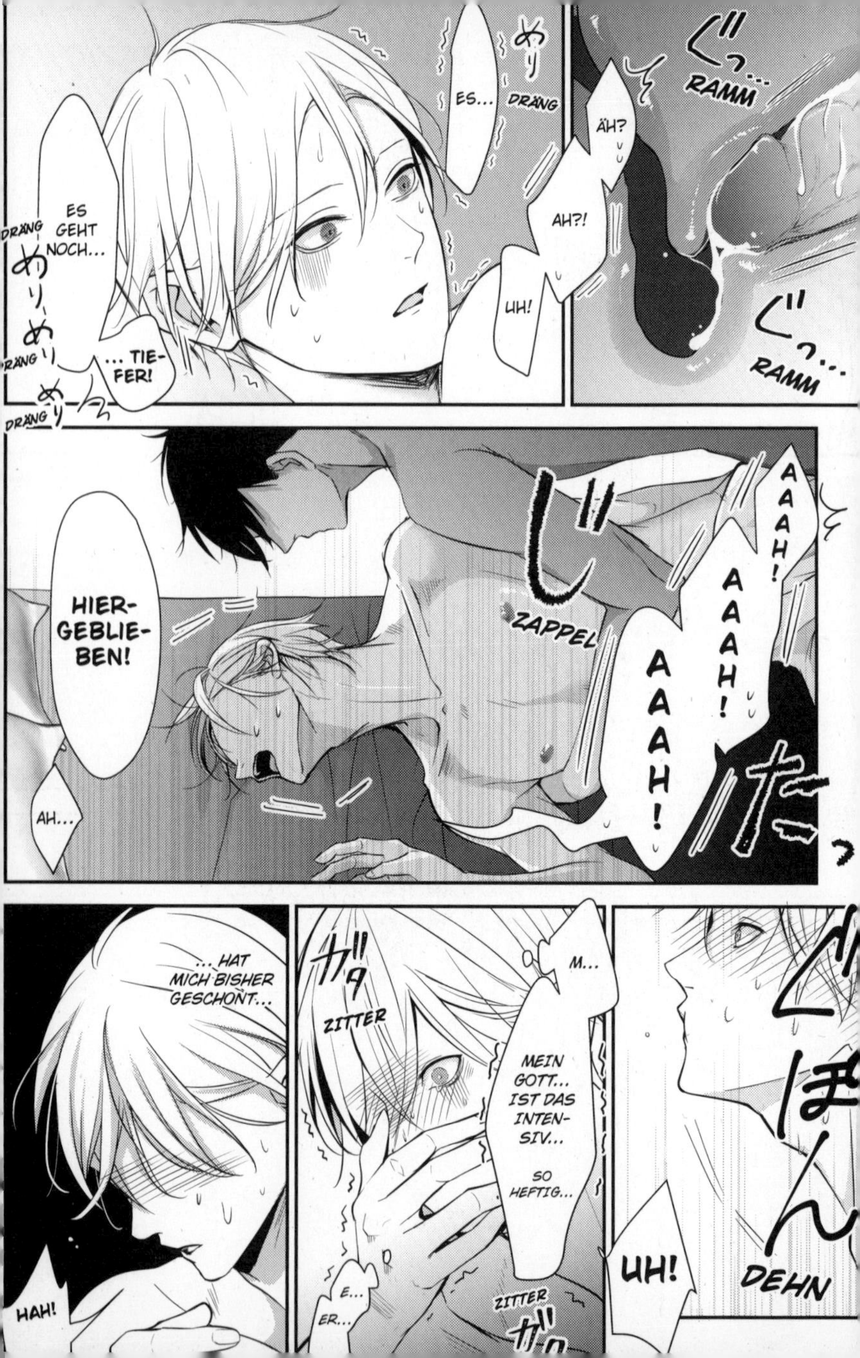

RAMM
ÄH?
AH?!
UH!
RAMM
ES...
DRÄNG
ES GEHT NOCH...
DRÄNG
DRÄNG
... TIE-FER!
DRÄNG
AAAH!
AAAAH!
AAAAH!
ZAPPEL
HIER-GEBLIE-BEN!
AH...
DEHN
UH!
M...
MEIN GOTT... IST DAS INTEN-SIV...
SO HEFTIG...
ZITTER
E... ER...
ZITTER
... HAT MICH BISHER GESCHONT...
HAH!

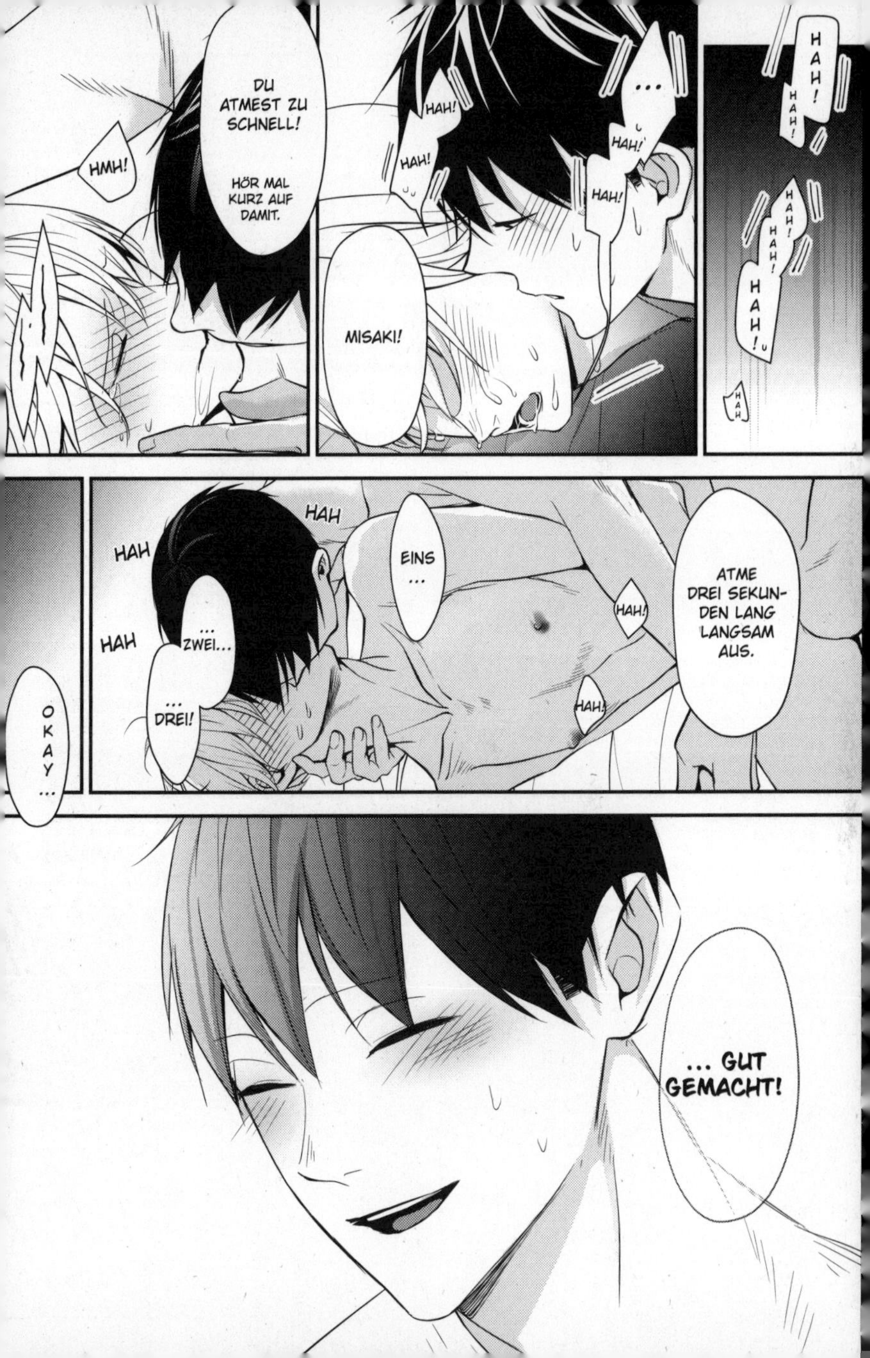
HAH! HAH!
HAH! HAH! HAH!
HAH
...
HAH!
HAH!
HAH!
HAH!
MISAKI!
DU ATMEST ZU SCHNELL!
HÖR MAL KURZ AUF DAMIT.
HMH!
ATME DREI SEKUNDEN LANG LANGSAM AUS.
HAH!
HAH!
EINS ...
HAH
HAH
... ZWEI...
HAH
... DREI!
OKAY ...
... GUT GEMACHT!

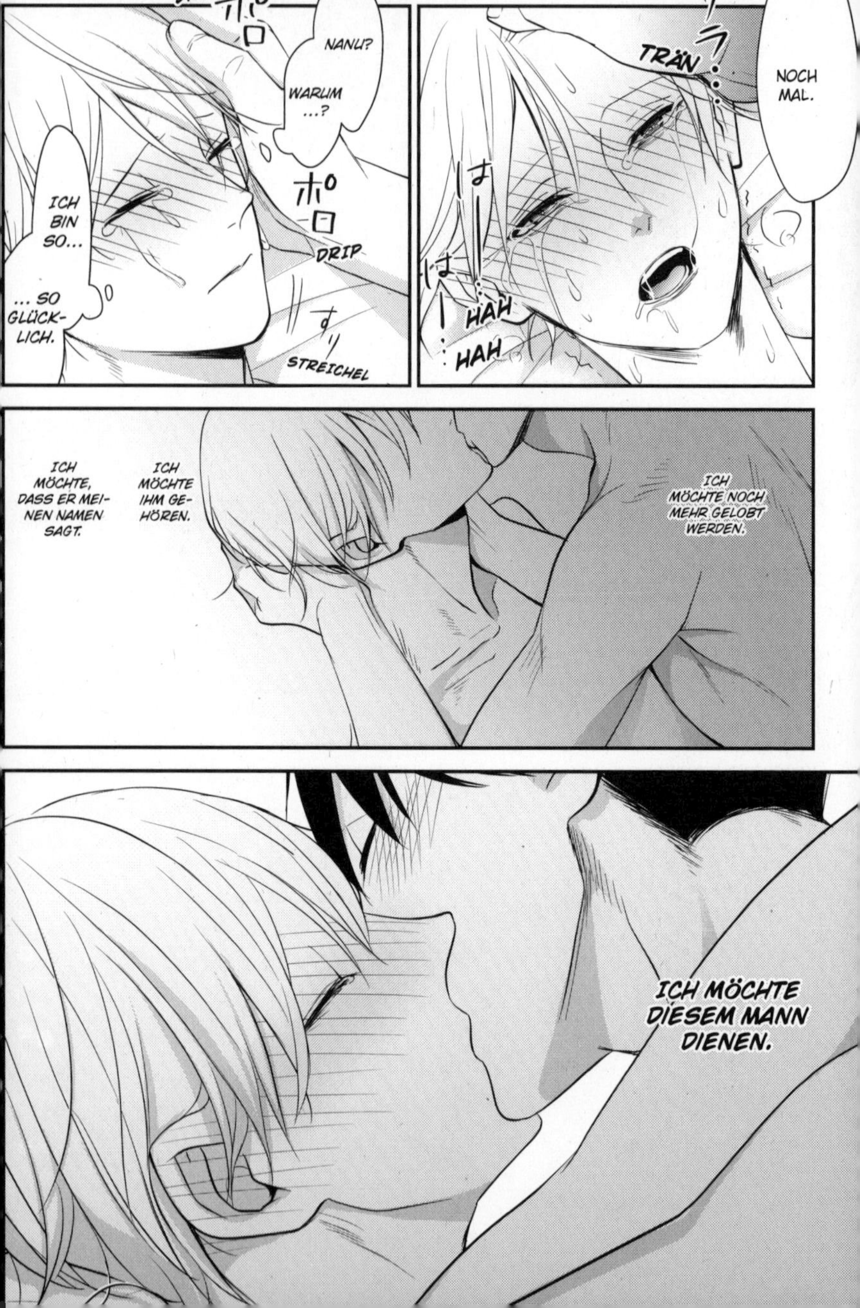

NOCH MAL.
サラ…
TRÄN
はー…
HAH
はー…
HAH
NANU?
WARUM ...?
ポロ
DRIP
ICH BIN SO...
... SO GLÜCKLICH.
ポロ
DRIP
すり
STREICHEL
ICH MÖCHTE NOCH MEHR GELOBT WERDEN.
ICH MÖCHTE IHM GEHÖREN.
ICH MÖCHTE, DASS ER MEINEN NAMEN SAGT.
ICH MÖCHTE DIESEM MANN DIENEN.

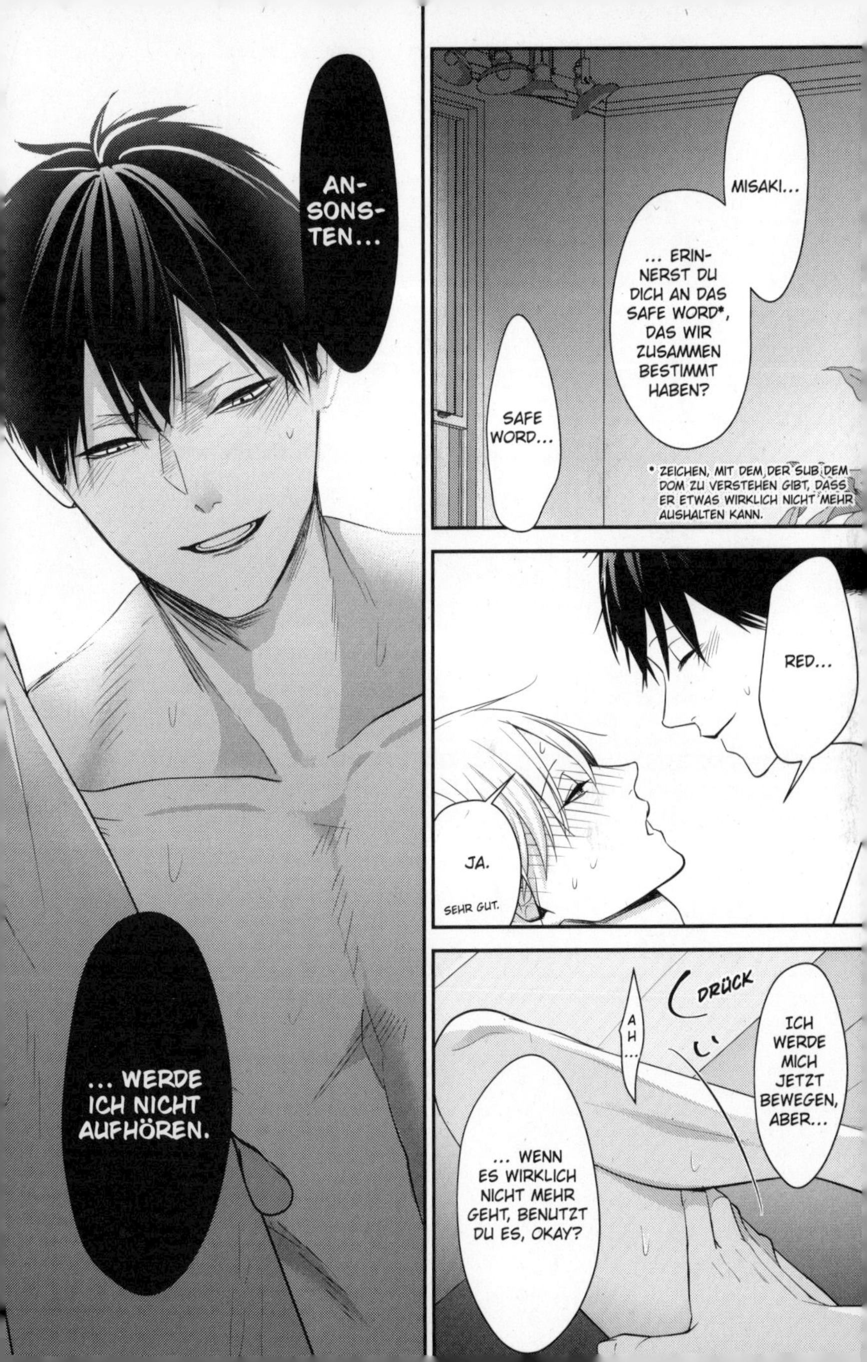
MISAKI…
… ERINNERST DU DICH AN DAS SAFE WORD*, DAS WIR ZUSAMMEN BESTIMMT HABEN?
SAFE WORD…
* ZEICHEN, MIT DEM DER SUB DEM DOM ZU VERSTEHEN GIBT, DASS ER ETWAS WIRKLICH NICHT MEHR AUSHALTEN KANN.
RED…
JA.
SEHR GUT.
ICH WERDE MICH JETZT BEWEGEN, ABER…
DRÜCK
AH…
… WENN ES WIRKLICH NICHT MEHR GEHT, BENUTZT DU ES, OKAY?
AN-SONS-TEN…
… WERDE ICH NICHT AUFHÖREN.

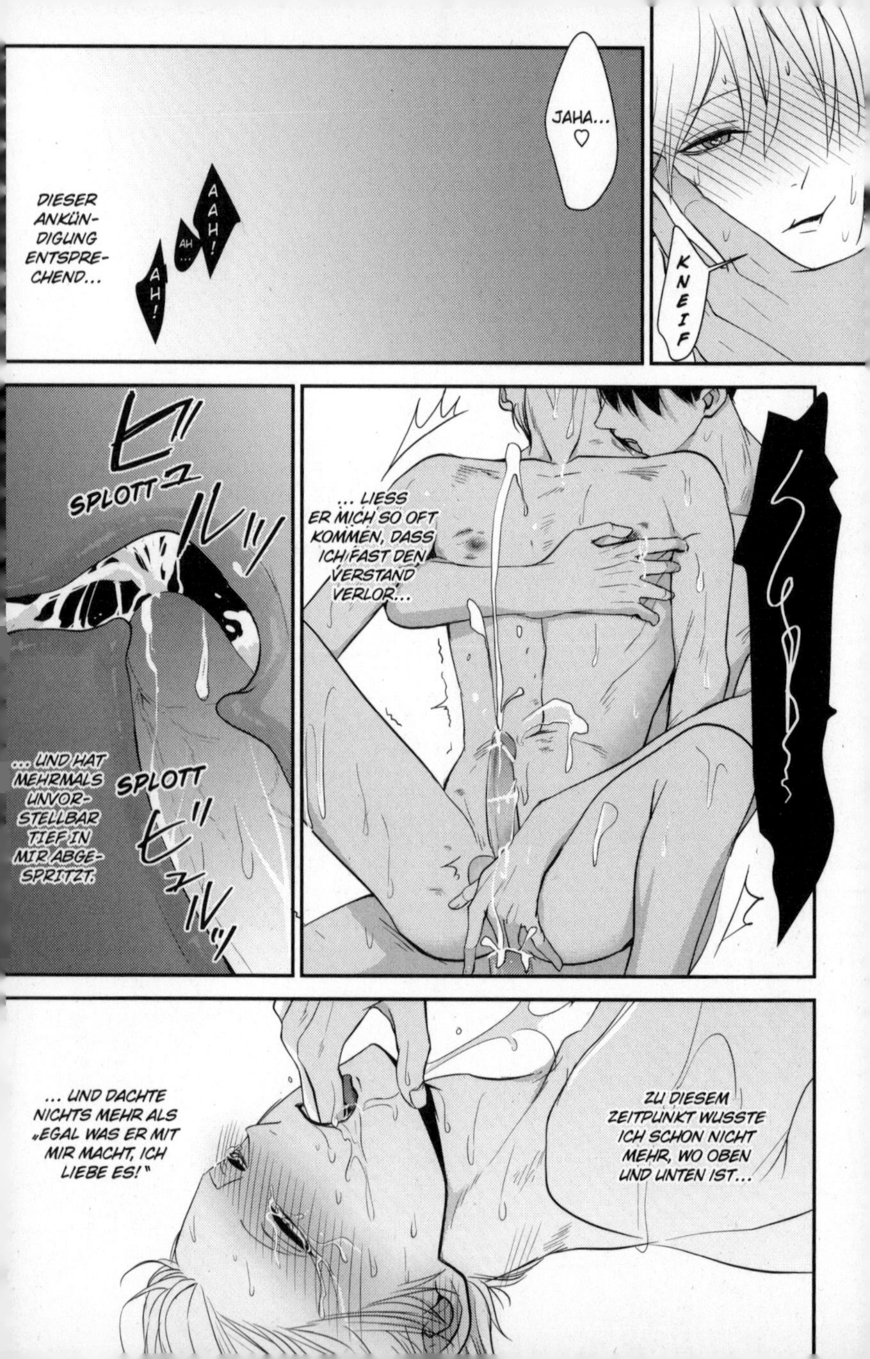
KNEIF
JAHA... ♡
AAH!
AH...
AH!
DIESER ANKÜNDIGUNG ENTSPRECHEND...
... LIESS ER MICH SO OFT KOMMEN, DASS ICH FAST DEN VERSTAND VERLOR...
SPLOTT
ビュルルッ
SPLOTT
ビュルルッ
... UND HAT MEHRMALS UNVORSTELLBAR TIEF IN MIR ABGESPRITZT.
ZU DIESEM ZEITPUNKT WUSSTE ICH SCHON NICHT MEHR, WO OBEN UND UNTEN IST...
... UND DACHTE NICHTS MEHR ALS „EGAL WAS ER MIT MIR MACHT, ICH LIEBE ES!"

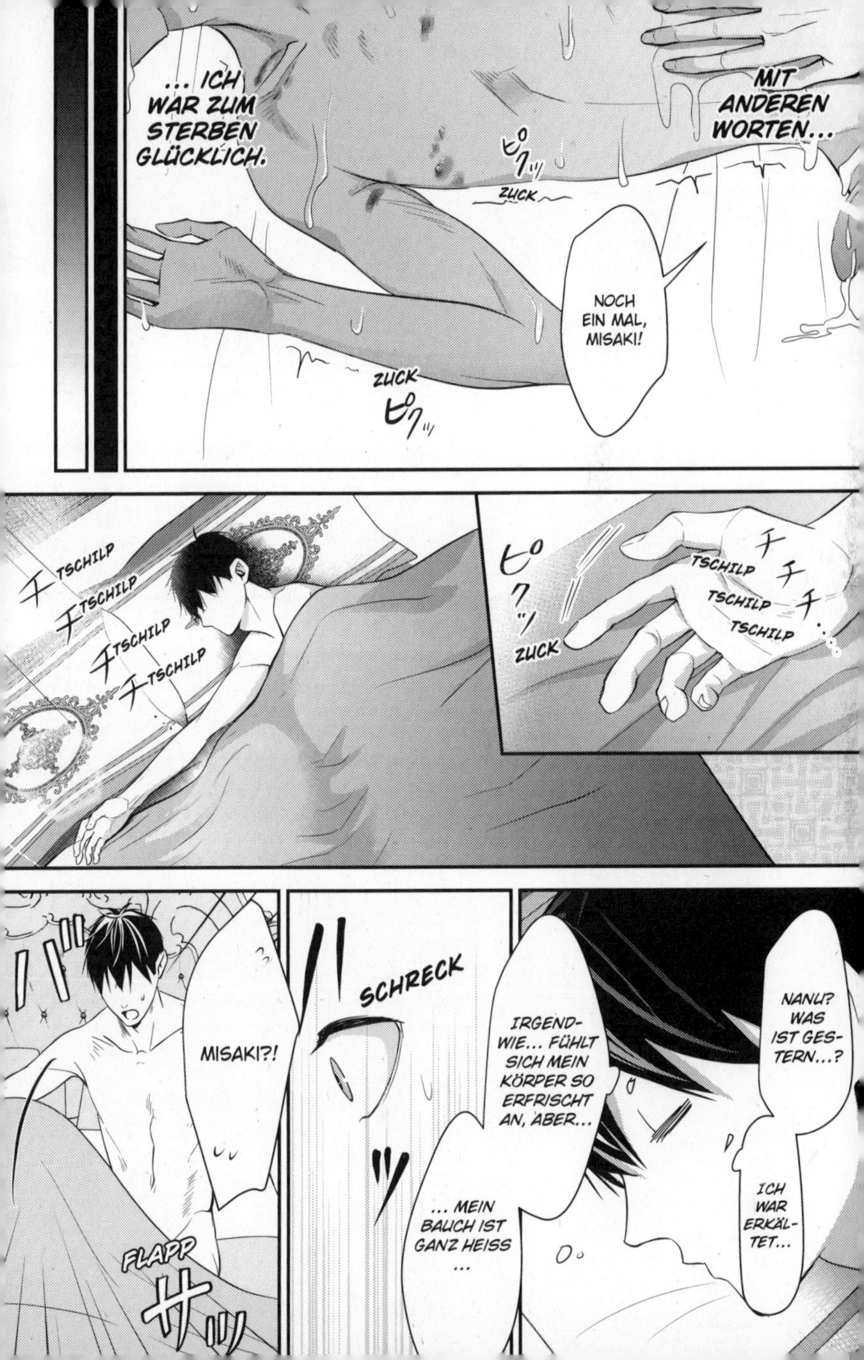
MIT ANDEREN WORTEN…
ピクッ ZUCK
NOCH EIN MAL, MISAKI!
ZUCK ピクッ
… ICH WAR ZUM STERBEN GLÜCKLICH.
ピクッ ZUCK
チ TSCHILP
チ TSCHILP
チ TSCHILP…
チ TSCHILP
チ TSCHILP
チ TSCHILP
チ TSCHILP
NANU? WAS IST GESTERN…?
ICH WAR ERKÄLTET…
IRGENDWIE… FÜHLT SICH MEIN KÖRPER SO ERFRISCHT AN, ABER…
… MEIN BAUCH IST GANZ HEISS …
SCHRECK
MISAKI?!
FLAPP サッ

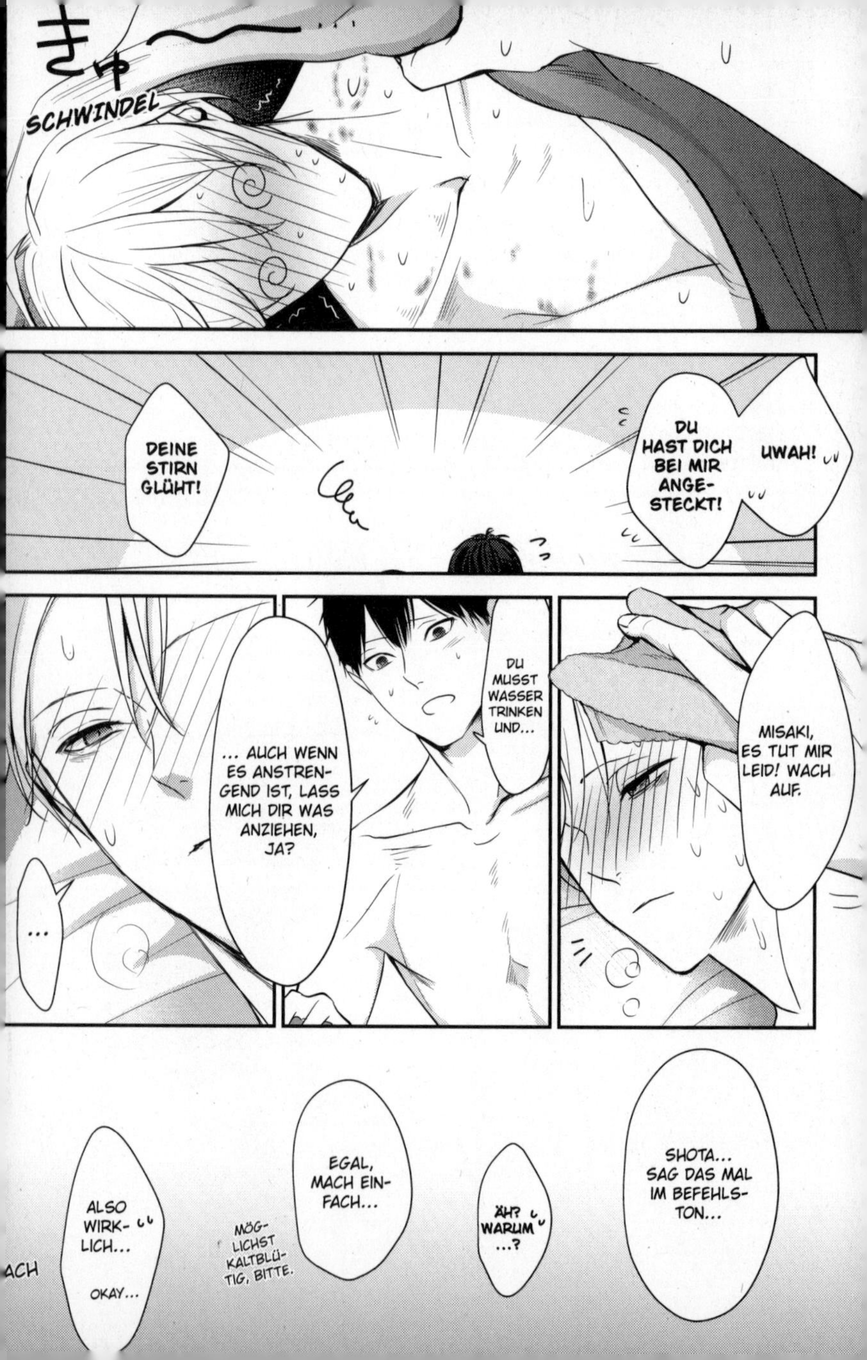

きゅ～～
SCHWINDEL
UWAH!
DU HAST DICH BEI MIR ANGE-STECKT!
DEINE STIRN GLÜHT!
MISAKI, ES TUT MIR LEID! WACH AUF.
DU MUSST WASSER TRINKEN UND...
... AUCH WENN ES ANSTREN-GEND IST, LASS MICH DIR WAS ANZIEHEN, JA?
...
SHOTA... SAG DAS MAL IM BEFEHLS-TON...
ÄH? WARUM ...?
EGAL, MACH EIN-FACH...
MÖG-LICHST KALTBLÜ-TIG, BITTE.
ALSO WIRK-LICH...
OKAY...
ACH

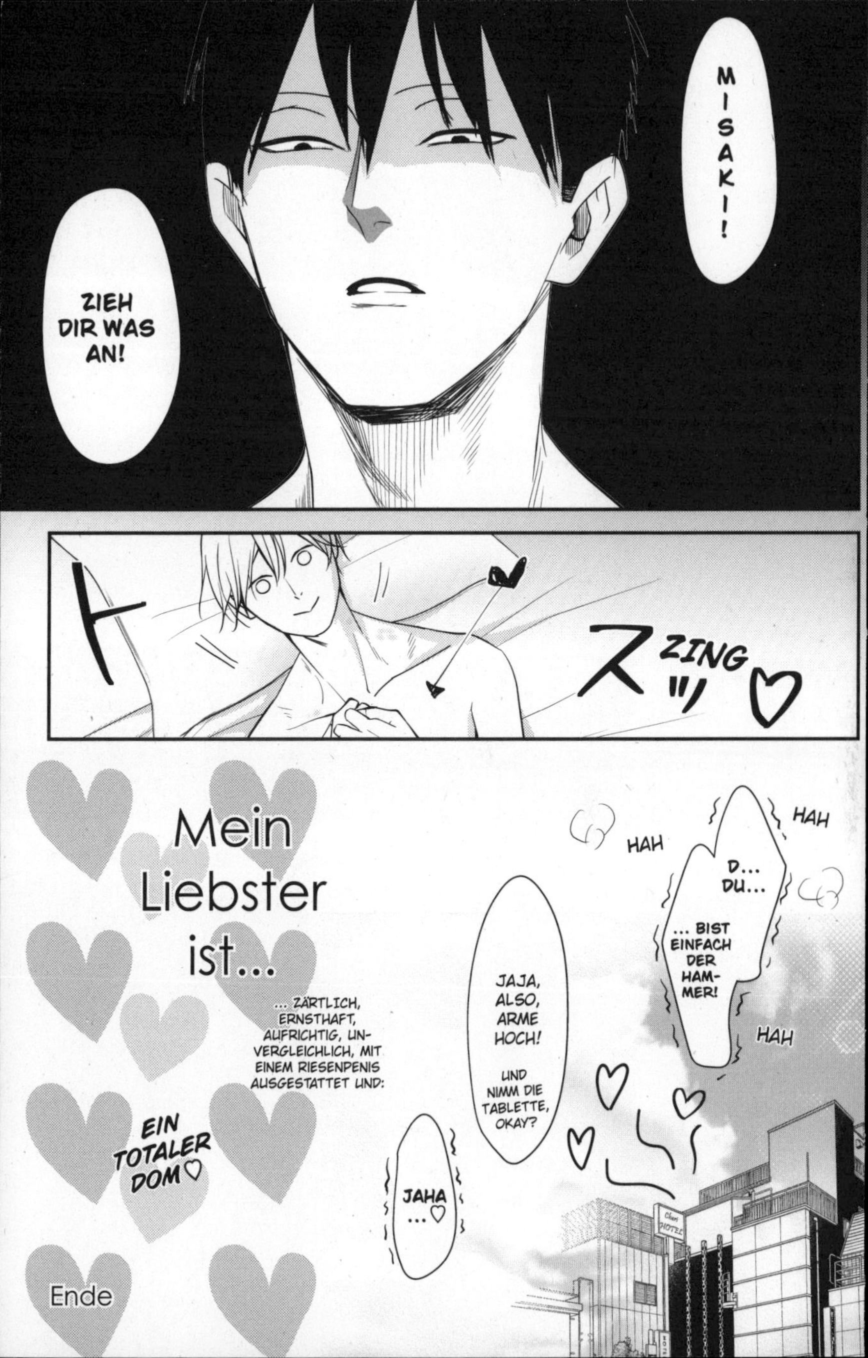
MISAKI!
ZIEH DIR WAS AN!
ZING
Mein Liebster ist...
... ZÄRTLICH, ERNSTHAFT, AUFRICHTIG, UNVERGLEICHLICH, MIT EINEM RIESENPENIS AUSGESTATTET UND:
EIN TOTALER DOM♡
HAH
HAH
D... DU...
... BIST EINFACH DER HAMMER!
HAH
JAJA, ALSO, ARME HOCH!
UND NIMM DIE TABLETTE, OKAY?
JAHA ...♡
Ende

Boys Love

Nonono Yamada

WENN DU DEINE HAND AUSSTRECKST

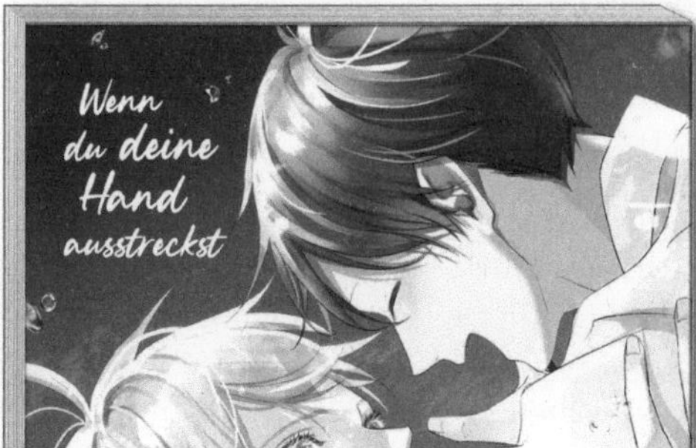

Chikara ist Student und interessiert sich für nichts als seine Forschung – bis er auf den Austauschstudenten Satomi trifft. Dessen gutes Aussehen, Intellekt und Charme ziehen Chikara sofort in den Bann. Durch einen Zufall entdeckt er allerdings eines Tages, dass Satomi ein großflächiges Tattoo unter seiner perfekten Kleidung versteckt …

Wenn du deine Hand ausstreckst

Einzelband ISBN 978-3-7555-0191-6

€ 8,50 [D]

MANGA 漫画

www.egmont-manga.de

EGMONT

Boys Love

Meguru Hinohara
THERAPY GAME: RE

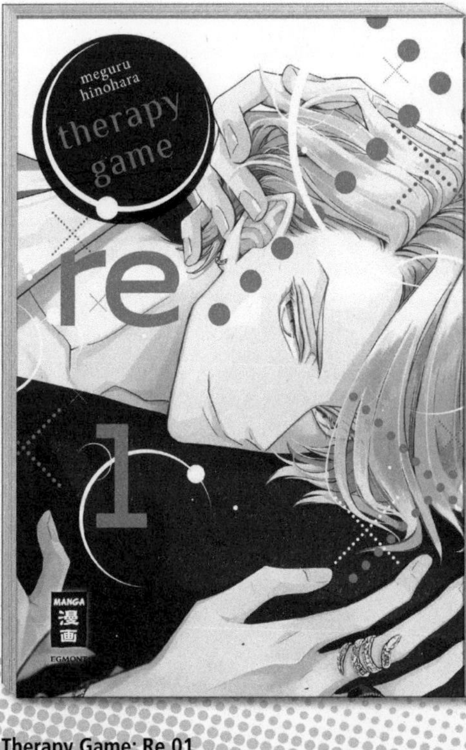

Minato und Shizuma sind nun in einer festen Beziehung. Doch Shizuma wird von seinem Beruf als Tierarzt vollkommen eingenommen und arbeitet fast ununterbrochen. An den meisten Tagen bekommen sich die beiden gar nicht zu sehen. Als das langersehnte Date naht, gibt es da allerdings noch eine andere Hürde, die sie meistern müssen...

Therapy Game: Re 01

ISBN 978-3-7704-4142-6

€ 7,50 [D]

MANGA 漫画 EGMONT

www.egmont-manga.de

MANGA 漫画

EGMONT

MANGA 漫画

EGMONT

www.egmont-manga.de
facebook.com/EgmontManga
instagram.com/EgmontManga
twitter.com/EgmontManga